中外著名教育家画传系列

周洪宇 主编

苏霍姆林斯基画传

李申申 王凤英
黄思记 元宵 ／著

山东教育出版社
·济南·

图书在版编目（CIP）数据

苏霍姆林斯基画传 / 李申申等著．—济南：山东教育出版社，2018.10（2024.4重印）
（中外著名教育家画传系列 / 周洪宇主编）
ISBN 978-7-5328-9725-4

Ⅰ．①苏… Ⅱ．①李… Ⅲ．①苏霍姆林斯基（Suhomlinskii, Vasilii Aleksanlrovich 1918—1970）-传记-画册 Ⅳ．①K835.125.46-64

中国版本图书馆CIP数据核字（2017）第051018号

ZHONGWAI ZHUMING JIAOYUJIA HUAZHUAN XILIE
SUHUOMULINSIJI HUAZHUAN

中外著名教育家画传系列　　周洪宇　主编
苏霍姆林斯基画传　　李申申　王凤英　黄思记　元宵　著

主管单位：山东出版传媒股份有限公司
出版发行：山东教育出版社
地址：济南市市中区二环南路2066号4区1号　邮编：250003
电话：（0531）82092660　网址：www.sjs.com.cn
印　　刷：山东华立印务有限公司
版　　次：2018年10月第1版
印　　次：2024年4月第2次印刷
开　　本：787毫米×1092毫米　1/16
印　　张：17.25
字　　数：295千
定　　价：86.00元

（如印装质量有问题，请与印刷厂联系调换）印厂电话：0531-76216033

伟大的教育家瓦西里·亚历山德罗维奇·苏霍姆林斯基（1918—1970）

身佩奖章的苏霍姆林斯基

中年时期的苏霍姆林斯基

苏霍姆林斯基和学生在一起

苏霍姆林斯基和学生一起读书

苏霍姆林斯基和教师一起讨论问题

前 言

永远的苏霍姆林斯基

本书是由华中师范大学周洪宇教授任主编、山东教育出版社出版的《中外著名教育家画传系列》中的一本。参与此套丛书的编写，我们感到十分荣幸。作为在高校工作和学习的几名教育理论的研究者、思考者，教育实践的躬行者、探索者，我们迫切希望中外著名教育家们的先进的、卓有成效的思想和理念能被我国广大的教育工作者所熟知，所应用，希望他们感人至深的教育实践能触动教育工作者的心灵。乃至于，使这些思想、理念及教育实践能普及到每一个家庭中，普及到社会上的每一个成员中，使其在我国遍地开花，以丰富的养料、明媚的阳光、沁人的雨露滋润着我们教育的百花园地，惠及我们寄予深切希望的新生一代。

历史上许许多多的教育思想家、教育实践家，以及身兼二任者，虽然已离我们远去，但他们所留下的教育思想和实践，就像浩瀚太空中的点点繁星，其熠熠闪烁的光辉永不会磨灭，具有超越时空的永恒价值和魅力。尽管我们已进入21世纪的信息化时代，但我们还是要不断地返回到他们那里去寻找教育的智慧与真谛。苏霍姆林斯基就是这样的教育理论家和教育实践家（当然，苏霍姆林斯基离我们并不太遥远）。教育所面对的是有情感、有血有肉、充满生命活力而又有待于正确地加以教育和指导，以便于能够健康、茁壮成长的儿童和青少年。因此，从古到今，人性的内在本质都是一样的。它不会因时代的变迁而有所不同，也不会因科技的发达而失去其内在应有的蕴意。不错，面对新时代、新情况，我们应当探寻新的教育机智和方法来加以应对。比如在网络日益发达的今天，我们需要以高超的教育机智和艺术引导青少年：一方面熟练地运用网络技术搜寻、学习、钻研各类知识和相关资料，使网络成为一种更加便捷、更加高效的获取知识和信息的工具；同时另一方面又不会面对鱼龙混杂、泥沙俱下的复杂网络信息而手足无措，沉溺于网络而被负面的资料和信息牵着鼻子走，甚至于通过网络进行一些不道德的行为，触及法律的底线。显而易见的是，苏霍姆林斯基以心灵碰撞心灵、以生命唤起生命的教育理念和一些具体的教育方法仍是解决此类问题的原则和智慧之所在，这是毋庸置疑的。恰恰是，当我们背离了这些原则和智慧的时候，我们面对新的情况往往会显得力不从心。

苏霍姆林斯基教育思想和实践所具有的永恒价值和魅力的核心，即是对孩子的爱。他说："爱是强大无比的教育者。"我们认为，这是一种人间最美的人性的绽放，它超越了单纯以血缘为纽带的亲情，也超越了某种功利性的交往之情，展现了人世间的大爱、真爱、令人感动的爱。苏霍姆林斯基的教育思想和实践因之而常讲常新。台湾著名教育家高震东先生曾说："爱自己的孩子是人，爱别人的孩子是神。"苏霍姆林斯基就是这样的"神"。

——正是这种对儿童的大爱，使苏霍姆林斯基把整个心灵献给了儿童，以情感激起情感，以生命唤起生命。这使他竭尽全力深入儿童的精神世界，准确地把握儿童的内在心灵，从而总能找到开启儿童心灵的钥匙，与他们毫无障碍地进行交流。在教育过程中，苏霍姆林斯基也有对儿童的严格要求、批评、惩罚，但那都是建立在爱儿童的基础上，儿童能够接受，并且愿意接受。

——正是这种对儿童的大爱，使苏霍姆林斯基具有高超的教育机智和敏锐的教育智慧，以宽阔的胸怀巧妙地去处理教育过程中碰到的各种问题。大家都熟知的苏霍姆林斯基为给病中的奶奶采摘学校玫瑰花的小女孩再摘一朵玫瑰以奖励她的孝顺和懂事的故事，即是经典的例证。这看似简单的处理方法，并不是所有的人都能够并善于加以运用的。

——正是这种对儿童的大爱，使苏霍姆林斯基依据他的教育实践系统地、辩证地、生动地论证了德、智、体、美、劳诸育全面、和谐发展的理论，并形成自身的特色，在教育发展史上留下了一笔宝贵的财富。

——正是这种对儿童的大爱，使苏霍姆林斯基写出了《给教师的一百条建议》和《与青年校长的谈话》。两部著作字里行间充盈着对教师和青年校长的鼓励和关爱，书中的建议和谈话通俗易懂，好像是与教师们面对面地娓娓道来，使教师们和青年校长们倍感亲切。据我们的了解和调查，苏霍姆林斯基的这两部著作在我国中小学教师和校长中广为传阅，其影响之大，恐怕是除俄罗斯、乌克兰之外的其他国家和地区难以相比的。

——也正是由于这种对儿童的大爱，使苏霍姆林斯基倾其一生，既从事理论研究，又从事教育实践活动，付出了常人难以想象的劳动，同时也取得了常人难以取得的成就。苏霍姆林斯基在一所普通的乡村中学——帕夫雷什中学工作了22年，直至1970年因病去世。其间，他担任了22年的校长；同时还兼任一个班的班主任，从一年级一直跟到该班学生毕业；他还从事具体的教学工作，担任一门课程的教学。他提出的明确口号是："到学生中去，到课堂中去，到教室中去。"20多年中，他与学生朝夕相处，经他长时间直接观察的学生达3700多人。他也坚持到教师中去了解、帮助、培养他们。他每学期听每位教师15节课，并认真做笔记。他最终把全校教师团结成了一个优秀的教师集体。在他的领导下，帕夫雷什中学也由一所普通的乡村中学成为人们所向往的、闻名于世的教育圣地。与此同时，在紧张的教育教学实践过程中，苏霍姆林斯基笔耕不辍，抽时间进行教育理论研究并为儿童撰写读物。他的写作时间是每天清晨5：00—8：00。他一生撰写了41部教育专著、600多篇论文、1200多篇童话故事和短篇小说，编写了多本校本教材。他的书的总印数超过了400万册，作品被译成30多种文字在世界各国发行。他的著作被称为"活的教育学""学校生活的百科全书"，他本人被誉为"教育思想的泰斗"。1957年，39岁的苏霍姆林斯基被选为俄罗斯联邦教育科学院通讯院士，1968年当选为苏联教育科学院通讯院士。为提升自己的学术和教育水平，苏霍姆林斯基在工作岗位上通过了副博士学位论文答辩，并获得副博士学位。

上述一切都无可争辩地说明了苏霍姆林斯基教育思想和实践的永恒价值与魅力，足以成为我们教育工作的永远的指路明灯。

事实也已证明，新的时代，在我国教育领域，尤其是基础教育领域，苏霍姆林斯基的教育思想和实践正在日益受到重视：首先，苏霍姆林斯基的著作《苏霍姆林斯基选集》（五卷本）和其他著作单行本已由人民教育出版社及其他相关出版社出版发行，这些涉及苏霍姆林斯基几乎所有的著作。同时，我国的一些学者和耕耘在中小学一线的教师也陆续出版、发表了不少学习和研究苏霍姆林斯基教育思想与实践的认知、体会和感悟方面的著作和论文，推进了宣传、学习苏霍姆林斯基教育思想和实践的热潮。其次，改革开放以来，全国性乃至国际性的苏霍姆林斯基教育思想研讨会多次召开。中小学在校内、区域内举办的规模不等的学习苏霍姆林斯基教育思想的研讨会、报告会、演讲会更是如雨后春笋般地展开。本书的几位作者就有幸参加了2012年11月19日至21日在浙江师范大学举办的苏霍姆林斯基教育思想国际研讨会，并在会议上与苏霍姆林斯基的女儿、乌克兰教育科学院院士奥莉佳·苏霍姆林斯卡娅教授，以及乌克兰教育科学院的其他友人、乌克兰赫尔松国立师范大学的友人、乌克兰人民艺术家及艺术理论家等多人相识。再次，近年来在我国中小学出现了一批苏霍姆林斯基式的校长和教师，其中李镇西、高峰、闫学、李吉林、魏书生等人就是杰出的代表。他们在自己的教育活动中自觉地、创造性地运用和践行苏霍姆林斯基的教育思想，从而使苏霍姆林斯基的教育思想在现实中生动起来，鲜活起来，培养出了一批批自觉性和自主性强、具有一定创新能力、有理想、有抱负、多方面和谐发展的人才。

然而，实事求是地说，目前我国教育领域，包括基础教育领域，仍存在着这样或那样的问题，有些问题还是较为严重的，违背教育规律的事情时有发生。因此，中外教育家们先进的、光辉的教育思想和教育实践还有待于进一步宣传和弘扬。我们编写这部《苏霍姆林斯基画传》，总感到有一种使命感在其中。我们遵从本丛书编委会的要求，力图使本书凸显图文并茂，文字和图片相辅相成、相得益彰的特点，使本书具有生动性、深入浅出的可读性、亲切性和普及性。我们力图不仅使我国的广大教师们对苏霍姆林斯基从内心中加以尊崇，在实践中追随苏霍姆林斯基对儿童的大爱，从事神圣的教育事业，而且力图使所有的父亲和母亲们都能认识和了解苏霍姆林斯基，对他产生浓郁的兴趣，并像他那样去进行教育。因此，在文字的表述上，我们不求难、繁、深，而是力求生动活泼、通俗易懂，某些部分在尊重史实的基础上具有较强的情节性和故事性。以图片配合文字是本书的特色，因此图片在本书中占有了相当大的分量。我们广泛地搜集并采用了260余幅图片，内容涉及苏霍姆林斯基本人，他和学生、家人在一起交流或学习，后人学习和纪念他教育思想的各类研讨会、读书会、演讲会，以及本书作者和苏霍姆林斯卡娅教授的合影等方方面面。我们殷切期望本书的出版能遂我们的心愿，实现我们写作的初衷。

感谢苏霍姆林斯卡娅教授在浙江师范大学举办的苏霍姆林斯基教育思想国际研讨会期间对本书作者所搜集到的有关图片进行了非常认真的审阅，并提出了十分宝贵的意见和建议。同时，她对本书的撰写提纲也给予了恳切的指导。这是我们保质保量完成本书的不竭动力。特别是，她在了解到我们的写作意图之后说："期待着这本书的出版。"这更增添了我们写作的信心和力量。感谢中国教育科学研究院的姜晓燕副研究员为本书的写作提供的帮助，使我们的写作更加顺利。感谢山东教育出版社的领导和责编同志，正是在他们的关照和具体指导之下，本书才得以顺利出版。在本书编写的过程中，我们广泛参阅了我国已出版的以《苏霍姆林斯基选集》（五卷本）为基本内容的多种有关苏霍姆林斯基著作的翻译版本，以及我国学者和中小学卓有成就的校长、教师们撰写的研究、学习苏霍姆林斯基教育思想和教育实践的论著及心得体会，在此也表示诚挚的谢意。此外，除我们已有的一些图片之外，我们利用百度、搜狗等搜索引擎，以及俄文网站的搜索引擎，也搜集到了不少有价值的关于苏霍姆林斯基的图片，在此特别说明，并深表谢意。

本书在河南大学教育科学学院教授、博士生导师李申申的带领下，由参编作者经过多次讨论和磋商而确定框架结构，并由李申申做最后的统稿工作。文字部分的具体分工如下：前言作者李申申，第一、二、三部分作者王凤英，第四、五、六部分作者元宵，第七、八、九部分作者李申申，第十、十一部分作者黄思记。在图片的搜集方面，本书所有的参编者都做了最大的努力。

我们深知，本书的不足和疏漏之处在所难免，诚请各位专家学者、中小学校长和教育教学一线的教师们，以及我国广大的读者，提出精到的批评意见和宝贵的建议。我们对此十分感激，并将会进一步取长补短，竭尽所能推进对苏霍姆林斯基教育思想和实践的宣扬。

无论如何，我们已深切地感觉到，苏霍姆林斯基永放光辉的教育思想和实践正在新时代的中国教育领域吐蕊、开花、结果，越来越多的人对苏霍姆林斯基的人格魅力和其教育思想的价值及意义有所了解，有所领悟，有所感动。由此可见，中国教育正在沿着健康的道路前行。尽管其中的问题不少，尽管在前进的道路上不会都是灿烂的阳光，但中华民族善于吸取域外优秀文化（包括教育思想）的宏大气度，善于将域外优秀文化同民族优秀文化有机结合而创生出民族的新文化（包括新教育思想）的机敏睿智，定会使我国教育在新的时代焕发出新的生命活力。愿这本《苏霍姆林斯基画传》在当代中华教育领域闪现出其独特的光彩，在助推教育尤其是基础教育不断地创造性发展中能发挥出绵薄之力。愿苏霍姆林斯基以大爱之心为根基、以生命唤起生命、以心灵碰撞心灵的教育思想和实践在中华教育中永存，并永葆其不朽的活力！

本书作者于河南大学

2017年8月

目　录

乌克兰基洛沃格勒州与第聂伯彼得洛夫斯克州之间的界标

苏霍姆林斯基全名瓦西里·亚历山德罗维奇·苏霍姆林斯基，1918年9月28日出生，家乡在乌克兰风景优美的基洛沃格勒州①奥努夫里耶夫卡区的瓦西里耶夫卡村，父母皆是农民。苏霍姆林斯基出生时，俄国十月革命刚胜利不久，他的家乡乌克兰的政权在布尔什维克党人、民族主义者之间几经易手，直到1922年东、西乌克兰才各归其主。②乌克兰在与俄罗斯、白俄罗斯等共同建立了“苏维埃社会主义共和国联盟”（简称“苏联”）后，社会才算安定下来。苏霍姆林斯基就是在这样一个还算稳定的时期成长起来的。“他是家中的第三个孩子，小时候体质很弱，个子不高，在同伴中不占体力优势，也显示不出自己的优秀与出色。”③

①基洛沃格勒（或基洛夫格勒）州原名伊丽莎白格勒州，现在的名字确定于1939年1月。该区在19世纪上半期成为军屯区，这里的村庄都有自己的军事称呼，如第7连。那个年代，这里的农民既种地又预警。苏霍姆林斯基就出生在这一地区。见：彼·叶·谢列斯特.我们的苏维埃乌克兰.原文化部咸宁干校翻译组，译.北京：三联书店，1974：248.

②苏霍姆林斯基童年初期，家乡乌克兰的民族主义者建立起乌克兰人民共和国，而同时布尔什维克党建立起苏维埃共和国。在1918年3月到12月间，乌克兰曾被德国人占领。“根据里加条约，1912年西部乌克兰领土被分离出去，归波兰所有，而苏维埃乌克兰于1922年加入苏联。”见：顾玉林.俄语通用国家概况.兰州：甘肃人民出版社，2007：228；金挥.东欧中亚列国志.北京：当代世界出版社，1994：464—465.

③奥莉佳·苏霍姆林斯卡娅.我的父亲苏霍姆林斯基.肖甦，译.内蒙古教育，2008（11）.

如今的基洛沃格勒州

苏霍姆林斯基说过："每一个学生身边都应有鲜明的人。35年来苦苦寻求到的这一教育秘诀令我相信，恰恰在这点上，教育者的话成了他手中强大的、精细的工具。当然，首先应是父亲、母亲、哥哥或姐姐的话。"[1]在苏霍姆林斯基童年生活中，他的父母、爷爷、外婆对他的影响奠定了其人格基调，而正是这样的人格使得苏霍姆林斯基在其教育实践中提出了不同于当时苏联官方的全面和谐发展的教育理论。

①蔡汀、王义高、祖晶.苏霍姆林斯基选集（第二卷）.北京：教育科学出版社，2001：191.

自由美好的童年——真正的人的形成

童年像一泓泉水，映射出大千世界，透露出人一生将流向何方。成年后的苏霍姆林斯基常常回视这泓泉水，照见心灵的真实与感动。可以说，正是这泓泉水成就了苏霍姆林斯基的一生。

悠悠牧笛伴童年

苏霍姆林斯基生活的瓦西里耶夫卡村是一个美丽的地方。放眼望去，那鲜亮的草原就像婴孩惊奇的眼神，池塘里的水映照着深邃的苍穹，成排的天鹅掠过晴朗的天空。池塘那边传来了奇妙的声响，好像有谁轻轻地触动了钢琴的琴键。似乎池塘、池岸和蓝天都发出了声音。草原上远远地挺立着一棵小橡树，它每天都

苏霍姆林斯基小时候家里的用具

盼望着小瓦西里放完牛后来这儿坐坐，它仿佛一出生就是为了守望这方古老的土地。小瓦西里倚坐在橡树下，他陶醉在草原这广袤的绿色中。他睁大了童稚的眼睛，想要永远记住这美好的画面。他静静思索声音是从哪里传来："在那无底的深渊里或许有一具大的水晶钟，那里的神奇宫殿里可能住着一位美丽的姑娘，她用金锤轻轻一敲水晶钟，四面八方的草地都响起回声来了……一定是这样。"小瓦西里陶醉在这草场的奇妙音乐里。多年后，当他成为教师，带着孩子们来到相似的草场，听到相似的大自然的声音时，他将自己童年时想象的这个故事娓娓讲给孩子们听。"这大路像什么呢？像爸爸的腰带！也许吧。像老牛的尾巴……"瓦西里想把这大路想象成所有他见过的类似的东西，想着想着不禁被脑子里幻化的路的形象逗乐，默然一笑。在远望的视野里，大路上远远地出现了一个熟悉的身影。"安德烈叔叔——"他跃身而起，使劲挥手呼喊了起来。

"噢——你好呀——瓦西里，"安德烈一脸慈爱地向瓦西里挥手道，"有空了再到我书店里来看书呀。"

"好的——，安德烈叔叔。"小瓦西里目送着他的身影消失在路尽头，远处小山丘上风车在旋转。瓦西里十分喜欢吹芦笛，在农庄的放牛娃里要算他最会做牧笛。放牛的时候，小瓦西里总会掏出自己用木骨做的精致的笛子吹奏。音乐是最能感动人的东西，成年后，苏霍姆林斯基说道，音乐的美能启迪孩子，使他们感到自身的美，并开始意识到自身的尊严。而他自己一生都保持着对音乐的热情。这自然中的美，犹如光芒四射的光轮，终生萦绕在他的记忆中，成为美妙的人生底色。

乌克兰小山冈上旋转的风车

外祖母的童话对美善心灵的滋养

苏霍姆林斯基与父母、弟弟在一起

苏霍姆林斯基把儿童当作真正的人来看待，他认为："除书本之外，周围还存在着一个世界。小儿从出生直到他能自己打开书本阅读时为止，就是在这个世界里相当艰难地向前迈步的。"[①]这是他对自己童年观照的结果。在瓦西里的这另一个世界里，外祖母的童话给他心中那本来已有的美善的种子提供了舒适的生长环境。

苏霍姆林斯基的外祖母玛利亚特别善于讲美妙的童话故事，这些故事连同外祖母的形象都深深地融化在了他柔软的心中，并成为滋养其生命的能量。每当人们问起他是怎样和孩子们一起编童话、集体创作的实质何在等问题时，他就不由得回想起外祖母玛利亚。他说："我永远不会忘记她那双黑眼睛。从她的眼里我看到时而悲伤、时而忧虑、时而赞叹、时而爱抚、时而慌张的心情。她所讲述的一切都栩栩如生地呈现在她的眼睛里。"[②]那时的他常常搬着小凳子，坐到外祖母的脚边，外祖母则怜爱地抚摸着小外孙的头娓娓道来。

一日，天气好极了，草原因秋天的到来变得更加广阔。瓦西里耶夫卡村的小牧童们来到了利亚什科夫林边的空地，他们打着赤脚，欢快地跑着跳着。瓦西里与伙伴们踢着那自制的布足球，玩累了，大伙就聚在一起，每个人拿出自己的食物袋，尽其所有倒在草地上。这是这个小集团的老规矩，也是祖辈们的传统：个人的食物都要入伙。几十年后，当他成为帕夫雷什中学的校长，他使孩子们继承了这一传统。当太阳渐渐西落，分享和玩耍也将结束，夕阳下的瓦西里耶夫卡如姑娘脸上泛起红晕，孩子们便结伙趁着暮

①蔡汀、王义高、祖晶.苏霍姆林斯基选集（第三卷）.北京：教育科学出版社，2001：15—16.

②蔡汀、王义高、祖晶.苏霍姆林斯基选集（第一卷）.北京：教育科学出版社，2001：676.

乌克兰秋天林边的空地

色回家去……

吃过晚饭，天色渐暗，外祖母玛利亚给小瓦西里讲了一个乌克兰古老的传说。她抚摸着外孙的头，眼睛凝视着夜空，似乎看到了故事中发生的一切。这时，小瓦西里就问："外婆，你真的能看到童话里的东西吗？它在哪？指给我看看吧！"玛利亚微微一笑，讲起《一颗心》[①]的故事来，她相信外孙自己可以慢慢体会得到。鉴于这个童话故事对于了解并真切体会苏霍姆林斯基是如何受童话的影响并在其中成就了自己美善的心灵有着极好的说明，故此不嫌繁多地将故事内容等相关情景叙述一下。外祖母讲道：

一位母亲的独生子娶了一个天仙般的姑娘，然而姑娘不喜欢婆婆，不想让婆婆住在正屋，儿子于是把母亲安排到了厢房。母亲因此害怕起自己的儿媳来，每当儿媳走过厢房，母亲就会吓得躲到床下。儿媳却得寸进尺，不愿在屋里看到婆婆，于

①蔡汀、王义高、祖晶.苏霍姆林斯基选集（第五卷）.北京：教育科学出版社，2001：314.

是又让丈夫把婆婆赶到柴棚里住。所以，只有到了夜间，母亲才敢走出棚门。一天夜里，美丽的儿媳在花香浓郁的苹果树下纳凉，她看到了走出棚门的婆婆，心里很是厌恶。她对丈夫说，如果要和她一起生活，那么就要把婆婆杀死并献上她的心。儿子迷恋妻子的美貌，对她百依百顺。于是他对母亲说："妈妈，咱们一块到河边痛痛快快地洗个澡吧。"母子二人沿着乱石堆叠的河岸向河滩走去。母亲被一块石头绊倒在地，儿子急切而恼怒地说："妈妈，你怎么这样不注意，照您这样，我们天黑也到不了河滩了。"终于到了河滩。母亲非常高兴和儿子一起洗澡，因为他们已经很久没有这样亲近了，她脱了衣服下水洗去了。儿子趁机杀了母亲，从炙热的胸膛取出母亲的心，用一片槭树叶子包好带在身上，匆匆往家赶，他迫不及待地要把这颗心献给美丽的妻子。母亲的心在颤动，儿子惊得也被石头绊住跌倒在地，而那颗滚烫的心掉落在一块尖石上，淌出血来。这颗流着鲜血的心颤抖着问："儿子，跌疼了吗？"那黑夜的一瞬间，儿子失声痛哭。他急忙捧起母亲火热的心回到河滩，把它小心地放回母亲那被剖开的胸膛。

听到这里，小瓦西里已经泪流满面。外祖母望着他热切的眼睛说：

这时故事中的儿子也是泪水满脸啊！他明白了，世上任何人永远也不会像母亲那样无私而强烈地爱他。母爱是如此博大深厚，母亲要看到儿子快乐无忧生活的心愿如此强烈，以至于她的心竟然复活了，被剖开的胸膛也愈合起来。母亲站起来，把儿子的头深情地抱在胸前。从此，儿子再也没有回到美丽的妻子身边，他和母亲穿过草原、山谷，来到一片旷野，化成了两座巍峨的山冈……

苏霍姆林斯基的母亲

没有一个儿童不爱童话，这些故事就如温润的雨水，能够浇开每个儿童内心深处美善的种子。而苏霍姆林斯基的整个童年都贯穿着这样的故事。相信每一个读者在此都会感受到童话的神奇力量，如果还保有一颗童心的话。这颗童心对教育者来说，甚至对每一个人来说都是珍贵而重要的。苏霍姆林斯基本人就是这一童心的体现者。

苏霍姆林斯基对童话微妙而巨大的作用有真切的、清醒的体会。童话的作用不仅是苏霍姆林斯基本人成长的无形动力，也是他在教育实践中如是运用后取得成果的证明。所以，后来他真切地告诉朋友及年轻的教育者："如果你希望你的学生成为一个聪明好学、富有想象力的人，如果你想使他的心灵对他人的各种细腻的思想和感情产生敏感性，那么，你就要用美丽的语言、向上的思想去培养、唤起、激励和启迪他的智慧；而祖国语言的美及其魅力，首先是通过童话显示出来的。童话是思想的摇篮。要这样安排儿童的教育，通过这种教育能使他们终生都保持对童话这个思想摇篮的动人回忆。当儿童们的心灵和智慧相互感染时，祖国语言的美，即它的情感色彩和细微差别就会被他们所领悟，使他们激动，并唤起他们的自尊感。"①童话这种微妙而巨大的作用首先来自苏霍姆林斯基本人成长的真切体会，他的整个童年都贯穿着这样的故事，它们成为滋养他生命的能量。

父亲的担当和勤劳对本性中正义感和爱国情怀的滋养

苏霍姆林斯基的父亲

幼儿常常会以同性的家长作为榜样，以求得相同的行为和感受。苏霍姆林斯基的父亲是一个勇敢无畏而又心灵手巧的人。他家中的桌、柜、椅、凳都是小瓦西里的父亲用那双粗大但灵巧的手做成的。小瓦西里常常和父亲在森林里、田野上、作坊中劳作，这样的日子使他感到无比快乐。成为老师后，冬天他为孩子们在冰河上装上好玩的转轮，课后和孩子们一起参加动手的课外活动。在他身上折射着父亲的影子。这位当过兵的父亲，总是在为他人的事忙碌着。他曾经为集体农庄运动而遭遇了沃夫克等私自屯粮人的黑枪。这样的事在小瓦西里内

①蔡汀、王义高、祖晶.苏霍姆林斯基选集（第一卷）.北京：教育科学出版社，2001：680.

心留下了深刻的情感印记。劳动、集体、祖国这样的概念在他的心中渐渐扎根，他憎恨沃夫克这样心灵狭隘幽暗的人。当他成为人民教师，成为心灵的开发、护养者的时候，他写下这样的文字："要使我们的社会里没有一个道德上不坚定、心灵上不纯洁的人，这就一方面要培养人对于美好的、惹人怜爱的、令人神往的东西的敏感性，另一方面也要培养对于丑恶的、不能容许的、不可容忍的东西的敏感性。"[①]这些话都是有其深刻的自身体验的。苏霍姆林斯基父亲的正义和爱国情怀影响着他的人生底色。

女教师细腻开放的胸怀对自由心灵的滋养

转眼到了该上学的年纪。此时经过近十年的努力，苏联的中小学教育事业已经有了很大的发展。这个时候，小瓦西里和其他农村孩子一样，上了一所七年制小学——瓦西里耶夫卡学校。在这里，他遇到了终生敬爱的老师——安娜·萨摩伊洛夫娜，他从她身上学到了很多很多。

苏霍姆林斯基童年就读的学校

一日，安娜·萨摩伊洛夫娜脸带幸福的微笑向大家宣布："最近我要去森林，愿意去的同学可以和我一起去。我们会在森林里看到很多有意思的东西……"老师的笑容和话语令瓦西里的脑海里充满了对森林之旅的想象，他还没有上过这样的课。

正是由于这位教师带着他们在利亚什科夫森林中上课，孩子们才发现，过去天天见到的大自然在老师巧妙的语言下变成了一个童话的世界，一切的一切，甚至连那再熟悉不过的花儿都显得那么新奇。不与老师在一起，就不会发现它们。

安娜·萨摩伊洛夫娜建议孩子们为爷爷、奶奶采集些鲜花。她对学生们说："当你们关心老人的时候，他们会感到非常高兴，而鲜花则是关怀和敬爱的标志。大地上一

①蔡汀、王义高、祖晶.苏霍姆林斯基选集（第四卷）.北京：教育科学出版社，2001：749.

乌克兰秋季的大森林

切生物都需要这种爱，尤其当暮年到来的时候……”安娜觉得孩子们也许并不能体会这种心情，但是这一过程一定会让他们体会到或者明白些什么，这就够了。她是那样细心与体贴，她还告诉大家，应该怎样采集鲜花才能使它显得漂亮。正是在这位女教师的大自然的课堂里，瓦西里的心灵被熏陶得更加细腻。面对他自己曾经恶作剧地捅过的蚁穴，他第一次意识到那原来是一个童话般的城市，小蚂蚁们是和他一样的生命体，他联想到如果自己的家被毁坏……于是他为自己曾经做过的事感到难过。[①]在小瓦西里眼里，老师就像一个女魔法师，她知道一切美的秘密，而她所说的话、所讲授的课则牢牢地铭刻在瓦西里的记忆中。

从教后的苏霍姆林斯基坚信大自然的力量。他说：“大自然不仅是学生认识的对象和他们积极活动的广阔天地，而且是他们生存、相互关系及其生活体系的组成部分，它是一种非常重要的教育因素，对整个教育过程的性质发生重大的影响……它能够营造一种儿童便于接受教师教育并转化为自己思维产物的氛围。”[②]

苏霍姆林斯基童年的生活亲近自然，大自然使他成为真正意义上的人。在自然中，他认识到自己，认识到人的本性，大自然引发他思考世界的本质。所以后来他说：“人之所以成为人，是由于他听到了树叶的飒飒低语和草虫的悦耳歌唱、春日小溪的潺潺流水和夏日碧空的百灵啼啭、雪花的沙沙飘落翻转和窗外暴风雪的狂呼怒卷、水波的柔和拍击和深夜的肃穆寂静——听到了，而且千百年都在倾听这生活的奇妙音乐。”[③]所以成年后的瓦西里说，一个人的立场和世界观的形成，取决于他如何认识大自然，他从小如何看待、理解和感受大自然，以及大自然如何进入他的生活。

---

① 鲍里斯·塔尔塔科夫斯基.苏霍姆林斯基的一生.唐其慈、毕淑芝、赵玮，等译.北京：教育科学出版社，1986：79—80.

②蔡汀、王义高、祖晶.苏霍姆林斯基选集（第五卷）.北京：教育科学出版社，2001：81.

③蔡汀、王义高、祖晶.苏霍姆林斯基选集（第四卷）.北京：教育科学出版社，2001：539.

爷爷的书籍对求知探索心的滋养

瓦西里耶夫卡最富有的人

苏霍姆林斯基后来说："我有一套个人的藏书——这些书是我英明的老师，我每天都去向它们请教：真理在哪里？怎样认识真理？怎样才能把人类创造的、积累的和获得的道德财富，从长辈一代的心灵和智慧中传授到年轻一代人的心灵和智慧中去？这些书也是我的生活的老师，我每天都带着这样一些问题去求教它们：怎样生活？怎样成为学生的楷模？如何使理想的光辉照耀到他们的心灵中去？"[①]书籍巨大而微妙的影响在苏霍姆林斯基求知、求真那天然的探寻心中，贯穿其一生。这颗种子在他童年的时候，就得到了很好的滋养。

中文版苏霍姆林斯基著作《少年的教育和自我教育》

苏霍姆林斯基从小身体不好，个子小，他对此非常清楚，"所以他缺少自信，不太合群，不像别的孩子那样顽皮贪玩。而是爱沉思，喜读书，个性温和善良"[②]。他的爷爷，把他引向了书的世界，引向了千百个其他的灵魂，在这些灵魂中间，苏霍姆林斯基照见了自己的心。苏霍姆林斯基后来将自己心灵的遇见告诉自己的儿子。他说："读这些不朽的文艺作品，首先意味着人的自我认识。"[③]

每当父亲带着小瓦西里去拜达科夫卡看望爷爷时，这个谢了顶、留着灰白胡子、在闲暇无事时总爱拿着一本书读的老农夫总会欢喜地迎上来。他总能带给瓦西里无限的惊喜，打开他好奇的张望世界的眼睛。爷爷常常会捧起一本书来给小孙子念上一段，而瓦西里则每每陶醉在这样的时刻里，感到无比甜蜜。从爷爷口中流出的伊万、弗兰科的中篇小说《蟒蛇》和《扎哈尔·别尔库特》，果戈理的《塔拉斯·布利巴》《火中列岛》以及在当时罕见的陀思妥耶夫斯基的多卷集，克罗连科的故事集，莱夏·乌克兰卡的诗集，都永远地留在了瓦西里的心中。这一扇扇通向世界、人性的窗户，丰富了他的精

①蔡汀、王义高、祖晶.苏霍姆林斯基选集（第二卷）.北京：教育科学出版社，2001：647.

②奥莉佳·苏霍姆林斯卡娅.我的父亲苏霍姆林斯基.肖甦，译.内蒙古教育，2008（11）.

③蔡汀、王义高、祖晶.苏霍姆林斯基选集（第三卷）.北京：教育科学出版社，2001：888.

乌克兰的草原

神世界。为此，他常常感到自己是瓦西里耶夫卡最幸福的人，也是最富有的人。从那时起，书便在他的心中生根发芽。他坚信，书是人类千百年来智慧的结晶。数十年后，他在给儿子的信中说，如克罗连科、普利施文等语言大师的作品，他如果不读，恐怕连一个月也不能生活。阅读书籍，在书海中关照自己的心灵，使心生动起来，已经成了他最自然的生活状态。他觉得，人当如此。

在以后的岁月中，他深深感受到书籍的力量，不止一次地劝勉青年人要多读书。爷爷的形象总是和书籍相伴相生，像一位智慧老人，为他传递无形的财富。

思念爷爷

五月的一天，瓦西里同学校里的小朋友米科卡尔和季莫哈一起步行了四十里路到城里去买颜料，四周寂寥无声，只偶尔碰上一两个行路的人。

为了缩短路程，他们径直穿过草原，穿过雏谷和小树林。当他们走过古墓的时候，想起安娜·萨摩伊洛夫娜曾经说过，这是古代斯基福人的坟墓。登上古墓，孩子们便浮想联翩，他们幻想着能找到丰富的宝藏。小树林里满满地生长着橡树、椴树和榆树，他们在这大自然中不停地行走却一点也不觉得疲累，只有在回家之后，在身心安稳下来之后，才发觉真的是走累了。

瓦西里的弟弟妹妹们此时已经睡着，只有外祖母玛利亚还在等着他。玛利亚伤感地告诉他，爸爸、妈妈到拜达科夫卡去探望爷爷。瓦西里注意到了外祖母微妙的情感变化，但他实在是累了，顾不上回应，甚至连菜汤都没有喝完就爬上了炉台，很快就进入了梦乡。过了一天，父母才从拜达科夫卡回来，但带回了一个令人伤心的消息：爷爷去世了。

中文版苏霍姆林斯基著作《让少年一代健康成长》

父亲递给瓦西里两包捆得整整齐齐的书说："这些是给你的，是爷爷留给你的，要爱惜它们……"爷爷走了。瓦西里无法接受这一现实，他跑进板棚，钻进草堆，在这个寂静无人的地方发泄着自己的悲伤，在那里哭了很久很久……

过了几天，瓦西里从父亲那里得到了一件礼物——父亲亲手做的一只漂亮的小柜子。父亲喑哑地说道："你可以把书保存在这里。"

面对爷爷留给自己的宝贝，瓦西里像去世的爷爷一样，用如爱抚小动物一般的神情抚摸了一阵，然后小心翼翼地把它们放进小书柜，他再一次感到自己是瓦西里耶夫卡最富有的人，也许甚至是波尔塔瓦这一带最富有的人。

风车依旧在转，木笛的声音还时常响起，那奇妙的森林里还珍藏着小瓦西里和朋友们好奇的眼神、纷繁的思绪，而此时的小瓦西里已经从七年制学校毕业，走完了形成真正的人的黄金阶段，即将开始人生新的旅程。

克列明楚师范学院——知识与教育心的滋养

父亲的第一封信

1920年9月后，全苏联所有的高等学校都附有工农速成中学。到1932年，“乌克兰已有545所工农速成中学，在那里学习的学生人数达八万多人”①。而20世纪30年代中期，苏联学生人数剧增，“1929—1930学年，农村学校五至七年级学生人数为53.3万人，到1938—1939学年激增至557.6万人”②，造成社会上教师奇缺，仅在俄罗斯社会主义联邦就缺10万教师。这种情况下的瓦西里打算在七年制学校毕业以后从教，所以1933年毕业后，于第二年进入克列明楚③ 师范学院的工农速成班，也即该师院的一年制预科班。预科结束后的同年，1934年，瓦西里报考了该师范学院的语言文学系，并参加了师院的入学考试，成绩理想，不久后便开始了克列明楚师范学院的生活。

八月天空辽阔高远，开学的日子到了，瓦西里的老朋友安德烈叔叔要到城里来取教科书，他答应了瓦西里的父亲亚历山大·奥梅利亚诺维奇的请求，顺便把瓦西里送到学院。

①彼·叶·谢列斯特.我们的苏维埃乌克兰.原文化部咸宁干校翻译组，译.北京：三联书店，1974：113.

②H.A.康斯坦丁诺夫等.苏联教育史.吴式颖、周蕖、朱宏，译.北京：商务印书馆，1996：428.

③克列明楚，又译作克列缅丘格或克列缅楚格，在基洛沃格勒州。

乌克兰的第聂伯河

小卡车驶进科留阔夫郊区，开始在狭窄的小街小巷里绕来绕去。终于，第聂伯河出现在眼前，小卡车开上了克列明楚圆石块铺成的马路，拐进果戈理大街，在一幢两层楼房旁边刹住了车。瓦西里抓起背囊和胶合板的箱子，递给安德烈叔叔，自己一下子翻过了车帮，望向他即将开始学习生活的学院。至此，他已从昨日的儿童、少年，成长为今日的青年。在这里，他将迎来一个人的第二次诞生——公民的诞生。

在那样的年代，当一个人的肚皮还填不饱的时候，还要学点知识，那真的是很难。到学院没多久，家乡的新粮就打下来了。农村供销社的马车夫马特维老爷爷每个礼拜都要到这里载运货物，母亲就托他给瓦西里捎点东西。瓦西里从马特维老爷爷手里接过一个干净的麻布口袋，软绵绵的手感和香喷喷的味道隔着口袋都闻得到，他猜到口袋里装的应该是面包。马特维说："孩子，这是你母亲用新收下来的黑麦面烤好的第一个面包呀！"

送走马维特，瓦西里急切而又小心地打开了面包旁边放着的一封信，上面是父亲的情真意切的叮咛："你不要忘了，我的儿子，面包这个最起码的生活资料。我是不信上帝的，但是，我说面包是神圣的。让它在你的一生中也永远神圣吧！不要忘了你是什么人，从哪来的。要知道，弄到这几片面包是多么不容易。要记住，你爷爷——我的父亲奥梅里柯·苏霍姆林，是一个农奴，他是在手扶着犁的情况下死在庄稼地里的。永远也不要忘本。不要忘了，此时此刻当你学习的时候，有人正在劳动，正在为你提供生活资料。即使你将来学成以后，当上了教师，也不要忘记面包是怎么来的。这面包是人类用劳动换来的，这是未来的希望，而且永远是衡量你和你的子女们的良心的一把尺子。”[①]父亲还告诉了瓦西里，家里领到了按劳动日分配的黑麦和小麦，以后每周都将请马维特老爷爷给他捎面包去。瓦西里合上信，觉得自己长大了，而且父亲也在把自己当大人看待，他感到一种莫名的使命感。他把父亲的这些话作为第一个座右铭，一直保存在身边。

大学生日记

瓦西里·亚历山德罗维奇·苏霍姆林斯基在学校生活、学习已经有一段时间了。他后来的很多习惯都是在师范学院期间培养起来的。

苏霍姆林斯基喜欢的乌克兰诗人塔拉斯·舍甫琴科

一日，他坐在宿舍的桌前，从那扇窗子里望着太阳渐渐没入第聂伯河的那一边，河面上种种奇异的色彩使他顿时想起了舍甫琴科的诗句：

我们翱翔……
我放眼望去——
天已破晓，
天边红光缭绕，
幽暗的小树林里，
夜莺用歌唱欢迎太阳。
看吧——
草原上，微风习习，绿意欲流，
池塘的陡岸上，杨柳依依。

①蔡汀、王义高、祖晶.苏霍姆林斯基选集（第三卷）.北京：教育科学出版社，2001：844—845.

他感叹："语言的力量真是无穷大呀！"他边回味诗句边开始清理箱子，把里面的东西分别放到床头的几个柜子里，然后又坐回桌前，拿出父亲带给他的笔记本，在扉页上写了几个大字：大学生日记。这一天，他写下这样的心情："在学校里，不知道为什么大家都认为写日记是小女孩的'针线活儿'，但这是胡说八道。日记可能是针线活儿，可如果你善于思考的话，也可能是一桩更为重大的事情。好吧，我就来试一试。"[①]这一试就是整整一生……他以实践向人们证实了自己的思考：写日记可能是一桩更为重大的事情。他的日记不仅是自己的心路，更是他与世界的交互，字里行间显示出记日记者令人感动、敬仰的真心，显示出一个人对于人的关切。

学院的神殿——图书馆

在克列明楚师范学院读书期间，瓦西里·亚历山德罗维奇·苏霍姆林斯基难得走出学院所在的果戈理大街的范围，他的日子是在教学楼和图书馆里度过的，只要跨过学院的院子，就来到了食堂或宿舍。在这里，他决不让时间轻易地、无意义地溜走，他坚信，跑"伙房"是迫不得已的浪费时间。故此，他通常都是凭餐票领碗面条汤、肉饼加通心粉或土豆加一小块人造奶油，然后急急忙忙消灭一顿饭，就直奔图书馆去了。但是室友叶列茨基则认为，不填饱肚子是无法读福尔马尔的著作的。正是在饥肠辘辘的学生们尽情享受自己的伙食的时候，瓦西里才得以比较容易地接近图书馆的女主人埃斯菲里，也只有在这个时候他才可以争取从她那儿多借一本书。

福尔马尔文选

学院的图书馆对瓦西里·亚历山德罗维奇·苏霍姆林斯基来说就如同神殿，埃斯菲

① 鲍里斯·塔尔塔科夫斯基.苏霍姆林斯基的一生.唐其慈、毕淑芝、赵玮，等译.北京：教育科学出版社，1986：20.

里总是非常优待这个头发蓬乱的勤奋的大学生。瓦西里总是借书多而又还得快，他的举动使埃斯菲里感到疑惑，以为他读书不加咀嚼。当他从埃斯菲里那里借福尔马尔的全集时，女图书管理员吃惊于这位少年是否有时间读完这样浩瀚的著作，因为没有人像他那样疯狂。然而，他确实抽时间精细地读完了。他被福尔马尔那富有历史意义的参观和游览所吸引，于是他写了一篇简要的学术性报告，来专门论述雅弗语言和印欧语言的相互联系，论述格鲁吉亚人和巴斯克人语言的共同点。瓦西里感到十分幸福，这种幸福不是来源于大学美妙的生活，不是来源于第聂伯河优美的景色，而是来自于对自我成长的清晰感知，来自于智慧的生命。因为此时在这一平台中，他感到自己已经开始接近科学了。而写学术报告也成为他坚持终生的习惯，并成为他后来培养学生的方法之一。

很多年之后，当新闻记者问起已经是教育科学院通讯院士的苏霍姆林斯基在大学时代醉心于何物时，他的回答就一个字：“书。”

宿舍辩论

苏霍姆林斯基和室友们对关涉未来教育事业的点滴都颇为敏感，日后他的许多教育理念和所关心的问题在与师范学院室友们的聊天中已经显露端倪。

一天，一篇文字龃龉的心理学论文引起了他们关于“为什么学生能读会写成问题”的讨论。

福缅科认为，祸根在于科目泛滥成灾。他指责儿童学专家们想培养无所不知的人，而国家需要的不过是掌握最起码的祖国语言的有文化的人。

瓦西里·亚历山德罗维奇·苏霍姆林斯基总是很关注问题产生的细节，所以他揣测，也许一、二年级的学生不爱写字是由于那个吱吱响且在纸上弄出许多引起教师责怪墨点的钢笔头，或者是由于笔尖不能在上面顺利滑动的带毛刺的纸张。

叶列茨基则认为，问题的实质不在笔尖，也不在纸张，而在学生的能力。由于孩子的先天条件以及周围的环境，并不是所有的孩子都能在正常的学校里学习。他强调，儿童专家们所进行的考察及作为实验依据的测验，都十分令人信服地指出了这一点。然而，往往由于教师的心软，或者说懦弱，而不让学校甩掉这些包袱。

苏霍姆林斯基在克列明楚师范学院中住过的房间

瓦西里完全不认同叶列茨基的观点，他疾声说道：“我不信，我不信。不能根据一两次测验，无论这测验设计如何巧妙，就轻易地把没有完成作业的孩子列为没有才能的人，将他们转到特殊学校里去，这样会伤害孩子的自信心。而没有信心，是不可能取得成绩的，哪怕他的父亲是一个天才，也于事无补。”

叶列茨基不以为然：“那这么说，你是反对科学喽！瓦西里·亚历山德罗维奇·苏霍姆林斯基，请原谅我冒昧地问：你对儿童科学有多少了解呢？”

俄文版苏霍姆林斯基的童话故事《会唱歌的小树苗》

这个时候，瓦西里·亚历山德罗维奇·苏霍姆林斯基对儿童科学确实还没有系统的认识与研究，但是他已经形成了自己最初的教育原则和底线。对“真正的人”的认识使他坚信：“任何一个测验，如果不是以相信人为基础的，那就一文钱都不值，连半文也不值。”

70号房间的争论很有意思，争论双方可以不取得一致的意见，争论可以延续下去，只要时间到了，大家就会各忙各的。

叶列茨基低头继续写信，福缅科照旧躺在床上生气地接着读心理学教科书，瓦西里则继续坐在窗边读《哈姆雷特》。只是他有点愣神："包袱，还有多少人这样想呢？又有多少学生被当作包袱而被放弃了呢……"这一触动他心灵的问题从那时起就开始在他的心中生长，成为他日后工作中关注的重点之一。

师范学院的精神导师们

中年时的苏霍姆林斯基

瓦西里·亚历山德罗维奇·苏霍姆林斯基感到在学院里生活是无比难得与幸福的时光。他常常眺望第聂伯河思考："人生的意义是什么呢？我的一生该如何走过呢？"虽然人生的终点他看不到，但他坚信人的一生应该如奥斯托洛夫斯基所说的那样，他坚信："人生下来并不是为了像无人问津的尘埃那样无影无踪地消失，人生下来是为了在自己身后留下痕迹——永远的痕迹。"

他学习非常刻苦，宿舍的桌子上、窗台上、床上，到处都可以发现像黑格尔、列宁、康德、马克思等等这些伟大思想家的著作和这些著作的学习笔记，以及众多的文艺作品，他的枕头底下还放着摘有黑格尔美学观点的笔记。他总是不停地阅读并思考其中的意蕴。正如他自己后来所说，这些东西使他得以每天都能接触到美。16岁的苏霍姆林斯基正是在这种对精神孜孜不倦的追求中给自己的心灵播下一粒无与伦比的种子。

在克列明楚师范学院学习了近一年的日子，使他离教育的本质越来越近了。当他在这里立下将终生献给伟大的教育事业的宏愿后，学院的每一门课程变得不单单是对其个人心灵的滋养，而且从此与他的教育心紧密地联系在一起。每门课都牵动着他的神经，他无时无刻不在领悟教育，一切都在围绕着这颗教育心转动，时时刻刻、事事处处都直接影响着并丰富着这颗教育心。他感谢那些给予他深刻影响的老师们。日后，瓦西里·亚历山德罗维奇·苏霍姆林斯基说道："我是多么感激我的老师们啊！如果我未曾读过学院老师格列宾斯基、谢列斯特、克列文丘克和我的启蒙老师安娜·萨摩伊洛夫娜使我深有所悟的一切美好的作品的话，那我的一生将会失去很多很多……”

谢列斯特——语言的魅力

在日后的教师生涯中，他无比重视语言的作用。这最初就得益于他的俄罗斯文学教师季莫费·尼基福洛维奇·谢列斯特。谢列斯特身材修长，体态端庄，外表十分整洁。他对古书有一种偏爱，总是小心翼翼地把书放在桌子上，又小心翼翼地打开，轻轻地翻动书页，脸上一会儿显出哀伤的神情，一会儿露出欣喜的表情，就像一个人第一次接触到美好的事物时的反应。而当他朗诵时，他的声音也带着这样的情感。朗读起一本关于拔都摧毁梁赞的中篇小说时，尽管文字是古语的，事件是久远的，但谢列斯特副教授的朗诵渲染出往事的诗情画意，令人感到真实亲切。瓦西里·亚历山德罗维奇·苏霍姆林斯基常常为老师语言的魅力所叹服。

俄文版苏霍姆林斯基作品《所有善良的人们是一家》

当苏霍姆林斯基成为著名的帕夫雷什中学的校长后，他对教师们建议：“如果你们想使自己的教学成为艺术，磨砺自己的语言吧！在我们民族语言那取之不尽的宝库中寻找出能让孩子们的眼睛里闪出兴奋之光的瑰宝。要善于在充分表现人民智慧的那五颜六色的调色板上辨别出各种颜色的细微差别，要用美丽的语言给孩子们讲美丽的周围世界。语言就像一把尖利的刻刀，它能触及每个人性格特征的细微之处。善于运用语言，这就是一种伟大的艺术。语言能够塑造一个人美丽的心灵，同样，语言也能够摧毁它。

为了让我们手中放出去的都是美好的东西，让我们好好地掌握语言这把刻刀吧！”①

瓦西里·亚历山德罗维奇·苏霍姆林斯基非常勤奋，他有一个笔记本抄满了《顿河左岸的习俗》《彼得·穆罗姆斯基和费夫罗尼·穆罗姆斯基的故事》《阿瓦库姆大司祭的生活》《伊戈尔王子远征记》等古代著作中的名句。季莫费·尼基福洛维奇·谢列斯特在翻阅瓦西里的笔记本时，对这个好学的孩子感到非常满意。虽然谢列斯特总是很矜持，不轻易表示自己对学生的赞美，但是他却把自己珍贵的《伊戈尔王子远征记》借给瓦西里读，他珍视这个头发乱蓬蓬的年轻大学生对俄罗斯古代文学的兴趣。

瓦西里按时归还老师的书，谢列斯特又借给了他另一本古俄罗斯语言文法。谢列斯特解释道：“青年人，如果你想领略最大的快乐，那你就应用原文阅读所有的作品，不管它是教会斯拉夫语，还是英语，抑或是西班牙语……”②

日后，瓦西里·亚历山德罗维奇·苏霍姆林斯基不止一次地回忆起这个忠告。正是在文学教师季莫费·尼基福洛维奇·谢列斯特的影响下，他开始有意识地学习多种外语，并在从教后的岁月中继续学习着。最终，他会用十几种语言直接阅读或写作。

安德烈·戈洛科夫的《母亲》

克列文丘克——真正的教师

瓦西里·亚历山德罗维奇·苏霍姆林斯基喜爱语言文学，他参加了学院的“第聂伯”创作训练班。这里聚集着和他一样热爱文学的大学生们。他们常常聚在一间不大的教室里听协会的领导者、世界文学课的教师克列文丘克的讲演。

克列文丘克讲课时总会有点激动，然而他的激动不同于一般

①蔡汀、王义高、祖晶.苏霍姆林斯基选集（第五卷）.北京：教育科学出版社，2001：233.

②鲍里斯·塔尔塔科夫斯基.苏霍姆林斯基的一生.唐其慈、毕淑芝、赵玮，等译.北京：教育科学出版社，1986：23.

教师的使人想与之疏远的激情举止，而是吸引了更多的青年人。克列文丘克讲课时，总是抛开教科书和提纲，轻松自如地安排教学内容，即使最善于死记硬背的书呆子也无法挑出他的错误来。如果不是热爱文学，他不能如此。他使年轻的苏霍姆林斯基体会到，只有热爱自己这一门学科的人，才能成为一个真正的教师。

一次在讨论安德烈 · 戈洛科夫的长篇小说《母亲》的艺术手法时，同学们就“是否只有往昔的事物才具有浪漫主义精神”而自动分成了两派。

瓦西里 · 亚历山德罗维奇 · 苏霍姆林斯基对认同的一派感到奇怪。他觉得，要是那样的话，那么把茅草屋顶换成镀锌的铁皮屋顶后，乌克兰美妙无比和风景如画的村庄就会失去自己优美的特征了。他想到，近百岁的外祖母玛利亚却并没有把茅草屋顶或水井上的吊杆看成是什么浪漫主义的东西，他明白，之所以这样是由于贫穷。他还记得外祖母曾对他吐露过自己的心愿：“瓦西里，你做了教师以后就给外婆盖一座铁皮屋顶的房子，水井用水泥圈起来。我从这种井里打水喝，那水不仅清凉，还叮咚响哩，就像森林里的小溪一样……”他奇怪他们怎么就没有看出戈洛科夫这部长篇小说中所描绘的画家多罗申科和他的信徒们卑鄙的本质呢。

克列文丘克耐心地听着同学们一个个的发言。大家都看得出来，老师很想参与这场讨论，可是他却只是间或插几句话而已，但这些简短的语句却精辟而让人印象深刻。瓦西里每每都要紧张地回忆老师用的是谁的准确而令人惊叹的警句。他从老师风趣俏皮的简短讲话中总结出两点对自己来说非常重要的真理，这既是对自己想法的肯定，也是对自己未来行进方向的鼓舞。那就是，戈洛科夫的长篇小说中，画家多罗申科的本质是多么虚伪；而人类的文化精品，不管它们是什么时代创作出来的，则是如此不朽，并且始终和时代相应。

看着克列文丘克，瓦西里愈来愈认识到，这才是一个真正的教师。他使瓦西里懂得，如果想用自己的语言来点燃学生的心灵，那么他本人就得深刻地理解语言。

小说讨论会结束后，训练班成员照例会朗诵心爱的诗人的作品或自己的诗作。瓦西里 · 亚历山德罗维奇 · 苏霍姆林斯基创作了《老人与我》，这首诗是他为父亲写的，主人公是年老的护林人和诗作者。老人想救活一棵被雷雨摧折了的树木，他像拯救一个蒙受灾难的人一样地拯救这棵树。但是在众人面前读自己的诗作，瓦西里觉得有些胆怯。克列文丘克一再地鼓励劝说：“只有在大庭广众之间朗诵，才能发现自己诗作的优缺点。”他才硬着头皮朗诵起来。

中年时的苏霍姆林斯基

诗作者：您为什么要这么做？
林子里树木那么多，
只是少了这一棵树，
岂就影响树林的美？

护林人：一棵树木如同一个人的生命，
那上百年的橡树与父辈同龄，
摧折的老树使我想起老父亲，
若从它身旁走过却漠然不视，
便恰似对生身父亲见死不救，
如此实将令我一生无法释怀。

诗歌使他入境，他仿佛看见自己就在雷雨交加的森林里。那一瞬间，他真切地感受到父亲在一战后拄着拐杖回家，1918年重又拿起武器捍卫苏维埃，加入共产党时的心情。他不由自主地回想起瓦西里耶夫卡的那个夜晚，敌人向父亲开了黑枪；回想起外祖母玛利亚的话："人死后应在人间留下痕迹……"

瓦西里终于忍着内心的战栗朗读完这首诗，他回到座位上，根本没有听到同学们热烈的掌声。这是他头一次在大庭广众间表达自己对父亲的挚爱与忠诚。

博里什波列茨——用心来教育

同样受人爱戴的还有格里戈里·米哈伊洛维奇·博里什波列茨。他剃着光头，穿着一件宽大西服上衣，为人实在，认真而开朗，是位聪明而出色的教育家。他讲授的教育学也非常具体而又切合实际。他的别具一格使瓦西里·亚历山德罗维奇·苏霍姆林斯基感觉到，每一门课莫不反映着授课教师的性格和智慧。

瓦西里·亚历山德罗维奇·苏霍姆林斯基很敏感也很用心，他喜欢和博里什波列茨讨论，博里什波列茨的课也总是吸引着瓦西里。博里什波列茨时常告诫学生："作为一名教师，切莫在抽象和空洞的幻想范畴中高高飞翔，要力求在每一条原理中看到具体的、切合生活实际的目标。”[①]他是这样说的，也是这样做的。

一天课后，瓦西里和博里什波列茨探讨教育学的意义。博里什波列茨告诉瓦西里：“只有当教育学成为你的工具，只有当它面向活生生的孩子，面向具体的学校……只有这个时候，教育学才具有意义和它的作用。”[②]在师院的点点滴滴中，瓦西里·亚历山德罗维奇·苏霍姆林斯基明白了教育首先是关于人的学问与艺术。博里什波列茨喜欢这个用心来思考教育的学生，并希望他更快地成长，所以邀请瓦西里到自己的家里讨论问题。他们从此建立了一段珍贵的友谊。几十年之后，当他们再次相遇，瓦西里·亚历山德罗维奇·苏霍姆林斯基把自己花尽心血书写的一本书献给了这位教育家。

中文版苏霍姆林斯基的著作《公民的诞生》

在博里什波列茨的家里，他们继续学校的讨论。博里什波列茨告诉瓦西里：“你善于记笔记，但是你将来要成为教师，要到学校里工作，那时，可千万别抽象地运用在我的课上你所记下的笔记呀！如果你不了解儿童，如果不了解自己的学生，如果你不能与他们息息相通，如果你不能把自己的心灵献给他们，那么你是不会取得成就的……”[③]这四个“如果”在他心里激起了不小的涟漪，他从道理上深深地认同老师的教导。虽然他还没有毕业，还没有一个自己的学生，还没有真正的实践上的体认，但是，他刚从童年、少年走来，那段日子的点滴在记忆中依旧镌刻得清晰可见。老师的话让他不自觉地关照起童年时的情感，所以他深深感到博里什波列茨的每句话都充满了智慧。这些心心相契的话语已经为他日后教育信念的形成种下了最基本也是影响最深远的种子。

饭后，瓦西里和老师又开始谈论起儿童伦理教育原理来。这一话题使瓦西里善于关照的心又回到了自己的童年。博里什波列茨伤心地说：“让人感到遗憾的是，在我们这

①鲍里斯·塔尔塔科夫斯基.苏霍姆林斯基的一生.唐其慈、毕淑芝、赵玮，等译.北京：教育科学出版社，1986：48.

②鲍里斯·塔尔塔科夫斯基.苏霍姆林斯基的一生.唐其慈、毕淑芝、赵玮，等译.北京：教育科学出版社，1986：47.

③鲍里斯·塔尔塔科夫斯基.苏霍姆林斯基的一生.唐其慈、毕淑芝、赵玮，等译.北京：教育科学出版社，1986：48.

刘伦振译《苏霍姆林斯基德育论文选粹——培养道德完美的一代新人》

里，教育学的这一方面至今还是个没被开垦的处女地。”之后，他感慨地说：“大家没命地搞儿童学家们那些莫名其妙的测验，可这些儿童学家们就是不懂得这样一条简单的真理：只有珍惜精神和道德财富的人才能够建设美好的一切。一定要让孩子们从小就接触这些财富，而不是等像那些大学者们把可怜的学生送进感化院一样被送进特殊学校之后……”瓦西里想起了不久前与室友们的讨论，他感同身受，不住地点头，眼神里透露着坚定。

他在冥冥中感到，日后，他将把无数的岁月奉献给这一个激动人心的教育问题。

因肺炎而不得不告别大学生活

暑假过去，在通过了新学期两门课的考查后，瓦西里·亚历山德罗维奇·苏霍姆林斯基患了轻微的感冒，但为了不影响正在进行的课程和新的考试，对于这样的小病他没有在意，也没有卧床休息，致使感冒变成了胸膜炎，而胸膜炎又进一步恶化，所以他不得不休学养病。1935年夏季，他在父亲的陪同下来到雅尔达治疗养病。

父亲也患有疾病，在这儿陪了瓦西里一个月后，不得不回家养病去了，只剩下瓦西里一个人。其实也不能说他是孤零零的，因为还有医生、护士陪伴着他，他们都很关心瓦西里，而且他在这里也能找到些好书来读，这里成了他在养病日子里躲避一切痛苦的港湾。这段日子里，他重读了科丘宾斯基、莱夏·乌克兰卡、果戈理、狄更斯的作品，他觉得自己仿佛是头一次与这些伟大人物相遇，因为他们又给了他新的启迪。很多时候，他为书中的内容感动不已，潸然落泪，护士见了，便警告他不能再看书了。不过，她们也仅仅是吓唬他一下罢了，因为她们知道，书就是瓦西里的生命。瓦西里·亚历山德罗维奇·苏霍姆林斯基康复得很慢，但总归是在慢慢恢复着……

可以说，童年的经历是成就苏霍姆林斯基以后教育思想的源泉，大学使他明白什么

苏霍姆林斯基回母校时与老师们的合影

是真正的教育。每每遇到教育中难解的问题，他都会回到自己的童年，寻找当时的心，体会它因何变化，体会这段岁月对于人生的重大意义。正如苏霍姆林斯基自己所说："童年那是人生最重要的时期，这不是对未来生活的准备时期，而是真正的、灿烂的、独特的、不可重现的一种生活。所以，今天的幼儿将成为什么样的人，起决定作用的是如何度过童年，童年时代由谁携手领路，周围世界中哪些东西进入了他的头脑和心灵。"[①]每一个真正热爱教育的人，必然是关注生命而不仅仅是生活的人，必然是从思考自己的生命开始的人。苏霍姆林斯基身上表现出的最大的特点就是对生命的关注，他是一个时时刻刻关注生命的人。

①蔡汀、王义高、祖晶.苏霍姆林斯基选集（第三卷）.北京：教育科学出版社，2001：15.

在瓦西里耶夫卡学校任教时教育理念的新变化——儿童问题的纳入

1935年，苏霍姆林斯基的胸膜炎治愈。这年的夏末秋初，17岁的他当上了本村瓦西里耶夫卡学校低年级的教师。再次来到童年时代的校园，苏霍姆林斯基感到恍若隔世。不久前他自己也还是这所乡村学校的学生，然而现在，他将成为这里的老师。

校长伊万·萨维奇和可爱的女老师安娜都已经离开了学校。在老教员中，只有已经55岁的教务主任维克托维奇·弗拉基米尔·祖布科夫斯基还在。他虽然是数学教师，但却醉心于气象学。他小小的办公室里，摆满他设计装配的气象装置和无线电装置。当苏霍姆林斯基还在这里上学的时候，他就对这个学生很有好感。

维克托维奇站起来，欢迎瓦西里·亚历山德罗维奇，他第一次在名字中加入了父名来称呼昔日的学生。瓦西里·亚历山德罗维奇·苏霍姆林斯基的脸上顿时出现了红晕，然而细心的维克托维奇假装没有看到，自然地转移了话题。从教伊始，苏霍姆林斯基就遇到了这样一位极好的教育导师。这次见面，祖布科夫斯基就叮嘱他："经验，是生活不朽的导师。经验和知识，我说的不是大学教育，而是'知识渊博的人'的含义。教师应该是一个有高度的文化修养并且孜孜不倦的人……"他提醒苏霍姆林斯基："你已经拿到了本班学生的名单，那么就去挨家挨户进行一次家访吧，争取在开学之前就认识一下自己的学生。一定要去看一看，同家长聊一聊，了解孩子们生活的情况，了解他们需要什么……"这算是苏霍姆林斯基从教的第一堂课。虽然他在读师范学院时就已经立志将毕生精力献给教育事业，但对于如何做教师，仅有心是不够的。这教导主任，助推着他步入了教育的轨道。祖布科夫斯基总是给他极好的忠告、正确的引导。一旦上了轨道，苏霍姆林斯基的教育智慧才能伴随着每一次教育事件而一点点地彰显。

当天晚上，他就把一天的经历和心情写信告诉了师范学院时期的好友福缅科："亲爱的福缅科，此刻我是多么幸福呀，我周围的人都热爱自己的工作……明天，我将成为这里20个孩子的老师，想到他们会成为一个怎样的人将在很大程度上取决于我，我便感到害怕。总之，上路啦……"

和学生一起探索、发现

在与孩子的接触中，苏霍姆林斯基越发地喜欢和他们在一起。因为在他看来，每一个孩子就是一个世界。观察他们的生活，留心他们遇到的问题，帮助他们解决问题，能给自己带来最大的快乐，这个过程满足了他内心的求索和对生命的关切。

他所带领的20人的班级，孩子们彼此之间相处得很愉快。可是很快，瓦西里·亚历山德罗维奇·苏霍姆林斯基就发现了问题。他注意到有个不讨小伙伴们喜欢的孩子——

苏霍姆林斯基和学生在一起

德姆科·索特尼克。这个孩子被公认为脑筋迟钝又懒惰，学校的老师们对他都无可奈何，甚至连德姆科自己也这么想，所以别人更是没有办法。大家给他取了各种极不友好的绰号，而这使得不和同学亲近的德姆科变得更加不合群。瓦西里·亚历山德罗维奇·苏霍姆林斯基日后的教育笔记里写道："如果一个人努力避开现实，不愿把自己融入集体之中，乐集体之所乐，忧集体之所忧，那就很可能导致他对一切都采取漠不关心的态度。"[①]在17岁时，他虽还未得出这样明晰的结论，但是他隐约感觉到了危险。他首先想到的不是"德姆科多么难教育"，而是"是什么使他成为这样"。克列明楚师范学院老师们的言传身教、自己内心那颗跳动着的童年的心以及这些日子以来的教育经验使他坚信：孩子不会生来就是这样！

苏霍姆林斯基思考如何帮助德姆科。虽然他还不了解德姆科，但是他以孩子的心揣测，德姆科之所以会成为现在大家眼中的德姆科，也许是由于他感觉不到同学们和老师对他的爱与关怀，感觉不到好意和对他能力的信任。后来的接触证实了他的推测。

德姆科的事，使他想起教务主任维克托维奇曾给他的忠告："我深信，没有鼓励就不可能有前进。任何其他方法、任何一种命令，都不能引起孩子对学习的兴趣。幼小的孩子本来有学习的愿望，可他得了一个不好的分数，一次、两次得'劣'后，他就会渐渐失去对学习的兴趣。如果一味对他提出要求，抓住他不知道的东西不放，他就会失去对自己和老师的信心。当孩子尚未学会时，不能给他打不好的分数。"[②]他由衷地赞同这位前辈的肺腑之言。苏霍姆林斯基在日记中写道："祖布科夫斯基说得对，不管学习什么，加减法也好，正字法也罢，我们都必须同学生一起去探索和发现。如果一味要求，儿童就会失去对老师的信任。"[③]所以第二天，他叫来德姆科，孩子一见面就对他声明："反正我什么都学不好。"这似乎成了他的惯用语，以此来应对老师所有的责难，甚至是教导。孩子自轻自贱的话令瓦西里·亚历山德罗维奇·苏霍姆林斯基感到一阵扎心的疼，他怜悯地问："嘿，你过去至少解对过一道例题吧？"

"不是一道，是一千道！"德姆科有些不屑而又自豪地突然答道。

瓦西里·亚历山德罗维奇·苏霍姆林斯基以为他在开玩笑，但是德姆科的眼神使他隐隐感到似乎有故事隐匿在言语背后，于是他自然地接引着说："一千道！小家伙，你

①蔡汀、王义高、祖晶.苏霍姆林斯基选集（第五卷）.北京：教育科学出版社，2001：251.

②鲍里斯·塔尔塔科夫斯基.苏霍姆林斯基的一生.唐其慈、毕淑芝、赵玮，等译.北京：教育科学出版社，1986：65.

③鲍里斯·塔尔塔科夫斯基.苏霍姆林斯基的一生.唐其慈、毕淑芝、赵玮，等译.北京：教育科学出版社，1986：65.

这说得可有点过火了吧？”

德姆科棕黄色的眼睛里闪烁着火花：“就是一千道，可要是在老师那儿，我就一道也不会，如果在爸爸那儿，一千道又算得了什么！可是……”他的神情黯淡下来，眼中显现出一丝绝望，“可是，爸爸病了，已经在医院躺了好几个月了……”

苏霍姆林斯基一下明白了问题所在，他知道自己该怎样做了。这是一项长期的工作，虽然这么做很困难，因为他自己也还要学习，不过为了德姆科，他总得抽出时间来。于是他建议道：“你听我说，德姆科，放学以后，咱俩一起来解你没有解出的题，你看怎么样？”

德姆科很是吃惊，但仍然装作不在意地说：“为什么要我看，您不是老师吗？”

瓦西里·亚历山德罗维奇·苏霍姆林斯基把德姆科微妙的表情看在心里，心中升起一丝的喜悦；但是又叹了一口气，因为他知道帮助德姆科的工作不简单。

苏霍姆林斯基和学生在一起

放学后，他和德姆科留了下来。瓦西里·亚历山德罗维奇·苏霍姆林斯基画出种土豆地的平面图，解释道：“从这块地里收了24袋土豆，这儿是一块地，这儿是另一块地。这块地里收获了……”德姆科的脑袋俯在练习本上，晃动着耳朵，思索着。瓦西里·亚历山德罗维奇·苏霍姆林斯基引导着但不说破。最终，德姆科自己解出了这道题，这令孩子非常惊讶。那一刻，苏霍姆林斯基注意到，孩子的情绪完全不同了，身体里升起了小小的自信。

苏霍姆林斯基由衷地高兴：“你看，多好，可你早先还说你学不出什么名堂来。你想想：你是怎么做到的呢？”德姆科对着老师欢快地笑着，在那一瞬间，他理解了人与人之间的一种微妙情感。

不久之后，孩子的父亲回家了，德姆科将这种体会到的微妙的情感反映到父亲身上。不知又过了多少时日，瓦西里·亚历山德罗维奇·苏霍姆林斯基发现，德姆科开始在课堂上回答问题，开始真心帮助同学，开始对自己的力量产生信心。他的变化使所有的人都感到惊奇。但是苏霍姆林斯基明白，这件事上，起了相当大作用的不仅仅是自己对德姆科的帮助，不仅仅是他父亲出院回家，还有孩子在他父亲回来那天所表现出的关切心情——那种为德姆科与同学之间关系的转变奠定基础的关切心情。

晚上，苏霍姆林斯基照例坐在桌前，拿出日记本，记录下发生的一切。

波尔塔瓦的深造

波尔塔瓦师范学院楼

苏霍姆林斯基在得肺炎住院期间，克列明楚师范学院的语言文学系并入了波尔塔瓦师范学院。那时，好友叶列茨基就建议他以后可以到波尔塔瓦做函授生。从教一年后，一有比较多的空闲时间，瓦西里·亚历山德罗维奇·苏霍姆林斯基就会到波尔塔瓦师范学院继续深造，读函授，来完成当年因病没能完成的学业。并且，他往往把整个的寒假、春假和暑假都交付于这里。他感到自己非常幸运，能在波尔塔瓦师范学院学习两年。这里的那种好学精神、创新思想和渴望求知的氛围笼罩着来这里求学的二十来岁的小伙子和姑娘们。苏霍姆林斯基总是自豪地把波尔塔瓦师范学院尊称为自己的母校。

如今的波尔塔瓦市中心

青年时代的苏霍姆林斯基总是把波尔塔瓦水平似镜的沃尔斯特拉河、古老的圆形广场和光荣纪念塔同他珍爱的几个名字联系起来。学院的生活对苏霍姆林斯基来说，同一年前在克列明楚师范学院时一样。不仅因为两个老朋友在这里，因为语言文学系所有令他敬仰的老师们也都搬到了这里，更因为那颗求知的心、关怀教育的心、关注心灵世界的心和过去是一样的。

波尔塔瓦圆形广场古老的纪念碑

波尔塔瓦纪念碑

宿舍讨论——什么是真理

宿舍里，瓦西里·亚历山德罗维奇·苏霍姆林斯基看完冈察尔的一部短篇小说《向日葵》后，过去经历的人和事在他的脑海中闪现。他感叹道：“外表的美实在是有其内在的根源呀！”他看书沉思的时候，叶列茨基倒骑着椅子，两个胳膊肘支在椅背上也在思考着什么。他突然挺直了身子问道：“我们做出了善恶的判断，可是这判断难道就是真理吗？”福缅科习惯性地既不放下书本，又颇感兴趣地安静地听叶列茨基说话。“如

苏联时期乌克兰作家奥列希·捷连季耶维奇·冈察尔

苏霍姆林斯基在波尔塔瓦师范学院时期的学生证

果我们把自己的活动局限于所认识的那一点点，如果我们认识得不彻底而没有站到任何一边去，那么，我们怎么知道什么才是真理呢？”叶列茨基以期待的目光注视着坐在对面的正在深思的福缅科。

福缅科笑着感叹道：“又是‘如果’。听着，关于这个问题，歌德是怎么说的。你得牢牢揪住马的鬃毛，才不致跌下马来。”

“你不必为我担心……”

“我才不担心你呢，我那是博爱。听着，歌德是这么说的：‘只有当真理是为了众人的时候，它才成其为真理。’”福缅科微微歪着头，圆睁着眼睛，舒展着眉毛，似乎在问：“现在你还有什么可说的，我亲爱的朋友？”

虽然此时瓦西里·亚历山德罗维奇·苏霍姆林斯基已经有自己的见解，但他还是愿意再等等，听听朋友们的回答。

“如果是一般的真理呢？是与众人无关的真理呢？”叶列茨基眯着眼睛说。

福缅科顿然一笑，信心十足地说道：“听着丹尼斯，所谓‘一般的真理’是没有的，也不可能有。真理永远掌握在某一个阶层的手里，而真正的真理总是为社会大多数人的利益，为众人的利益，为劳动人民的利益服务的。”

话音刚落，苏霍姆林斯基在克列明楚时期的朋友格里戈里·米哈依连科走了进来。对于他们的讨论，米哈依连科很感兴趣。

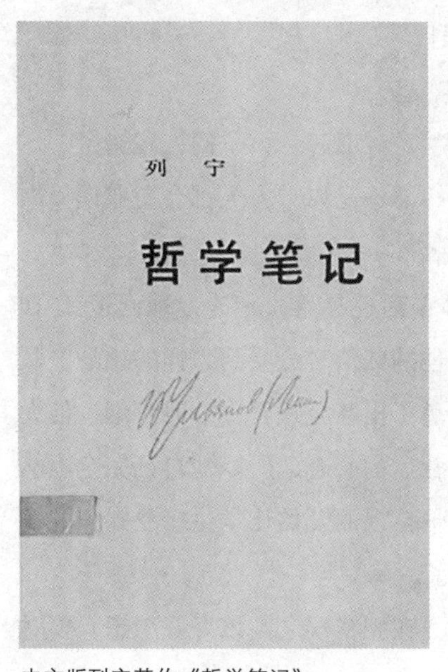

中文版列宁著作《哲学笔记》

“叶列茨基在这儿反对真理呢。”福缅科笑道，“他说，世界上没有真理。”

“咱们干吗要在这儿自作聪明呢？”瓦西里·亚历山德罗维奇·苏霍姆林斯基终于开了口，“咱们请教一下列宁不更好吗？列宁说：生命产生了大脑，大自然在人的大脑中得到反映。人在自己的实践和技艺中运用这些反映，检验其正确与否，从中得出客观的真理。这既简单又明白，谁都可以从《哲学笔记》中找到这一论点的……”

叶列茨基站起身来，伸伸胳膊弯弯腰，装出对争论毫无兴趣的模样，因为不想再讨论下去了。关于“真理”的认识，日后指导着苏霍姆林斯基的教育思想和实践。

宿舍讨论——教师不能也不应该犯错

在讨论了什么是真理之后，他们又讨论了另一个根本性的问题——教师能犯错误吗？

米哈依连科问：“教师难道是一个圣人不成？他就不能犯错误吗？”

这话一下挑动了瓦西里·亚历山德罗维奇·苏霍姆林斯基的神经，他生气地答道：“对，就是不能，也不应当犯错误的！无论你从哪一个角度来看，教师的天职就是不犯错误。”当他这样认为的时候，他已经真真正正把自己的生命看成是与教育生命不可分割的了。

米哈依连科还是那样不紧不慢地说道：“这可真是荒谬，瓦西里。只有愚蠢的人才会认为他是永远不犯错误的。只有愚蠢的人和不学无术的人才会这么认为的。”

波尔塔瓦师范学院里的苏霍姆林斯基纪念碑

苏霍姆林斯基执拗地重复道："教师不应当犯错误！"

"可他是人，他是会犯错误的！"叶列茨基大声嚷道。

苏霍姆林斯基回应道："如果是那样，教师就该说：'对不起，孩子们，我错了。'我不是说不能犯错误，重要的是认识错误，改正错误，而不是以'人人都会犯错误'来为自己所犯的错误做借口。尤其是教师，更不能如此。"

叶列茨基听着，左右脚不住地更换支撑点，身体前后摇晃着。他冷冷地问道："如果教师对学生一再捶胸认错，那么，你有没有想过，他的威信将会受到怎样的挑战？"瓦西里·亚历山德罗维奇·苏霍姆林斯基对此一笑，鼻子里甚至还冒出一股青烟，他太清楚当时许多教师教学中这样的疑问，他清楚这疑问背后的心态，所以他自己完全不能认同这种看法。他认为，一个教师如果是从让学生害怕自己而开始让学生接受知识的，那实在是一件悲哀的事，这只能显示出教师的无能罢了。

福缅科非常认同瓦西里的观点，他叮嘱叶列茨基，在犯错误之前该好好想想，要对自己说过的话负责。

叶列茨基故意继续活动着肢体，以示抗议，就好像他对自己引起的这场争论已经感到了厌烦，对此朋友们都能看得出来。福缅科解围道："好吧，朋友们，现在该去呼吸呼吸新鲜空气了……"

苏霍姆林斯基在这些宿舍讨论中所坚持的观点，后来都成为他教育信念的基石。

整个寒假，瓦西里·亚历山德罗维奇·苏霍姆林斯基在波尔塔瓦如饥似渴地学习，但同时，他也开始思念孩子们了，因为他们已经成为他生活的一部分。

大自然的力量

假期结束，苏霍姆林斯基又回到了瓦西里耶夫卡。雪一连下了好几天，村子里农舍上的雪几乎压倒了窗户，大街小巷都被厚厚的雪掩盖，瓦西里耶夫卡处处堆起雪人。

瓦西里·亚历山德罗维奇·苏霍姆林斯基现在不仅是教师，还是学校的辅导员。孩子是开启苏霍姆林斯基思想的钥匙，他们迫使他思考：把教学简单地归结为读和写，使孩子们脱离周围充满秘密的特别吸引孩子们的世界，是否正确？他常常同孩子们谈心，希望走进他们的世界。孩子们玩的转轮就是苏霍姆林斯基自己动手安装的。望着在冰河

乌克兰冬天结冰的河面

上玩转轮的孩子，他又陷入沉思："孩子们不仅应当把我视为老师，还应当把我视为一个普通人，他们同这个人即使在教室以外也应当有很多共同的兴趣。只要求掌握知识，打上分数，这怎么够呢？这样做只会产生隔阂……"他对这个想法深信不疑，因此他总是同孩子们在一起。

关于师生关系，瓦西里·亚历山德罗维奇·苏霍姆林斯基对隔开师生的那张讲桌，那张应当搬走的桌子考虑了很多。那位有魔力的女教师安娜·萨摩伊洛夫娜的形象时常出现在他的脑际。他常常回忆起当年那些大自然中的课，回忆着当时的惊奇与想象。于是，他决定也像当年的女教师一样，带自己的学生们到大自然中去。

苏霍姆林斯基与学生在一起

中文版苏霍姆林斯基著作《关心孩子的成长》

第一次在大自然中上课——学校不应该只管课堂上的学习，人才是最重要的

冬天还未过去，但冰雪已经在消融，大自然已在苏醒。听到老师要带他们去果园上课，孩子们的情绪一下子被调动了起来。

他们来到果园，这是校长伊万·萨维奇、教师安娜·萨摩伊洛夫娜和他们的学生开辟的。果园里还有瓦西里·亚历山德罗维奇·苏霍姆林斯基当年为外祖母玛利亚栽种的苹果树，这棵果树长在围墙边上，虽不太高，但枝叶繁茂。苏霍姆林斯基把学生带到这棵树前，给孩子们讲关于它的故事……

苏霍姆林斯基特别注意语言的作用，他用惊奇的声调对学生说：“你们看，孩子们，多么奇妙的树芽啊！”他用手指小心地触碰了一下嫩芽，说道：“不久，树芽就会鼓起来了，它们会变得柔嫩而新鲜，散发出春天的气息。你们知道吗？在这个树芽里躺着一片小树叶，那是树的婴孩儿。苹果树把它小心地保护在襁褓里，让它暖暖和和地过冬。但是现在春天已经快要到来，小树叶再也不想躺下去了，它要到外面来，它想晒晒太阳。”他的语言就像小鱼吐出的泡泡，温馨而优美，孩子们想象着这个可爱的小生命体的活动。尤尔科感到奇怪地问：“那，它怎么才能爬出来呢？”

“多美的问题呀！”苏霍姆林斯基心想，他总是善于发现细节。他微笑着说：“过不了几天，襁褓就会裂开，那时，绿油油的小树叶就出来了。”

在成人眼中，这也许是童话故事，但在孩子的心中，在他们理解世界的眼睛里，所谓童话故事就是一个真实的世界。无论什么样的孩子，谁都没有怀疑这个童话，孩子们相信一切都会像老师所说的那样发展，就如当年的瓦西里一样。苏霍姆林斯基也相信，只要老师善于唤醒孩子头脑中的想象力，每个孩子都能成为一个编童话故事的人，而优秀的教师总是善于激发孩子编写童话故事的愿望。

苏霍姆林斯基后来在自己的学术著作中经常强调童话故事在儿童思维中的作用。他说：“童话、游戏和幻想，这是儿童思维活动、高尚情操和志向的生机勃勃的源泉。”“通过童话形象，语言连同其最细微的含义就会无比自然地进入儿童的意识，成为孩子精神生活的一个领域和表达思想感情的手段，而这正是思维的生动体现。”①

中文版苏霍姆林斯基著作《学生的精神世界》

马兰卡突然开口说：“鸟儿很快就要飞来了。”

苏霍姆林斯基很快地意识到这里存在教育的因素。他说：“对，马兰卡，鸟儿就要飞来了。孩子们，你们说，瓦西里耶夫卡的鸟箱够不够所有的鸟儿住呢？”他希望教育的力量是潜移默化的，他也明白教师每一句话的教育力量，于是随即望向了德姆科。

德姆科伤心地摇摇头说：“不够，鸟箱不够所有的鸟住的。”

“那怎么办呢？”

瓦西里 · 亚历山德罗维奇 · 苏霍姆林斯基很高兴孩子们发出这样担忧的惊问，因为借此他知道，爱的种子已经种下。于是他引导着问：“是呀，那怎么办呢？”孩子们纷纷给出了自己的建议，最终他们将付诸实践。

过去，当苏霍姆林斯基看到或听到学生课内思维枯竭的状况，都会非常伤心，认为这是很多学校中发生的可怕的灾难。虽然教学仅仅一年，可是他很肯定，没有比枯燥的教学更可怕的事情。现实是，教师只知道要求学生快学，从这儿学到那儿。听话的孩子就去学习，离开大自然的怀抱而去熟记一两页有关它的课文。他觉得这不是教学，不是对人的教育。他觉得，孩子们最最奇妙的能力——创造童话故事的能力、思索的能力，往往会因此渐渐消失。他一直在寻找解救之路，而这次果园中的课堂里孩子们的表现使他再一次肯定了大自然的无穷力量。

老师们的疑惑——大自然有什么作用

苏霍姆林斯基总是别具一格，此后他不止一次地带领自己的学生走出瓦西里耶夫卡

①蔡汀、王义高、祖晶.苏霍姆林斯基选集（第三卷）.北京：教育科学出版社，2001：240.

苏霍姆林斯基和学生在一起

地区，走到大自然中。然而，他的理念并不被当时的大多数教师所接受和理解，因为当时的不少教师把教育看成是尽量多地往孩子头脑里灌输知识。这种一味地知识灌输，使孩子们正常的生活不仅在上课时被打乱，而且在长日班①里也遭到了破坏，这不能不令人感到极大的痛苦。有的学校，孩子们上过5—6节课后还要在学校再待上4—5个小时，留校不是让他们做游戏、休息和在大自然中活动，而是又坐下来念书。孩子在学校的时间变为漫无止境的、令人生厌的课堂学习。

在果园中上课这件事很快在教师中间传开，学校里有些教师认为苏霍姆林斯基让孩子们接触大自然的想法是古怪的。他们颇有疑惑地问这个自己曾经教过的学生："瓦西里·亚里山德罗维奇·苏霍姆林斯基，其实整年待在大自然中的农村儿童有什么必要跟着老师到森林、到草原、到大自然中去呢？对城市儿童来说，这是新奇的事情，可是我们这些孩子在田野中、在果园里、在森林里，还能看到些什么新鲜东西呢？"

苏霍姆林斯基心中早已做出了判断，他认为这些老师要么不知道童年的意义，要么不知道大自然的力量，要么就是因为觉得带领孩子们去草地，同他们一起到森林、公园里逛逛，比上课要麻烦。他清楚这些想法，但他没有当下反驳，这些教师们的年龄和阅历对他都是一种无形的压力。当初他上一年级时，他们就已经是他的老师，他怎么能不注意自己的态度和言辞呢？但是，他并不因此而扼杀自己的想法，他坚信自己走的是一条正确的路。

在"到果园上课"成为老师们争议的话题之后，教导主任找到苏霍姆林斯基，询问他和孩子们在果园里干些什么，同时指出学校计划中没有户外游戏。

"是没有，维克托维奇·弗拉基米尔。"

"你坐下，没必要脸红的。"教导主任言语中充满了关怀之情，"我不是责备你，

①长日班，也叫常日班，苏联的一种学习时间制度。

绝对不是，只不过是出自老年人的好奇心罢了。”

“维克托维奇·弗拉基米尔，您还记得咱们关于情绪的那场谈话吗？您引用了一位哲学家的话：‘没有情绪就不可能有思维。’”

“你找到这句话了！”维克托维奇暗自赞叹眼前这位年轻人的好学精神。

“是的，找到了。昨天我回忆起一个春日，我敬爱的老师安娜·萨摩伊洛夫娜和她给我们在森林里上的那几堂令人难忘的美好的课。”于是，他将当年的情景一一讲给维克托维奇听。

教导主任若有所思，他告诉苏霍姆林斯基，说他羡慕安娜·萨摩伊洛夫娜，课程让学生这样铭记不忘，是一种巨大的幸福。

那天夜里，苏霍姆林斯基在自己的教育日记里写道：“童年是人生重要的时期，这不是对未来生活的准备期，而是真正的、灿烂的、独特的、不可重现的一种生活。所以，今天的幼儿将成为什么样的人，起决定性作用的是如何度过童年，童年时代由谁携手领路，周围世界中哪些东西进入了他的头脑和心灵。人的性格、思维、语言是学龄前和学龄初期形成的，很可能，孩子从书本、从教科书、从课堂上所吸收的一切之所以被吸收，恰恰是由于除书本而外周围还存在着一个世界。”[①]想到学校里老师的态度，想到社会对教育的那种普遍看法，苏霍姆林斯基内心非常着急。因为，他曾亲眼看到孩子们在学习的最初的日子里怀着多么激动的心情跨进学校门槛，怀着多么深切的信任注视着老师的眼睛；可是在几个月后，甚至几周之后，他们眼神中的光彩便消失了，学习对某些孩子来说变成了苦恼。

青年时期的苏霍姆林斯基

过去，他曾读到过亚努什·科尔恰克的《当我返老还童时》，并对书中的话语赞叹不已：“谁也不知道，当学生看着黑板时获得的是不是比那不可抗拒的力量促使他窥视窗外时所得的多。在那个时刻，什么对他更有益、更重要？是压缩在教室黑板上的逻辑世界，还是游动在玻璃窗外的

①蔡汀、王义高、祖晶.苏霍姆林斯基选集（第三卷）.北京：教育科学出版社，2001：15.

那个世界？不要去强迫人的心灵，要细心观察每个孩子自然的发展规律，体察他的特点、志向和需要。”而现在，这些正是苏霍姆林斯基的心声，这种理念贯穿其整个教育生涯。后来成为校长的他写道：人曾是而且永远是大自然之子，因此，应当利用儿童同大自然的血肉联系来向他们介绍精神文化财富。儿童周围的世界，首先就是那包含无穷现象和无限美好的大自然的世界，这个大自然是儿童理性的永恒源泉。

寻找通往心灵的途径

当小天鹅第三次出现在孩子们越发善于观察的眼眸中时，两年已经过去了。在这些年月中，瓦西里·亚历山德罗维奇·苏霍姆林斯基不止一次地带领自己的学生走出瓦西里耶夫卡。1937年，孩子们已经升入了五年级，而瓦西里也已经快20岁了，他已脱去了稚气，接近于一个成熟的教师，这些年的经历和不停歇的思考使他真正成为孩子们的领路人。

他在学校的工作之一就是体会孩子们的成长与心灵的变化。每天总有新的故事发生，他将学校生活的点点滴滴记录在自己厚厚的日记本里，每一个故事、每一段思考都是一份难得的财富。

苏霍姆林斯基和学生在一起

成长中的问题起起伏伏，这时插班新生塔杰·利亚什科进入了苏霍姆林斯基关注的视线。这个孩子个子高高但很瘦削，有惊人的才能，创作的童话故事美妙动听，然而作文中却总是错漏百出，可是他对自己文法上众多的错误毫不介意，其他科目的落后也并不使他感到烦恼。这种情况让瓦西里·亚历山德罗维奇·苏霍姆林斯基深深忧虑。对他来说，有一点是明确的：他应当开发这种聪明才智，并引导和发展它。

放学后，他将男孩儿留下，把用红笔改了二十处的作文本摊放在塔杰的面前，开始仔细观察塔杰的眼神。男孩儿的目光扫过用红笔批改过的那页纸，眼睛里没有恐惧，没有羞愧，没有懊悔。显然他知道自己的才华，认为语法错误无足轻重。他转向老师，摆出一脸超凡脱俗的神气。

“这是诗人和幻想家常有的眼神”，苏霍姆林斯基想，然而孩子并不知道自己所轻视的到底是什么，那不仅仅是语法，而是更为隐匿却影响深远的一种情感，这需要他的引导。于是他机警地问道：“塔杰，你喜欢听童话故事吗？”

“甭提多喜欢啦！整天听都行。”

“那什么样的故事你比较喜欢呢？什么样的故事你哪怕听上一百遍也不会厌烦呢？”苏霍姆林斯基试图走进塔杰的世界，听听孩子的心。

“哪怕听上一百遍？”男孩儿反问，“这样的故事多得很，瓦西里·亚历山德罗维奇，只要里面有各种各样神奇的事。”

“那么哪个故事你记忆最深呢？”

塔杰看老师在倾听，于是投入地讲起了三个王子的故事。故事使苏霍姆林斯基想起了自己的外婆。“真是个美妙的故事，而且你把它讲得出神入化，看来你很细心，很善于捕捉美好的事物。”他的眼光从与塔杰的对视中转向了作文本，说道：“可是塔杰，你看看这页纸，你在一篇故事中出了二十个错！这样再美好、出

乌克兰的克列明楚市远景

色的故事也会因此马上变得像嘴里长着一口烂牙的麻脸老妖婆一样凶狠和丑陋了……”

那天夜里，苏霍姆林斯基坐在书桌旁，上面放着马克思、别林斯基和裴斯泰洛齐的著作，堆着大学生笔记本和一摞学生练习本。他在紧张地读书，准备参加学院考试，但是他想的不仅仅是即将到来的考试。他努力掌握的哲学家们和教育家们的思想不只是用来回答主考人员的考题，更是用来回答日常生活向他提出的问题。他明白，要进入童年这个神秘之室的门，就必须在某种程度上变成一个孩子。于是，他追溯起自己从五年级到七年级的整个学习过程，他在寻找通向塔杰的心灵的途径。过去是什么引导他进入语言和文学的美妙世界？他回忆起了安娜·萨摩伊洛夫娜和她的委托，他回味着自己因这委托、信任而发生的情感变化，他明白该如何做了。

有一天，他问塔杰是否愿意参加文学小组。

塔杰充满了惊异和胆怯的期望问道："难道会吸收我吗？"因为他知道，文学小组里不仅没有五年级学生，连六年级学生也没有。

"我去请求他们吸收你……"

看到塔杰眼睛里充满的惊奇、兴奋和期待，瓦西里·亚历山德罗维奇·苏霍姆林斯基已经预见到塔杰所感到的被信任将使他发生怎样的变化。后来，当他给塔杰·利亚什科的作文打了一个"良"时——这是男孩儿入学以来第一次的"良"——他高兴得好像自己得了这个"良"似的。"信任，是成长的动力。"他再次想起了这句话。

离别讨论——立下从教誓言

1938年，瓦西里·亚历山德罗维奇·苏霍姆林斯基和克列明楚时期的朋友们一起参加了国考，取得初级中学和高级中学语文教师资格证书。他从波尔塔瓦师范学院毕业了。

后来回忆起在这儿的两年学习生活，苏霍姆林斯基满含感情地说："我真走运，能在波尔塔瓦师范学院学习两年……我之所以说走运，是因为该校的那种创造性思想、好学精神、求知渴望的氛围笼罩着我们这批二十来岁的小伙子和姑娘们。我自豪地把波尔塔瓦师范学院尊称为自己的母校……"①

①鲍里斯·塔尔塔科夫斯基.苏霍姆林斯基的一生.唐其慈、毕淑芝、赵玮，等译.北京：教育科学出版社，1986：7.

波尔塔瓦师范学院（今波尔塔瓦卡拉连科国立师范大学）1号教学楼正面

这次国考使老朋友们再次相聚在波尔塔瓦。苏霍姆林斯基和朋友们沿着城市的街道边走边谈。

福缅科轻轻叹了口气："什么时候还能在这儿相聚啊？"随后，他们又开始了和以往一样的讨论。福缅科首先开口道："学校首先是用知识来育人的，你们同意吗？"他随即补充了一句："我们的道德观念首先是用知识来形成的。"

苏霍姆林斯基回应："对，对，当然。可是文学形象的美好世界难道培养不出未来公民的道德品质、自豪感和世界观吗？有人说得好：'接触一本真正的书，也就接触了一个人。'这又怎么说呢？不过，反正学校不应当只是管学习……"

"你看吧！"福缅科笑了，"我可知道我的老朋友瓦西里，"他打趣地学起苏霍姆林斯基的话来，"我同意，不过……"

"好吧，朋友，"瓦西里会意地笑笑，"我同意，不过根据经验我深信一点，在学习方面总是有能力强和能力弱的学生，而强调'差'或'次'，不太利于一个人的自尊心，你同意吗？而没有自尊心就没有人……"

一个朋友说："然而，即使是你所说的差生，他也并不是不可救药的，否则要我们

苏霍姆林斯基画像

老师干什么！”

“我就是这样想的，福缅科。”

朋友们接下来抢着说，应当怎么做和做些什么，才能使学习不好的学生觉得他还能再提高些，才能使孩子不致因自己成绩平平而联想到自己将来不会有好的机遇，联想到自己是一个倒霉的人、一个没有指望的人……

几个热爱教育的人聚在一起，总会谈论这些。

朋友们的话让瓦西里·亚历山德罗维奇·苏霍姆林斯基想起了自己遇到过的那些所谓差生，他急切地希望和大家分享自己的教育感悟，于是说道：“朋友们，我深信，正是这些孩子才特别需要关怀、热情和亲近，可事实上往往正好相反，学习不好的学生总是成为被嘲笑的对象。如果班上哪怕有两三个这种‘被遗忘的人’，那么班级的道德状态就会变得难以容忍了，也就难以谈到对孩子们进行正常的教育……”

一位朋友问道：“如果在教室的后排课桌上坐着两个、三个或者四五个这样的学生，他们勉勉强强地从一个年级升到另一个年级，没完没了地在会上，在少先队集会上，在任何可能的场合‘受到剖析’，那么教师还能干些什么呢……”

苏霍姆林斯基激动而坚定地说：“大家都已经对他不抱任何希望了，而我这个教师仍然充满希望和信心……”

于是，朋友们又回到关于他们心目中“一个真正的教师应该是怎样的人”的话题上。这群青年带着这个年龄特有的偏执谈到了人的使命：一个人不仅要教育人，而且还要以自己对人的巨大信任去提高人……

“相信人，这还不够，”福缅科说，“教师应当成为人民的良知，不是吗？”

“对，对！”瓦西里满怀热情地表示同意，“一个人如果不仅能看到善与恶，而且还能把周围发生的事情牢牢地放在心上，那么就可以称他为教师。”

讨论往往让年轻的心激动不已，不知不觉他们已经走到了科特利亚列夫斯基凉亭。波尔塔瓦处处充盈着春天的绿色，薄薄的轻雾笼罩天地，河水满涨，淹没了远处的草地，太阳的光辉渐渐淡去，沃尔斯拉克湾里的渔船还清晰可见，淡淡的云朵挂在天空，忽然蓝天上出现了一群人字形的大雁……

“你瞧，瓦西里，大雁！”福缅科喊道。

瓦西里仰起头，不禁吟诵起莱夏·乌克兰卡的诗句：

俄文版苏霍姆林斯基著作《把整个心灵献给孩子》第一种版本

我伫立，
倾听春天的声音。
它向我簌簌讲述，
忽而唱起一支嘹亮的歌，
忽而低声为我估算前程
…………

他望向朋友的眼睛问道：“你还记得吗，福缅科？”

于是，两人齐声朗诵：

它向我歌唱爱情，
歌唱青春，
歌唱欢乐与哀情。
它向我歌唱，
一遍又一遍，
向我唱尽所有美好的想象
…………

古老的波尔塔瓦城引起青年们的种种联想，心爱的诗句在耳边嘹亮回响，年轻的人们很自然地想到了人生，想到了即将步入的新旅程。瓦西里·亚历山德罗维奇·苏霍姆林斯基感到无比激动，高声道：“弗拉基米尔，让我们宣誓忠于友谊，忠于我们的理想……”

“宁死不背叛我们的信念！……”弗拉基米尔·福缅科握住朋友的手回应着。

“我们宣誓终生在农村工作，那儿的人们需要我们！”

艰难但更幸福的学习岁月已经过去，前面等待着他们的是什么呢？瓦西里·亚历山德罗维奇·苏霍姆林斯基觉得他正站在高山脚下，他的面前是一条崎岖陡峭的山路……

在瓦西里耶夫卡学校时期，初为人师的苏霍姆林斯基的教育对象仅仅是孩子（还未涉及家长和教师、学校管理等）。他的教育关注点是分散的，来一个问题解决一个问题，但此时他总是试图对教育问题进行总结。这个时候他还没有形成系统的教育理念，也没有想过要刻意形成什么理念，他只是按照自己的贴近人性、换位思考的思维方式来处理遇到的教育问题。而他善于思考、关切生命的性格在教育活动中表现得很明显。他总是试图用顺着人性、彰显人性的合理的方法来解决每一个学生出现的问题。每当遇到问题，他都会回到记忆中自己和学生年龄相仿的时候或相似的情景，去回忆自己当时的心情和状态，从而明白学生需要什么，明白如何帮助他们。在瓦西里耶夫卡七年制学校从教的这三年里，他总是尝试用新的方式来解决教育中一些最重要的问题，通过种种独出心裁的途径和手段施加教育影响。他日后提出的许多教育信念在这个时期已经逐渐形成。

奥努夫里耶夫卡中学——青少年教育与教师教育问题的纳入

1939年，瓦西里·亚历山德罗维奇·苏霍姆林斯基被任命为奥努夫里耶夫卡中学的语文教师。

奥努夫里耶夫卡中学位于托尔斯泰家族成员之一的一个著名庄园内，周围延展着无垠的草原和一片片阴凉的小树林，还有一座座古墓点缀其间。

探寻教师的心应该在哪里

苏霍姆林斯基初来这里的首要工作就是“了解”，这是在瓦西里耶夫卡学校时积累起来的科学经验。

开学头一天虽然没有苏霍姆林斯基的课，但他没闲着，他选择听教务主任叶梅利扬·安德烈耶维奇·特罗扬的课。特罗扬很诧异，因为他教的是和苏霍姆林斯基完全不同的物理课。在当时的大多数老师看来，这种旁听是没有太大意义的。但是，苏霍姆林斯基有他的意图。他关注的并不仅仅是课本的内容，更重要的是学生与这内容的联系，关注的是这些内容对学生心灵产生怎样的影响。因为，此前的教育经历和他个人的人格特质使“心灵”成为他永远关注的方向，这是他一切教育活动的出发点和归宿。

特罗扬的讲解非常透彻，这让苏霍姆林斯基由衷地赞叹，但是另一情景却让苏霍姆

中文版苏霍姆林斯基著作《关于人的思考》的两种版本

林斯基不舒服。他注意到，特罗扬虽然精于物理知识，是一位讲解明确、思路清晰的教师，但是却好像没有看见学生一般，对他们毫不在意，对学生如何理解他的话，对他的话是否能被学生接受似乎都漠不关心，教学似乎就只是教学。

第四节课，也是最后一节课后，甚至连苏霍姆林斯基都感到了疲乏。特罗扬把分数册往教师休息室的桌子上一扔，问道："喂，怎么样，您感到满意吗？"

"是的，我知道了很多东西。"

特罗扬从瓦西里·亚历山德罗维奇·苏霍姆林斯基微妙的言辞与表情里似乎体会到什么，但是他本来就没有想过要征求眼前这位青年对自己课的意见，因为他觉得自己已经教得很好了。他回应道："每个班都一样，并不都是蜜糖，亲爱的瓦西里·亚历山德罗维奇，总有个把小伙子或者姑娘会添上一勺焦油的……"

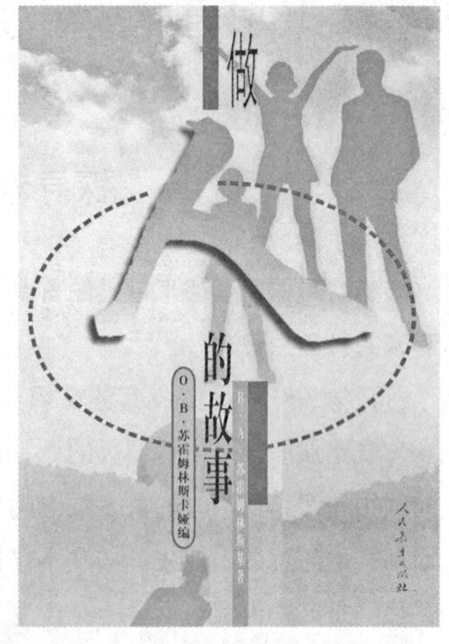

中文版苏霍姆林斯卡娅编的《做人的故事》

特罗扬的回应令苏霍姆林斯基越发感到不舒服，但他没有对前辈说出自己的不解之处。因为他刚到这里，而特罗扬则在这里工作了三十年，是一位有着丰富经验的教师，享有应得的尊敬。只是苏霍姆林斯基心里无法平静。无论是午餐，还是在图书馆，他都在思索这件事，他为自己没有当面指出特罗扬的问题而内疚。他想让特罗扬知道：如果教师心目中没有学生，不关心学生，如果在师生之间隔着一堵墙，那么即使讲解得再有声有色，也没有什么用！

寻找自己的心，打开文学课的门

特罗扬的那堂物理课让苏霍姆林斯基思考了很多，在面对自己在奥努夫里耶夫卡学校的第一堂文学课时，他有些犯难。深夜，他在思考着这堂文学课应该如何开头。他并不是为了在与学生初次见面时给大伙留下深刻印象，也不是因为没有上过文学课，而是基于头脑里隐约的疑问——为什么要在学校里开设文学课呢?

俄文版《苏霍姆林斯基论教育》第一种版本

二十多年后，已经蜚声国内外的教育家瓦西里·亚历山德罗维奇·苏霍姆林斯基清晰、深刻地回答了这个自青年时代萌生的问题。他说："文学课首先是为了使我们的学生终生都热爱书籍。我觉得我的任务是使我的学生向往图书馆，使他们愿意埋头于书本，并独自一人进行思索，使每一个少年能亲身体验到无与伦比的幸福——阅读一本充满智慧的书，直至黎明。实际上这就是所谓的文学教学……"①

但当时，对于刚刚二十岁、仅有三年教育工作经验的瓦西里来说，结果似乎还不那么明朗。往往这种时候，苏霍姆林斯基就会回忆自己童年的生活，去体会学生的心，所以这次的教育问题促使他回忆当年"书"是如何进入他的生活的。在回忆中，他看到了六年级时的自己，他正在寂静安闲的夜晚阅读果戈理的小说《维》，他正在文学课上诵读莱夏·乌克兰卡的《拂晓前的灯光》。在这种从人出发的追忆中，他瞬间明白了一个

① 鲍里斯·塔尔塔科夫斯基.苏霍姆林斯基的一生.唐其慈、毕淑芝、赵玮，等译.北京：教育科学出版社，1986：113.

道理，即必须直接在思路和语言的源头去教学生思考，去发展他们的智力和才能。他认为："以诗歌开始导言性的头一堂课是完全合乎自然的。上文学课而不利用书，就像音乐课上只说音乐而不让孩子亲耳聆听音乐一样。"在每一个这样的时刻，苏霍姆林斯基总能在已阅读的浩瀚的书籍里找到大师们用生命领悟的真理来印证自己的感悟。而在这件事上，他记起了贝多芬的话："音乐的使命是燃起心灵的火焰。"所以他认为："语言的使命也应该是一样的。诗歌的语言也应当朝着某个方向召唤和引导，并激发情感。这大概意味着，文学教师的使命是通过伟大作家和诗人的言语燃烧心灵的火焰，而并非仅仅以学校为纲，砌上一块块知识的砖。"[①]于是，苏霍姆林斯基决定，他将从诗、从艺术语言开始这一堂课。

志同道合的朋友

学校二楼是教师宿舍。苏霍姆林斯基的屋子里陈设简单朴素，一张普通的桌子，早饭、工作都在上面，两张圆座带孔的弯木椅，一个书比衣服还多的衣柜，几个书架，整整占了一堵墙，上上下下塞满了书。这还不够，用白窗帘遮住一半的那扇又高又窄的窗户的窗台上、柜橱上甚至地板上，都是书。除了自己看，他还对其他教师甚至学生开放。

一有空闲时间，瓦西里·亚历山德罗维奇·苏霍姆林斯基就埋头在书籍里。他喜欢科罗连科、库普林、普利施文、帕乌斯托夫斯基的作品，后来他在给儿子的信中写道："如果不读这些语言大师的作品，我恐怕连一个月也不能生活。这些作品使我每天都能接触到美，使我时刻都在自我认识中。"

瓦西里·亚历山德罗维奇·苏霍姆林斯基可以说话的人很多，但是并没有多少真正的朋友。如果他同某个人没有共同的志趣，他就会觉得拘束。不了解他的人往往把这种拘束和拘谨当成是性格孤僻或骄矜，然而，当他觉得自己同某一个人不仅仅谈得来，或精神上相近，而且还是一个志同道合的人时，他就会非常活跃。

德语教师阿尔贝特·伊万诺维奇·施纳贝尔就是一个这样的人。他是出生于摩尔达维亚的俄罗斯籍的德国人，毕业于霍尔季茨的一所师范学校。人很消瘦，长着一头棕

① 鲍里斯·塔尔塔科夫斯基.苏霍姆林斯基的一生.唐其慈、毕淑芝、赵玮，等译.北京：教育科学出版社，1986：114.

摩尔达维亚

色头发，身着整洁的灰色西服，脚上永远蹬着一双发亮的皮鞋，看上去像一个典型的德国人。他的房间和瓦西里·亚历山德罗维奇·苏霍姆林斯基的一样，几乎全放着书，不同的是，全是德语书，里面有席勒、歌德、海涅、费希特、万格、托马斯曼、贝希尔和勃雷赫特等的著作。正是书籍，在两位教师之间搭起了友谊之桥。只要一有空，瓦西里·亚历山德罗维奇·苏霍姆林斯基便会去叩施纳贝尔的门，而施纳贝尔也总是热情地招待他。二人相约，每次交谈都只用德语，虽然苏霍姆林斯基对此感到有些困难，但却从不爽约。

在一天的交谈中，施纳贝尔发觉苏霍姆林斯基有了喜欢的对象——薇拉。薇拉是本校教师，在语言方面很有才能，她想继续深造，选择到师范学校英语专业就读，学程两年。薇拉走后，苏霍姆林斯基和施纳贝尔每天晚上都聚在一起。而这段日子也正是国际形势非常紧张的时候，二人常常为此忧心忡忡。

一天夜里，一阵警笛声使奥努夫里耶夫卡城的居民从梦中惊醒，广播里发出了警报。窗外传来隆隆的雷声，接着天空划过一道刺眼的闪电。随即瓦西里·亚历山德罗

中文版苏霍姆林斯基著作《关于爱的思考》的两种版本

维奇·苏霍姆林斯基听到一阵急促的叩门声，是施纳贝尔。二人听其他老师说，因为希特勒进攻南斯拉夫，南斯拉夫的飞机落在了草原上，而南斯拉夫人不愿意让这些飞机落到希特勒分子的手中，所以发出了警报。

两个人站在窗口，凝视着窗外漆黑的夜色。雷雨渐渐过去，四周静了下来，但突然间一阵马达的隆隆声又打破了寂静，一列军车开足马力从奥努夫里耶夫卡城区飞驰而过，步枪上的刺刀在车灯照耀下发出刺眼的光亮。虽然广播里宣布警报解除，但是人心还是不安起来。

爱是一种美好的情感

一到夏天，瓦西里·亚历山德罗维奇·苏霍姆林斯基就回到老家去住。他在这里总是读很多的书，也还和小时候一样，长长久久地和外祖母玛利亚在一起度过平静美好的时光。

1939年6月，正是苏霍姆林斯基到奥努夫里耶夫卡中学的第三个假期，他的外祖母玛利亚感到自己就要走到生命的尽头，于是托人叫瓦西里尽快回来。这回，玛利亚给苏霍姆林斯基讲了一个关于爱情的故事。她告诉他：“有一天你也会爱上一个姑娘，你们将会有自己的孩子，而我将会活在你给女儿讲的神话故事里。”

听完故事，瓦西里·亚历山德罗维奇·苏霍姆林斯基感叹道：“像这样相爱是多么幸福啊！”

外婆似乎懂得或是揣测到了外孙的想法，说道：“小外孙，爱情使两颗心心心相印。有朝一日，也会有一颗心与你的心息息相通的。”

苏霍姆林斯基想说，这颗最亲近的心，他已经找到了。但外婆摆摆手不让他打断自己的话，好像生怕讲不完似的。“谁知道你命中注定的那位姑娘在何方呢？也许相隔千山万水，也许你们还要经受痛苦、泪水和战争的考验。但是，她终归会到来的。你的命中人将是幸福的，你们之间的爱情将是忠贞的、永恒的……一切都会像我所预言的那样，你听见了吗？”

苏霍姆林斯基暗暗揣测，“外婆这番话究竟是什么意思呢？是故事的继续，还是直觉的预言呢？”但不管怎样，这些话都说到了他的心里。

在这一年，21岁的苏霍姆林斯基和比自己小一岁的薇拉结婚。

十三年以后，瓦西里·亚历山德罗维奇·苏霍姆林斯基在共和国的报纸上发表了他

中文版苏霍姆林斯基著作《关于爱的思考》的第三种版本

中文版苏霍姆林斯基著作《论爱情》

苏霍姆林斯卡娅在以苏霍姆林斯基命名的尼古拉大学95周年纪念大会上发言

给女儿的著名的《谈爱情的三封信》。在第一封信里，他就把当年外婆给他讲的这个故事也给女儿讲了一遍。他认为，当孩子已进入少年时期，就应该让他们知道，爱是一种美好的感情。“我亲爱的小女儿，”他在信中写道，“如果年轻人都懂得爱的智慧，那么我们的生活将更加美好，更加和谐。人能够学会建造巍峨高楼、宇宙飞船和核潜艇，但是，如果他不学会怎样去爱，那么，他仍然是一个野人，而有知识的野人比没有知识的野人要更可怕百倍。”①

做好教导主任不是件容易事

是否要做教导主任

1939年8月，新学年开始前不久，苏霍姆林斯基的申请被批准，成为一名共产党员。不久后，学校原教导主任叶梅利扬·安德烈耶维奇·特罗扬退休，苏霍姆林斯基被推荐担任这一职务。

在特罗扬向苏霍姆林斯基移交工作时，他说：“你不要生我的气，瓦西里·亚历山德罗维奇，虽然人们都说我是‘干面包’，可我还是为你而不是别人来接任教导主任而感到高兴。学生们爱你，我早就想问问你：你的奥秘是什么呢？”

“他们不仅仅是把我看成一个教师，重要的是没有任何东西能把我们分开。”

“这不有些危险吗？”

“危险？教师善于让学生感到惊喜这是好事。”

“教师可不是魔术师呀！”

①沙·阿·阿莫纳什维利，瓦·亚·苏霍姆林斯基.给女儿的信.刘文华、杨进发，译.太原：北岳文艺出版社，2009：77.

苏霍姆林斯基

“从惊讶到获得知识只有一步之隔，叶梅利扬·安德烈耶维奇。”

“请原谅，我不太理解你的话。”

“当人们感到惊奇的时候，他就会问‘为什么’，为了回答‘为什么’，就必须具有知识。”

“可要碰不上好学的呢？”

“孩子们中很少有这种人，如果遇到这种人，那就应该进行诊治。”

叶梅利扬·安德烈耶维奇一脸的笑容：“我看，你已经形成一整套理论了。”

“这不是理论，生活本身就是这样，不是吗？”

“如果你允许的话，我也来表示一点好问的精神：作为一个教导主任，你将如何着手下一步的工作呢？”

“我要恢复教务会议的权威，教务会议应该为每一个教师的探索指明方向。”苏霍姆林斯基的回应非常迅速，显然，他在过去的工作中就曾思考过教务会议的真正作用应该是什么，他希望学校中的每一个机构都能发挥好它特有的教育作用。

特罗扬沉思了片刻，伸出手来说："祝你成功，瓦西里·亚历山德罗维奇。作为一名物理教师，我准备和您一起来探索……"

那天晚上，瓦西里·亚历山德罗维奇·苏霍姆林斯基思考怎样做好教导主任这一工作。他在日记中写道："学校中应该形成勤于思考的风气，思考再思考。我们究竟在多大程度上配做教师，就要看我们在多大程度上是个勤于思考的人。要让每一个人都知道什么是自己的职责，什么是他人的职责。"①

在仅仅作为一名教师时，他对教师成长本身思考了许多，而成为教务主任之后，他得以把这些思考付诸实践。过去他以孩子的心、教育的心来做教师，现在他将以孩子的心、教师的心、教育的心来做教导主任。

寻找做好教务主任的切入点——听课

在这些年的教学工作中，年轻的瓦西里·亚历山德罗维奇·苏霍姆林斯基形成了一套自己的教育理论。作为教务主任，他将要进行的工作就是把有利于儿童成长、教育发展的理论传递给更多的青年教师，同时和他们一起在这活生生的教育中发现、研究和丰富这套教育理论，以便更好地成就身处教育中的每一个人。

上任伊始，他便开始寻找志同道合的合作伙伴。学校里每位教师的形象都在他的眼前一一掠过，他用年轻人常有的那种犀利的眼光去分析每一个人的优缺点。最终，他发现那些可以依靠的人、和他持相同理念的人都是些青年教师，这让他欣慰也使他不安。

苏霍姆林斯基决定从听课入手。他拉开抽屉，拿出一个崭新的笔记本，在封面上清楚地写下。"奥努夫里耶夫卡学校听课记录册"。他认为前任教导主任听课太少，所以在自己的计划里，他规定每周至少要听两节课，因为他明白听课的意义是重要而丰富的。

① 鲍里斯·塔尔塔科夫斯基.苏霍姆林斯基的一生.唐其慈、毕淑芝、赵玮，等译.北京：教育科学出版社，1986：143.

年轻教师的地理课——如何成为真正的精神导师

尤利·安东诺维奇是学校里年轻的地理老师。苏霍姆林斯基在听其地理课时，发现了他身上亟待解决的问题。苏霍姆林斯基坐在教室的最后，静静观察。

尤利发现靠窗坐着一个新同学，便问他是谁。“我是费季科。”小男孩笑着回答。

“怎么，你连个姓都没有吗？”听了这话，小男孩的眼睛里闪过一丝小火光，瓦西里·亚历山德罗维奇·苏霍姆林斯基懂得这是一个危险的信号。

“难道还有没有姓的孩子吗？”小男孩反问尤利，他的话里已经明显带有嘲讽的味道，“我姓库岭科。”

尤利接着问他，之前为什么没来上学。费季科回答，是因为奶奶来了。

“奶奶来了？”尤利惊讶地说，“你以为这是正当理由吗？”苏霍姆林斯基觉得尤利的发问非常不妙，因为这话背后的语气是：“你费季科居然把奶奶和我的地理课相比！”

费季科马上解释说，他已经整整一年没有见到奶奶了。

“好，这件事咱们待一会儿再说。那窗户外面你搞的是什么呢？”

“是我的伙伴布罗夫科。”

邻座的小男孩主动解释说，那是费季科的小狗，小狗四年来每天都给费季科驮书包，每天都在外面等着费季科，直到他上完所有的

俄文版苏霍姆林斯基著作《怎样培养真正的人》第一种版本

俄文版苏霍姆林斯基著作《怎样培养真正的人》第二种版本

课。言语中充满了羡慕。

过去，孩子们也是这样告诉新来的老师的，老师听完之后会说“你的布罗夫科真好”，然后就继续上课了。尤利·安东诺维奇的做法却不一样。他说：“今后再不许把你的伙伴带到这里来。我们是在上课，不是在玩，快去把它赶走。”

瓦西里·亚历山德罗维奇·苏霍姆林斯基已经忘记了面前的那个听课本，他根本没有翻开。尤利的话让他想起了自己当年在瓦西里耶夫卡上学时的地理课。那时靠窗口第三个座位上坐着的不是费季科，而是瓦西里。他想起了自己的地理老师，想起了自己好奇地发问后老师却给自己打了两分时的复杂心情。眼前的费季科正处在和当年的瓦西里相似的境遇中，所以他非常明白，这样下去的后果会是什么，他必须得行动。

周末，瓦西里·亚历山德罗维奇·苏霍姆林斯基和尤利相约在办公室见面。尤利·安东诺维奇坦率地承认，每次进教室，他都心惊胆战。苏霍姆林斯基明白这种初为人师的心情：害怕管不住学生，害怕学生不听自己的话，所以初与学生见面就要表现出威严并定下各种规矩。他对尤利说：“亲爱的尤利·安东诺维奇，如果您处在费季科的位置上，您也会从此不喜欢地理课的。这显然和教师有关系，您不认为是这样吗？”

俄文版苏霍姆林斯基著作《把整个心灵献给孩子》第二种版本

尤利委屈地看着教导主任。瓦西里·亚历山德罗维奇·苏霍姆林斯基觉察到了他的情绪，但还是继续说道：“在孩子眼里，教师是公正的化身，发生了布罗夫科的事后，又得了两分，我相信费季科除了感到自己非常倒霉之外，一定会对您心有防范的，那时要想学生喜欢您这门课就非常困难了。据我所知，费季科很喜欢数学……”接着，瓦西里·亚历山德罗维奇·苏霍姆林斯基用比较缓和的语调说：“对待孩子可不能像对待一架机器似的，要把孩子生活中的一切都考虑到。您知道伊万·伊万诺维奇过去是怎么做的吗？他表扬了费季科，夸他驯养出一条布罗夫科这样忠诚的小狗来，而没有责怪他。”

苏霍姆林斯基希望通过这件事以及自己对地理老师的问题分析，能使尤利·安东诺维奇明白学生的心灵是需要呵护的，教师对孩子来说应当是一个与母亲一般亲昵可爱的人。学生对教师的信赖，师生之间的相互信任，孩子在教师身上所看到的人道的典范，这些都是基本的，同时也是最复杂、最明智的教育规则。教师掌握了它们就能成为真正的精神导师。教育者最可贵的品质之一就是人性，对孩子们深沉的爱，兼有父母的亲昵温存、睿智与严格要求的那种爱。

苏霍姆林斯基知道，绝不是尤利·安东诺维奇一个人有这种问题。他的不足不是愚蠢无知造成的，而是因为缺乏经验。身为教导主任的瓦西里·亚历山德罗维奇·苏霍姆林斯基的心现在不仅还像以前一样地放在学生身上，同时也更多地停留在青年教师们的身上。这一职位的变化，使他自然地处于与以往处理问题不同的位置上来。他不再是解决一个教师所面对的教育问题，而是要解决所有教师面临的问题，这无形中使他的教育关注中增加了教师教育的问题。他需要思考如何培养教师，如何提高他们解决问题的能力，如何团结他们来共同培养学生。

由芦笛引发的争论——只看到时代的变化而看不到人性的教育如同生产线

学校的另一位年轻教师叶卡捷琳娜·捷莲季耶夫娜一直与苏霍姆林斯基合作愉快，她常常向苏霍姆林斯基请教。

她所教的班级，三年里竟没有一个孩子会弹奏哪怕是任何一种乐器。学生在审美方面的无知让她忧愁不已，为此她请教苏霍姆林斯基解决的方法。

“难道连会吹芦笛的都没有吗？”苏霍姆林斯基问道，因为那是他们小时候经常听到的声音，是乌克兰悠久的声音。

还没等叶卡捷琳娜回答，一个老教师便嘲讽苏霍姆林斯基不懂新时代：“现在可不是二十年代了。那时候咱们村里每两个孩子中就有一个男孩子放牛，女孩子牧鹅。如今你随便问一个孩子长大干什么，他都会自信地说要当工程师、大夫或飞行员……”不少老师也都认可地响应着。

苏霍姆林斯基用一种陌生的眼神打量着那位教师，心想：“无论时代怎样变迁，人性是不变的啊！如果只看到时代的变化，而看不到人性，那么教育就如同生产线而已啊！他人这样认为还有情可原，可是一个教育者如果也这样认为，那就不可原谅。”然而，这种情况在当时普遍存在。

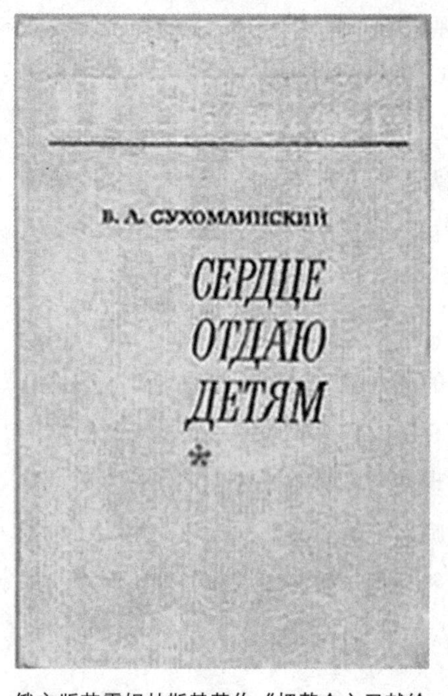

俄文版苏霍姆林斯基著作《把整个心灵献给孩子》第三种版本

又一个教师带有挑衅性地问道："难道芦笛也算得上是乐器？"

这论调使苏霍姆林斯基不仅感到气愤，更感到可耻，但当时21岁的他已经学会了控制自己的情绪。苏霍姆林斯基明白，在这个教师极缺的年代，农村中有一半的教师都未曾接受过正规的教师培养，所以不能指望他们说些什么。但是他知道，年轻的教师们都在看着这场争论，他们雪亮的眼睛和灵敏向上的心需要一个航标。他没有冲动，而是用不紧不慢的语调回应道："您想想看，连柴可夫斯基、里姆斯基这样的作曲家都还曾为芦笛谱过曲呢……"反对者中没有一个人对此做出回应。苏霍姆林斯基也没有再回应那个无知教师的挑衅，但在这次没有硝烟的"论战"中，青年教师渐渐看清了方向。所以从那以后，奥努夫里耶夫卡学校开始经常讨论审美教育的问题，而且在对学生进行音乐教育方面做了不少工作。这些，青年教师就慢慢地和苏霍姆林斯基站在了一起。

三十年后，在总结自己的教育经验时，苏霍姆林斯基说："儿童的心灵对于祖国的语言，对于大自然的美，对于音乐的旋律都是同样的敏感。如果能在幼年时代就让孩子领略音乐作品中的美，如果能让孩子从音乐中体会到人丰富多彩的情感，那么他们的文化素养将能达到一个通过任何其他手段所达不到的高度。善于感受音乐的美，有助于使孩子看到自身的美。这样，他就能意识到自己的尊严。音乐教育并不是为了培养音乐家，而首先是要培养人。"①

教务会议上有关伦理教育问题的讨论——教导主任工作的艰难

做好教导主任是件不容易的事，每一次工作的开展都会遇到许多困难，每一个教育理念的传递都会遇到人为的阻碍。苏霍姆林斯基认为，刻不容缓要做的是，必须让伙伴

① 鲍里斯·塔尔塔科夫斯基.苏霍姆林斯基的一生.唐其慈、毕淑芝、赵玮，等译.北京：教育科学出版社，1986：150.

们明白教师的心应该放在哪里。他认为，自己必须在点点滴滴中及任何方式下让他们明白。

继音乐问题之后，苏霍姆林斯基把长久以来在学生身上发现的有关伦理教育的问题提到了教务会议上来讨论。

苏霍姆林斯基引导性地说："教师身上的一切都是不可分割地相互联系的，统一的。可有时也出现这样的情况，教师诚心诚意地努力使学生接触绘画、音乐的美好世界，却可能因为一时感情冲动而对学生不够尊重，甚至企图侮辱学生……"

一位教师激动地喊起来："不是因一时的感情冲动，亲爱的瓦西里·亚历山德罗维奇，而是因小糊涂虫们的懒惰、顽皮等经常性的因素。我知道您指的是谁，想说的是什么。"

苏霍姆林斯基答道："我再重复一遍，如果一个教师在感情冲动时竟然无法在教务会议上表现出应有的克制，那么在他自己是立法者、绝对权威的课堂上，还能指望他有所克制吗？"他随即平心静气地说："古时候有位圣人曾经说过，剥夺别人的荣誉就意味着自己将失去荣誉。这句话在学校工作中也是很有说服力的。如果孩子们感到教师对

苏霍姆林斯基与学生在一起

他们漫不经心，无动于衷，他们自然就要警觉起来……”

“他们简直是蠢货，而不是什么孩子……”有教师叫道。

“孩子们如果听了你这样说，就会把自己的心扉紧紧闭上，他们就会成为难以理解、难以教育的人。到那时，任何语言，即使是最优美动听的故事，也不能进入他们的脑海里。”

一位胖胖的女教师应声而起：“亲爱的瓦西里·亚历山德罗维奇，您作为一个教导主任，首先应该考虑的是为什么我校至今仍有这么多的二分学生，要是没有二分学生的话，那么音乐、绘画、美育都是非常之好的……”她拿着简报在铺着红桌布的会议桌子上摇晃着对全体与会教师说：“同志们，我手中这一份是区人民教育委员部的简报。按成绩排，咱们是第八名。”她质问苏霍姆林斯基：“而您，瓦西里·亚历山德罗维奇在这种情况下还在这里高谈阔论什么荣誉。请问，您是怎样关心我们学校荣誉的？下个学期考试咱们不应该再出现二分的学生，应该让每个人都记住这一点！”

苏霍姆林斯基感到没有必要同这样的教师争论，因为根据他的经验，拥有这样心态的老师已经很难听懂孩子的心声了。所以，他只冷冷而颇有讽刺意味地回答：“玛利亚·安德列耶夫娜，这件事，不出屋子就能办到。”

“您是要让我搞欺骗？”

苏霍姆林斯基回答：“对不起，正是您，或是区人民教育委员部的某些人暗示我们可以这样做，而我认为仓促从事不会有任何成果。形象点说，成绩不是墙，不能随意拆除，又随即用砖砌起来。成绩是有其深深的根的，这根可以一直追溯到孩子初入学的时候。为什么七年级的学生在听写中还会出现不少错误呢？问题很简单，在低年级的时候，对这棵娇嫩的小苗就没有好好加以照料管理。”

苏霍姆林斯基还欲说下去，一位教师抢着问道：“那是谁的过错呢？”

“这是个好问题，”苏霍姆林斯基接着说，“在教师还没有理解学生的知识水平取决于教师在课堂上的工作以前，总会有许多后进生的。一切都是相互依存的。如果教师在课堂上尚且不能自如地选择恰如其分的词汇来精确清楚地表达自己的思想，那么要求学生使用准确的语言就要困难一百倍。学生的知识水平取决于教师的知识是否渊博……不是吗？”

这场争论在其他年轻教师们心中产生不小的波澜，他们分辨、判断、反思着。一位年轻的女教师不好意思地红着脸，怯生生地承认说：“改完作业，写完详细的课堂教案，且不说校内的工作和团里的任务，哪里还有时间来备课呢？”

“得少睡些嘛，斯韦托奇卡。”特罗扬善意地笑着说。

“天知道我睡得多么少，少得连上课的时候都还迷迷糊糊的呢，叶梅利扬·安德烈耶维奇。”

“斯韦特兰娜·阿基莫夫娜，我们不是交流过，那时我对你说‘不要总是写个没完吗’。”苏霍姆林斯基同时对着所有的教师说，“课的质量不在于写好几页长的教案，而在于每天每日地充实自己的知识，在于教师的精神生活。如果手头没有三百本书，这是最低限度，那就谈不上备好课……”

“瓦西里·亚历山德罗维奇，我的上帝呀，这么多书我往哪里放呀？！”

写作中的苏霍姆林斯基

“斯威特奇卡，瓦西里·亚历山德罗维奇该写小说了！”一位教师讽刺着，另一位教师低声笑起来。

瓦西里·亚历山德罗维奇·苏霍姆林斯基不想知道发笑的是谁，但是这笑声使他感到不安，感到沉重。

苏霍姆林斯基感到，捍卫自己的观点实在不容易。他觉得这些初上讲台的青年教师就像渴求知识、等待指引的孩子，而对于他们来说，教务会议无异于一位可以引领青年的长者；可是，他觉得一切实在不像他想得那么容易，后来发生的事情一再地证实了这一点。

没有文学的文学课——教师的基本素养是什么

教务会议后，苏霍姆林斯基照常听课。玛利亚·安德列耶夫娜是有八年教龄的文学老师。在听她上课时，苏霍姆林斯基发现，玛利亚一刻也不离开教科书，虽然她能把讲解的内容和逻辑顺序背出来，但她总是满足于一套公式化的讲解。在讲授的过程中，她的注意力都放在了所教的知识上，而没有放在学生身上，没有放在学生的脑力劳动、思维活动以及他们在这中间遇到的困难上。整整一堂课，她都在不停地讲述。起初还有学生在听，后来听讲的学生也和其他同学一样在下面各干各的事了。第二堂课还是没有改进。苏霍姆林斯基感到，玛利亚·安德列耶夫娜这样的文学课，既不能让学生掌握好语法，又不能让学生领悟语言的美和艺术形象的微妙之处。他由此推测，玛利亚所具有的知识仅仅是教材中应该教给学生的那些，而没有关于'人'的知识。他感叹，在八年的教学中，玛利亚为什么就不曾反思过，成长过。他感到她似乎不具备一个教师所应具有的基本的教育素养，如果真是那样，那么不管对教师还是对学生来说，都是可悲的。

课后，苏霍姆林斯基找到了玛利亚，指出她的课上没有文学。

"那有什么呢？"这一句简单的反问里包含了复杂的意味。

苏霍姆林斯基看到了她因八年教龄，无人能以此自诩而显露的功高轻慢的表情，以及这个青年人敢对她如此评价的恼怒。

"有什么？！"苏霍姆林斯基说，"有的只是关于文学的谈话。恕我直言，这就等于我在一堂音乐课上自始至终不停地谈音乐，可是课堂上却没有音乐，谁也没有听见过，也听不见音乐。"

中文版苏霍姆林斯基著作《怎样培养真正的人》

"苏霍姆林斯基同志"，玛利亚毫不掩饰她不友好的态度，"看来我们不可能相互理解。我认为，您的建议和指示是脱离政治的，凭空想出来的。让别人来给我们评理吧！"

"由谁呢？谁来给我们评理呢？"

玛利亚·安德列耶夫娜没有回答。

许多年后，苏霍姆林斯基对后起的青年校长们说："只有当教师的学识比教学大纲的范围广泛得多时，他才能成为教育工作的真正的巧匠、艺术家和诗人。之所以会有玛利亚这样的情况，是因为教师的注意中心仅仅放在了教材内容上，而没有放在教学过程的细节上：教师在紧张地回想事先准备的讲解进程，把全部注意力都放在自己的思路和教材内容上。学生领会这样的讲解会感到非常吃力，课堂上没有无意识记忆，因为教师的讲解和言语毫无感情色彩。既然教师把全副精力都用在回想教材内容上，那么讲解就不会有感情色彩，孩子们也就不会感兴趣。而凡是引不起兴趣的东西，也就不会产生无意识记忆。教师讲课时的感情色彩越鲜明，学生课后在教科书上花的时间就越少。真正的教育能手是满怀激情地讲课的；而对教材了解得很肤浅的教师，尽管使用漂亮的词句，想借以加强对学生意识的影响，然而结果只是造成一种可悲的虚假气氛，实际上是空话连篇，言之无物，这些只会使儿童的心灵变得空虚。”①

学校突然来了区里的视导员

学年末考试结束，学校里来了一位视导员，他在奥努夫里耶夫卡学校十分细致地检查了整整一个星期。苏霍姆林斯基从校长口中得知，因为有人向上级告状，所以视导员才突然来到了学校。苏霍姆林斯基因此明白了当初玛利亚·安德列耶夫娜所说的那个评理的人是谁，他自然地知道是谁告的状，但是他没有理会。

在这次检查中，视导员发现有些班级进步生的比率增长太快，而有些则明显不如以前。他揣测，是有教师有意降低标准以便在学年结束时来炫耀自己的高及格率。这次检查和以往不同的是，视导员特意检查了由教导主任主管的工作，他发现一切都做得毫无掩饰而又有分寸。视导员亲自主持了学生的知识测验，检查结束后，视导员和被检查者聚集在校长办公室里召开了讨论检查结果的会议。

对于测验成绩，苏霍姆林斯基向视导员指出，测验可能没有反映真实情况。视导员很惊讶，因为所有的测验都是他亲自进行的，而且他要求相当严格。

“那么，玛利亚·安德列耶夫娜班上的测验结果正好相反，成绩比平常大大下降了，这又做何解释呢？”瓦西里·亚历山德罗维奇·苏霍姆林斯基表示不解。

“那么您以为是玛利亚·安德列耶夫娜平时提高了分数？”视导员冷冷地问。

“这完全是阴谋。我不是早就对您说了吗？”玛利亚恶狠狠地说。她的话完全暴露了告密者是谁。

瓦西里·亚历山德罗维奇·苏霍姆林斯基愤怒地说：“玛利亚·安德列耶夫娜，这

①苏霍姆林斯基.和青年校长的谈话.赵玮，等译.上海：上海教育出版社，1983：63.

种态度是很不体面的。”

“您还没有回答我的问题，尊敬的苏霍姆林斯基同志。是玛利亚·安德列耶夫娜平时提高了分数吗？”视导员冷静地问道。

“那好吧，我可以说清楚。”苏霍姆林斯基勉强同意说，“玛利亚·安德列耶夫娜是一位有多年教龄的教师，她之所以失败是因为她忘了一条毋庸置疑的真理：学生只有在会运用知识的时候才算获得了知识，教学过程本身是不断运用知识的过程，是把学到的知识变成武器和手段去掌握新知识的过程……”

苏霍姆林斯基做教导主任期间，这样的冲突和不理解常常都有。坚持人性的教育总是困难重重。这一时期，教育对象的变化和自身职位的变化，客观上促使他的思考变宽，青少年问题和教师发展问题进入他的思考和实践。由于这些问题的多样复杂和相互联系，他的教育视野和思考在拓宽的同时，也变得深厚起来，初步形成了自己的教育理念——把学生当成真正的人，一个与他人不同的个体，关注学生的精神世界，使之成为真正的人。

卫国战争——硝烟中的伤痛与思索

战争中负伤

1941年7月，苏霍姆林斯基正忙着安排毕业典礼。他本打算典礼结束后去库采沃落夫斯卡看望薇拉，但是卫国战争爆发，他接到入伍通知，被派遣到莫斯科军事政治学院学习。途中和到达莫斯科以后，瓦西里 · 亚历山德罗维奇 · 苏霍姆林斯基给薇拉连发了好几封信，但都没有回音。他无法知道薇拉那里怎么样了。他在这里每天清晨五点钟听号起床，接着是训练——政治和队列的训练，完成排、连任务及各部队的协同动作，然

1941年8月的斯摩棱斯克战役中T–26坦克的攻击

明斯克的战斗

苏霍姆林斯基的军功章

后又是政治学习，直到天黑。两个月后，他被授予作战部队某部连的初级政治指导员称号，在西部战线和加里宁战线上战斗。

1942年2月9日夜晚，气温零下二十几度，在收复被德军占领的尔热夫市郊的克列皮宁诺村的战斗中，苏霍姆林斯基不幸身负重伤，晕倒在雪地里，后被一名同样受伤的女战士拼死背到救护队，才得以保命。他的伤被定为二级伤残，即便痊愈，他的右臂也会因伤而比以前短些（伤愈后短了六厘米），而胸腔内的弹片因没办法取出而长留体内。就在苏霍姆林斯基重伤之前的一个月，他的妻子薇拉因散发反法西斯传单和掩护苏军战士而被法西斯分子抓住绞死，甚至被剜去了双眼。他的儿子在刑讯室诞生，匪徒们把孩子的头砸向石墙，残害致死，然后抛尸荒野，三天都无人问津。[①]

病房中的思索

亲历战争和生死的人都会明白、看透世间许多。病房里的这些人，个个都像个思想家，大家常常在黄昏时分不点灯地躺着，思索人，思索人在这个世界上的使命，思索人的勇敢精神，思索人的死亡和不朽……

离苏霍姆林斯基不远的病床，住着阿列克塞 · 别丘克。他在执行战斗任务时不幸落到法西斯分子手中，被带去见军官。面对各种审问，他一概回答："不知道。"于是法西斯分子割掉了他的左耳。别丘克疼得哆嗦，但他仍然一言不发。刽子手们又割掉了他

① A.彼得罗夫斯基.我是怎样出席苏霍姆林斯基葬礼的——"抽象的人道主义者"即便在坟墓中也十分危险.吴盘生，译.江苏教育研究,2011（13）.

的右耳。不管是保全性命的诺言，还是枪杀的威胁，都未能使这位英勇的苏联战士屈服。法西斯强盗采用了残忍的方法。他们撬开了他的嘴巴，把他的舌头拉了出来，钉在桌子上，一个刽子手把他的舌头割了下来。在夜深人静的时候，他们把他带到河边，命令他跑，然后朝他背后开枪。阿列克塞跌倒在水里，他忍受住剧烈的疼痛，游到苏联前沿阵地，被战士发现，送进了军医院。战争中被摧残的是人性，最得到彰显的也是人性。

卫国战争时期，苏霍姆林斯基任苏联红军某部政治指导员

在病房里，苏霍姆林斯基听到了给他无限力量的亚努什·科尔恰克的英雄事迹。科尔恰克在犹太人聚居区的孤儿院里当教养员。法西斯分子决定用焚尸炉残害这些不幸的孩子。他们命亚努什·科尔恰克做出抉择：或者抛弃孩子们而保全性命，或者和孩子们同归于尽。而他毫不犹豫地选择了死。敌人对他讲："我们知道你是一位好医生，你没有必要进焚尸炉。"然而亚努什·科尔恰克回答道："我决不拿良心做交易。"于是，他英勇地同孩子们一起就义，并不忘安慰他们，竭力使那些幼小心灵不为临死前的惊恐所折磨。科尔恰克的经历和他那高洁完美的品德所铸成的伟大功绩给了苏霍姆林斯基极大的激励。他更加坚定：要成为孩子们真正的教育者，就要把自己的心奉献给他们。

俄文版苏霍姆林斯基著作《胸怀祖国》

战争还在进行，又将会有数百万的人牺牲，然而战争中的人们都坚信，祖国一定会经受住考验。但是将来的人，他们的孩子在几十年之后，还会记得父辈的痛苦、坚毅和信念吗?

后来，苏霍姆林斯基在与学生推心置腹地交谈时，不止一次地重提这段前线经历，并询问学生："你们能不能以自己的生命保卫父亲和母亲？"他

中文版苏霍姆林斯基著作《要相信孩子》

后来写的伦理教育的文章，都渗透着他对战争和人的义务所做的思索。他觉得，人的生命无限珍贵，然而还有比生命更珍贵的，那就是祖国。祖国之所以能经受住残暴敌人的进攻而获得胜利，就是因为有千百万英雄为了她的生存而视死如归。

他后来写道："年轻人的精神所以空虚，思想所以落后，目光所以短浅，首先因为他们没有热爱祖国这种最重要的人的品质。热爱祖国，这是一种最纯、最敏、最高尚、最热烈、最温柔、最无情、最温存、最严酷的感情。一个真正热爱祖国的人，在各方面都是一个真正的人……"①

几年后，他去了为之献身数十年的帕夫雷什中学，他将在战争中思考的这些问题，实践在这所后来闻名世界的学校里：他为孩子们准备了一个本子，里面收集了无数关于俄罗斯、白俄罗斯和乌克兰地区遭受猛烈袭击的村庄的悲惨命运和英勇抗击的故事。这个本子放在学校列宁室内最荣耀的位置上，本子里那些描写以自己的生命阻挡法西斯侵略的英雄的文字，字字激动人心，并召唤人们前进……他相信，自我教育的首要任务是把自己培养成一个勇敢无畏的爱国者，而这类书是自

傍晚的第聂伯河

①蔡汀、王义高、祖晶.苏霍姆林斯基选集（第三卷）.北京：教育科学出版社，2001：886.

我教育不可取代的教材。每个读故事的人往往都会不自觉地用这些人的英雄事迹来照一照自己的心灵，来体会祖国的意义。

苏霍姆林斯基身上表现出的最大的特点就是对生命的关注，他是一个时时刻刻关注生命的人。任何时候，他都没有忘记对人的思考，或者说不会忘记，因为这个问题时时都在心底。他在战场和医院里随时都会看到生与死，随时都在直面生命，不停歇的思索使他更加明确出院后自己应当如何生活，如何工作。

到乌法去

乌法河

乌法市

1942年7月，在治疗了四个多月后，苏霍姆林斯基伤愈出院，被安排到医院附近的乌法中学担任校长兼语文教师。由于胳膊受伤，他能比别人多领六百克的面包，以弥补他暂时失去的部分劳动能力。

观察、感觉，正如苏霍姆林斯基自己所说，这是他喜欢做的事。这种每个人从小具有的细腻、敏锐的能力并没有随着童年的结束或身心的成长而淡去，反而在他不断反省和强烈的自我存在意识中更为鲜活地生长着。

此时已经没有战争时期的痛苦，家家在物质上有了保证，一块面包已经不成问题，这是人们的幸福。而在战争年月里，苏霍姆林斯基接触到了各种骇人听闻和难以形容的痛苦，每一天，不是这一家，便是那一家，总会有人遭遇不幸。这种情况迫使苏霍姆林斯基及其教师团队去考虑教育的问题，考虑到底是什么使一个人成长。战争岁月是痛苦教育了人吗？他认为不是痛苦，而是责任感。

苏霍姆林斯基与学生和教师在一起

在乌法镇中学任校长期间，苏霍姆林斯基发现战后面临的首个重大的教育问题是困难儿童的教育。在战争刚刚结束的时候，苏霍姆林斯基就已经觉察到当前教育最重要的任务就是要培养孩子善良的品质、细腻的情感和给别人带来欢乐的意愿。战争带来的伤痛、不幸和灾难是如此深重，因而必须以善良之心和对人的关怀来抵制冷酷无情。

在乌法镇中学任职期间，苏霍姆林斯基特别注重教师集体与学生集体的团结、学生的爱国主义与国际主义的教育，并组织他们帮助前线战士的家属劳动。①

战后，苏霍姆林斯基深深地感到：人若是对别人没有责任感，那么他就可能成为一个自私自利的人、一个毫无价值的人。他无力承担大事，不会有崇高的情感。之所以如此，是由于他不考虑自己的行为，而父母把他与一切严肃的事物隔绝开，代他做了思考。一个很晚才自立的人，处境是困苦的。幸福在于战斗，在于克服困难，一个人只有战斗和克服困难的时候，才能说尽到了自己的义务。

幸福的一家人

在乌法工作期间，苏霍姆林斯基认识了一位志同道合的姑娘——乌德穆尔特教育人民委员部视导员安娜·伊万诺夫娜。他被安娜的精神世界所吸引着。在交往中，他感到安娜和自己有着共同的精神追求，他们的智力和美感相互充实着，并在彼此身上逐步认清和不断发现新的道德品质与美德；他们相互吸收一切美好的品德，并相互交流。安娜的到来，安抚了他内心的创伤，使他从失去妻子和孩子的悲痛中走了出来，并在工作上给予他很大的帮助。

①蔡汀、王义高、祖晶.苏霍姆林斯基选集（第一卷）.北京：教育科学出版社，2001：8.

苏霍姆林斯基与妻子安娜·伊万诺夫娜

苏霍姆林斯基一家

1944年初，苏霍姆林斯基和安娜结婚。这年秋天，家乡奥努夫里耶夫卡解放，他与妻子回到故乡。苏霍姆林斯基被任命为区教育局长，同时兼课，而安娜则在奥努夫里耶夫卡中学任校长。从教师到教务主任，再到校长，又到教育局长，苏霍姆林斯基积累、感悟和践行了多年的渐成系统的教育思想开始被更多的人一点点地熟悉，开始感化和影响越来越多的教育者。在这之后的近四年时间里，他花了大量精力来“恢复本区的教育教学，安排孤儿的物质生活保障，选拔、训练和培养师资干部”，同时开始在报刊上发表文章。①

1945年春天的一个黎明时分，苏霍姆林斯基和安娜的第一个孩子谢廖扎（谢尔盖）出生；一年后的秋天，女儿奥莉佳（苏霍姆林斯卡娅）出生。

苏霍姆林斯基的儿子谢尔盖与女儿奥莉佳

苏霍姆林斯基爱孩子，他认为经历孩子们的成长是件无比幸福的事。苏霍姆林斯基家里依旧放满了书，这是家里的神圣之物，如同粮食一样神圣。在这样的环境下，谢廖扎和奥莉佳很早就开始看书。

谢廖扎很活泼，虽然顽皮，但很懂事。奥莉佳一年年变得越来越善良、热忱而富于同情心，就像安娜一样。

①蔡汀、王义高、祖晶.苏霍姆林斯基选集（第一卷）.北京：教育科学出版社，2001：9.

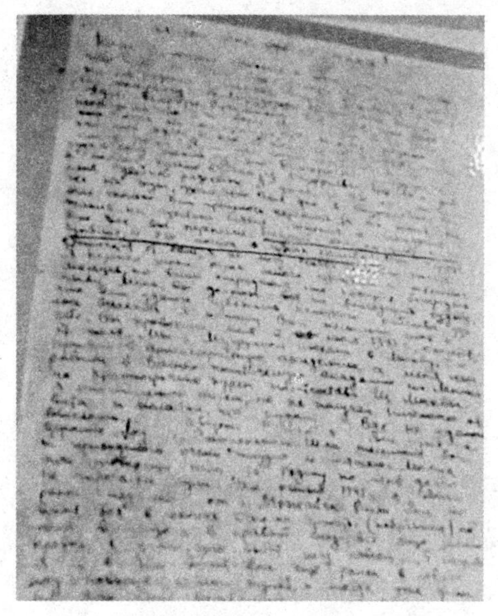

1944年，苏霍姆林斯基写给母亲的信

闲下来的时候，他们全家就会一起去散步，或到百鸟争鸣、阳光遍洒的林中，或到茂密的橡树、菩提树、桦树下，或到两脚踩上去就感到非常舒服的异常柔软的草地上。往往孩子们在前面跑，父母跟在后面，一路上不停地交谈着，谈学校里这一天是怎样度过的。他们总有说不完的话，而言语间苏霍姆林斯基的眼神里充满了对安娜深深的爱意，他觉得这些时候幸福浓郁得就像自己爱喝的香浓的咖啡。

安娜对丈夫的理解和支持，常常让苏霍姆林斯基非常感怀。他喜欢从旁观者的角度欣赏妻子，沉醉于她那美好的形象。当他看到安娜同她的学生之间形成真挚友爱的关系时，他感到非常愉快。学生们都信任她，他从不记得他们当中有谁说过“安娜·伊万诺夫娜对我不公平”。可是她很严格。尽管她爱孩子们，但对偷懒和懈怠从不姑息。有时，苏霍姆林斯基边看书边观察妻子是怎样批阅学生作文的。他不是去看作文本，而是看安娜的面部神情。她的眼睛时而流露出欣喜，时而显得郁郁不乐，有时则欣然赞赏着问他：“打扰你一下，你愿意欣赏欣赏吗？”内心世界的丰富正是通过人的目光所表达的大量细腻感情表现出来的，他不能想象生活中没有这些会怎样，这也正是他家的幸福所在。

帕夫雷什学校一角

帕夫雷什中学（上）——传递人间真善美

处处为精神铺路的学校建设

在担任教育局长的年月里，苏霍姆林斯基就对帕夫雷什中学产生了兴趣。1948年，根据苏霍姆林斯基的个人意愿，他辞去了区教育局长一职，携妻小来到偏僻的、因被德军霸占了29个月而更加破败不堪的帕夫雷什村，任帕夫雷什学校的校长。他在该校工作22年，直至逝世。苏霍姆林斯基选择这里，就是“希望就在这里能亲眼看到自己的信念化为生气勃勃的创造性事业”①。

中文版苏霍姆林斯基著作《帕夫雷什中学》的两种版本

面对基本已成废墟的学校，苏霍姆林斯基首先做的工作就是重建，不过他并不是要简单地再盖几座楼使师生可以在里面上课学习，而是要营造一个处处都能起到教育作用的王国。对于这个王国，他有独到的见解。他确信，学校的物质基础既是一个完备教育

①蔡汀、王义高、祖晶.苏霍姆林斯基选集（第三卷）.北京：教育科学出版社，2001：13.

过程必不可少的条件，又是对学生精神世界施加影响的手段，是培养他们的观点、信念和良好习惯的手段。他要把孩子周围的一切都利用来服务于对他们进行的德智体美诸方面的教育。因为他认为，教育人的并不仅仅是人际关系、成人的榜样和言语以及集体里精心保持的种种传统这些当下活的动态的图景，而且也包括器物等物质和精神财富这些静态的图景，这正是教育艺术的体现。这种用环境和学生自己创造的周围情景，用丰富的集体精神生活的一切东西进行的教育，正是教育过程中最微妙的领域之一。

脚上沾到的只是雨水而不是泥巴

学校建起了四幢教学楼，每一幢就如同一个不太大但很温馨的家庭。每幢楼里都有自己的阅览室，孩子们在这里总是可以读到不断更新的各类书刊，这些都是教师精心挑选的。他们根据一定时期内对孩子们的精神生活具有特殊意义的主题，以及可以作为孩

帕夫雷什学校绿树成荫的校园

子们智力发展基础的东西，来选择放入书橱的图书，并为各个知识领域划分出不同的位置。

帕夫雷什学校内苏霍姆林斯基当年亲手种下的核桃树

楼里除了有普通教室，还有各种专用教室，如数学教室、语言文学教室、外语教室、无线电教室等，还有音乐室、少先队室、共青团室、教学研究室、家长活动角、美术角、安静角等等丰富的小空间，它们的共同点是放有各自所需的图书设备。无论何时，书籍都是校园建设的一大主题，而苏霍姆林斯基和教师们把这巨大的力量安放在每一个学生常常会接触到的细小的空间。无论学生知道或者不知道自己需要什么，当他们走进这每一个精心开设的角落，都会渐渐被里面的陈设与气氛所感染。这里成了学生日常教室以外的另一个巨大课堂，他们可以到任何一个他喜欢的角落完成他的另一段思考和学习。

在这个世界里，所有的孩子都相互认识，他们在这个丰富自由的家庭里自然地成长着。孩子们都很爱惜这个家庭的环境，楼与楼之间的通道，即使在下雨天，也总是保持绝对的干净。因为，学生们在进入教学楼之前已经将鞋擦洗了两次：当他们迈进校门时，一定会在学校进口处的洗鞋池里初次清洗鞋底；走过混凝土通道，进入教学楼之前再在另一个池子里彻底洗净鞋子。值日生则会在门口放上一块白色的粗麻布来检查鞋底是否干净，如果布上显出污迹来，那么学生就需要重新清洗鞋子，并把粗麻布也带去洗净。这一系列的清理过程不超过两分钟的时间，人人的这两分钟，就大大减轻并节省了清洁工的劳动与学生自我服务的时间。纵然雨天被淋湿之后，孩子们脚上沾到的也只是雨水而不是泥巴。而这，也是苏霍姆林斯基和教师们要进行的集体教育的一部分。

纪念苏霍姆林斯基在帕夫雷什学校工作、生活的牌匾安装在学校的墙壁上

每丛花木都经过精心安排，发挥静态环境的教育作用

学校里这一幢幢“小家庭”周围，生长着师生们自己种植的各种各样的树木。春天这里繁花满园，到了夏秋季节校园内外则弥散着果香——李子、苹果、樱桃无所不有。这累累的果实不仅给人美的享受，更使亲手栽种它们的人享受到劳动与创造的无尽快乐。

多年以后，从这里毕业的孩子们心中还记挂着当年亲手栽下的果树，回忆着是怎样把它们从枯萎中救活，惦念着谁将代替自己来照管这些树。他们在给学校的来信中流露出的无尽关切，不单是对自然物的喜爱，也是对这些

如今帕夫雷什学校的教室

曾进入过他们精神世界的事物的深切珍惜。这些正是苏霍姆林斯基所期待的。他非常清楚，正是这些孩子们亲手参与的东西所包含的情谊以及对它们感到亲近的珍爱之情，使得学校的物质财富和环境中的东西得以进入每一个孩子的精神世界，并增进集体关系。正是亲自参与中的情感投入，使得静态的环境得以实现它的教育作用。这正是教师们所期望的。

苏霍姆林斯基不仅要把帕夫雷什中学建设成为孩子们成长的家园、果园，还要建成花园和乐园。校园里培植了许许多多的花草和成林的树木。由教学主楼通向专用教室和工作楼及厕所的通道两侧栽着玫瑰树丛。无论老师还是学生，大家都喜欢在这条小径上散散步。在帕夫雷什中学，孩子们有足够的时间让心灵徜徉在这方天地中。

学生自己开辟了30多处散发着花草清香的幽静角落。这些角落就是供孩子们沉思遐想，与朋友交流谈心的。这些幽静角落里的花木都不是任意种植的，因为教师们知道，不同的花木能刺激人不同的审美和情绪色彩，每一株花木正是在考虑了这些之后被栽种下的。

苏霍姆林斯基相信，与人的生活相关的一切都应当是美的，因此帕夫雷什中学才如此重视周围环境的美化。

“秘密”角落

除了温馨的角落、美丽的角落，校园内外还有不少秘密的角落。

有一座半坍塌的旧窝棚，这里除了小学生以外，其他人都不得进入。因为，低年级的孩子们要在这里做装扮印第安人或探索宇宙等等这些在青年人看来幼稚的游戏。这个虚构但又真实的世界，正是孩子们成长的最适宜的世界。所以，学校给他们足够的不被侵犯的空间来完成他们成长的使命。

少年们则喜欢追求那些刺激的、富有浪漫性的东西，喜欢玩一些要付出体力并克服种种困难的游戏。他们在丁香丛中，在草木丛生的沟谷中，在森林里开辟了几块地方，这些地方都是不易进入的。其中有神秘的洞穴，有业已毁损的旧建筑物。有一处，少年们在里面还砌了炉灶。他们常常在深秋阴雨天的傍晚或者假日聚在一起，在那里讲故事，做想象旅行。而教师们总是装作不知道那些“秘密”角落，但对活动则会给予多方支持。

一次，孩子们有些难为情地开口问苏霍姆林斯基，是否可以拿一节铁烟囱。苏霍姆林斯基答应了，但他未加细问他们要烟囱做什么，因为他明白即使询问，他们也不会讲。学校其他教师遇到这类情况时，也是这样处理。而且，无论哪位教师，每当有幸受到少年们邀请到他们某个“洞穴”去时，都会感到这是他非常幸福的一天，而这种幸福并非人人都能享受得到。这一活动就像一面检验教师的镜子，镜子里能映射出教师所有的行动、心思将结出怎样的果实。

在另一个偏僻的角落里，有一个饲养动物的小屋子。这是一间小茅舍，里面放着几个箱笼，这里是孩子们的一些“小朋友”的栖身之所。其中，有折了一条腿的小狐狸，伤了眼睛和撕裂了耳朵的两只小兔，一条水赤练蛇，一只刺猬，带着几只小猫的一只来历不明的老猫，不知被谁抛弃而被孩子们喂养起来的一只小狗……到了秋季，这里也会出现被打伤了翅膀的野鸭。孩子们还收留了那些不慎从巢窝里跌落在地的幼小家燕和麻雀，并为它们建起了“托儿所”。这些小动物都得到了孩子们的精心照料。有时，孩子们还会从农庄饲养场抱出一只被饲养人员认为是已经无可救药的病羊羔，因为他们认为自己是大自然的保护者。这间十分简陋的小茅舍，成了品德教育的一个基地。这里为了小动物所做的一切都在孩子的心灵里培育着善良之情。

小图片，大世界

帕夫雷什中学的面积虽然只有五公顷，但苏霍姆林斯基对学校基础设施建设的规划却带给孩子们比学校自身大成千上万倍的世界。

苏霍姆林斯基认为，孩子在学校走廊的墙壁上、教室里、活动室里经常看到的一切，对他们精神面貌的形成具有重大的意义。这里的任何东西都不应当是随便安排的。孩子周围的环境应当对他们有所诱导，有所启示。

帕夫雷什中学竭力使孩子所看到的每幅画，读到的每句话，都能启发他去联系自己，联系同学。而所有这些并不是没有根据的设计，每座教学楼以及楼里每一层的陈设布置，都是同该年龄的儿童的精神生活和情趣相适应的。

一、二年级上课的那座楼的楼道里挂有图片展览橱窗，这些图片的含义都是不加说明就可以理解的，非常适合刚入学的孩子们。这个独特的“图片世界”向孩子介绍他身边的环境。在学年刚开始时，孩子们可以从图片中了解到学校里最小的同学可以做哪些活动。小学生们很有兴趣地观看图片上那些和自己一样大的小朋友怎样在游戏室、生物角、绿色实验室、暖房里活动，怎样在工作间里、在小钻床或者铣床上、在小型钳台上做工，怎样用小小木锯或细工锯制作东西。而图片上所介绍的一切很快就会变成现实，展现在孩子面前。

当孩子们刚刚有一些阅读能力时，他们就会努力去读每幅图片下面的说明。许多孩子在设法弄懂这些说明的过程中，也就学习了阅读。

帕夫雷什学校的思想之室

教师们还给小孩子们展出一些帮助他们理解周围现实的图片。图片上表现的都是孩子们司空见惯的事物，但同时每幅图片上又都包含一点不同寻常的东西。例如：有一组图片以“这是为什么？”为总标题，下设一些小问题——一根柳树枝插在润湿的土里就能发芽，长成一棵树，而橡树枝就会枯死，这是为什么？春寒料峭的夜里，当北方有寒流袭来时，果园里生起篝火来烤正在开花的果树，树木却不会烤坏，这是为什么？

孩子的年龄越小，他们对图片上所看到的、对为扩大他们关于周围世界的认识而介绍给他们的事物就越感到新奇，也越会为之惊讶。这种新奇和惊讶之感便是思考的开端。这些图片激发着孩子们对周围世界的兴趣，并唤起他们好学和探求的精神。

五至十年级教学楼内的布置则不同于低年级，它们照顾了少年和青年们的精神生活特点以及他们的兴趣和要求。

第一层走廊里的布置针对12—14岁的学生，这里如同学校的面貌一样，反映着教学集体的教育思想、工作作风、观点以及教师和学生的劳动素养。走廊的墙壁上布置有色彩鲜艳的标语牌。少年和青年们反复诵读这些语录，并进行深入思考，抄入自己的日记本。对青年人提出的一些问题也在启发他们去思考，去从思想上检查他们那暂时还很简短的生活道路，去想象未来。这些问题是：你是否思考过自己的生活目标？你给自己确立了什么目标？达到了哪些？克服了什么困难？你是否在某种对人们有益的事情中试着考验过自己的意志，锻炼过自己的性格？你将对自己的青春岁月做何回忆？你要警惕，要避免日后在回顾所走过的道路时为虚度年华而蒙受良心的谴责。

在“青年岁月的功绩”的标语牌下，每一幅肖像都对应着简单的说明，如：

米哈伊尔·肖洛霍夫写完他的举世名著《静静的顿河》的第一部时还不满23岁。

中文版《苏霍姆林斯基选集》（五卷本）

马克辛·雷里斯基15岁出版了第一本诗集。

苏维埃数学家谢尔盖·梅尔盖良18岁大学毕业，25岁已成为科学院院士。

美国伟大的发明家爱迪生年仅15岁时就出版发行报纸。他为报纸写文章，并做排字和印刷等工作。

米克路霍·马克莱22岁完成了到加那利群岛的第一次旅行，25岁时在伊里安岛登陆，并在巴布亚人中生活了一年多。

标语牌下端写着：

俄文版《苏霍姆林斯基选集》（五卷本）

鼓起勇气努力干吧，为别人创造幸福才是你的幸福之源。不要忘记，在任何劳动中都能成为诗人、艺术家、发明家。要敢于向往科学和艺术的高峰。这里，就在我们学校也会产生拉菲尔和柴可夫斯基们，产生肖洛霍夫和爱迪生们。要劳动，劳动，再劳动，这样才能发掘你的天赋和才能。伟大人物首先是伟大的劳动者。要为自己的理想选择劳动的一生。

标语牌蕴含着巨大的教育意义。苏霍姆林斯基和他的朋友们正是要努力做到使学校的墙壁也会说话。

苏霍姆林斯基的教育经验和科学研究都指出，学生周围的陈设布置是教育情境的一个组成部分。这样的环境要去创造，要力求让那些在鲜明的形象中、在画面上、在优秀人物们的聪慧思想里所表达的人类的道德经验渗入学生的精神生活中。苏霍姆林斯基深信言词力量的强大，深信直接针对人的精神世界去讲话的作用。当然，这里的教师们同时也没有忘记，这种讲话只有当听讲的人在努力探索他所关注问题的答案、在希望和企求为整个集体的生活以及为集体中激励每个人的理想而努力的时候，才可能触动人的思想和心灵。

苏霍姆林斯基所有这些有关学校建设的思想在他来帕夫雷什中学前的教学生涯中已经形成，而在帕夫雷什当校长的22年使他业已形成的教育信念物质化、形象化地展现在世人面前。这跨越22年的巨大实验是他教育信念的科学证明和实现。

战争带来的教育问题

战争后的整个乌克兰都在废墟上重建。在砖瓦、水泥、木材极端欠缺的情况下，帕夫雷什中学也在艰难恢复建设。但比这些更让苏霍姆林斯基感到难过与艰难的则是精神的废墟，是战后最初的年月中孩子们的粗野、凶狠和残忍。虽然并非所有的孩子都是这样，但战争带给每个家庭的普遍伤痛和境遇，使大多数孩子长期生活在为生存而挣扎的狭隘的家庭小天地里。要活下来，就得千方百计度过那些黑暗的日子，甚至不惜以坑蒙拐骗、卑躬屈膝，乃至以牺牲人的尊严为代价。来帕夫雷什中学工作不久后的一件事，就使苏霍姆林斯基深感痛心。

玻璃房的隐喻

碧空万里。校园里的大树下和过道上洒满了各色的落叶，花坛里生长着美丽的月季花，落叶婆娑的细语和悠然开放的月季仿佛在告诉人们，盛夏业已逝去。

帕夫雷什的初秋很美。可是不知是谁，每次不仅摘走学校花坛里的月季花，而且把月季茎秆也折坏。孩子们非常伤心和愤怒，因为这是战后学校里开辟的第一个月季花坛。大家都在揣测谁会这么狠心去践踏美。

苏霍姆林斯基把所有的孩子召集在一起，对他们表达自己的痛心之感。平时他的嗓音就像一支柔和的曲子，而那天他既无痛恨之情也无愠怒之意，他希望自己能够悄无声息地引导孩子们的心灵。他对孩子们说：“我不问这是谁干的，但我回忆起一位诗人睿智的诗句：‘谁不能保护美，谁就不配享受美的珍贵报偿。’你们知道这是谁说的吗？是伟大的德国诗人席勒。我是想让你们每个人都扪心自问：‘我配不配享受美所赐予的珍贵报偿？’”

苏霍姆林斯基那时在努力寻找重建精神的途径，寻找开启孩子心灵的钥匙，于是，在从教多年的经验和业已形成的信念的助推下，他开始了一次关于“美”的教育实验：每个班级创建自己的“美丽角”，就如战后学校开辟的第一个月季花坛一样。他的这项劳动并不是只持续了一两天、一两个月，而是很多年。

孩子们都力求使自己的“美丽角”建得与众不同。不久，在离校门口不远的地方又建起了一座“玻璃房”（一间温室），孩子们开始终年不断地在这座小小的“美丽王国”里面培育花草。

一个春日的早晨，苏霍姆林斯基像往常一样清早四点钟起了床。在开始工作之前他来到了玻璃房，他发现玻璃被砸碎了。他感到如同有人把一块石头砸在了他的心上。

回来时，安娜·伊万诺夫娜已站在家门口迎接他。苏霍姆林斯基翕动着嘴唇，愁云惨淡地望着妻子。“你不用说，我知道。”安娜说，“你自己不是也说过，玻璃房将会

帕夫雷什学校的“美丽角”

苏霍姆林斯基和学生在一起

说明还有没有怀着凶狠和残酷之心的孩子吗？”妻子的理解和安慰让苏霍姆林斯基感到温暖。

来到学校，他走到自己的办公室，坐到椅子上，望向窗外，久久地沉思起来。带着那颗被刺痛的心，他写下了《病女孩和三个苹果》的故事。

各个班级都在议论玻璃房事件。工人安上了新玻璃，可不久又有人把它打碎。但随着时间的推移，安装新玻璃的时间也被拉长。一年过后，已经不再有这种需要了。

这件事，以及多年的“美丽角”实验，让苏霍姆林斯基坚信：“为创造美而进行的劳动，能使年幼的心灵高尚起来，能事先预防冷漠情绪。孩子们在创造大地上的美的过程中，自己也变得更美好，更纯洁和更可爱。” 玻璃房变成了一面具有象征意义的镜子，反映出学校这个大家庭的健康状况。在校务会议上，苏霍姆林斯基谈了自己的想法，他说每个教育者都可以建一座自己的“玻璃房”。

就在苏霍姆林斯基为学校建设、为孩子们的精神而操劳的时候，奥莉佳和谢廖扎生了病，有两个月的时间，他俩都被严格地隔离起来。儿女的这次生病，促使他开始编写童话，这些故事后来收入他的《教育文选》。

苏霍姆林斯基与学生在一起

战争后的孩子们对苏霍姆林斯基的触动

面对战争后的孩子和他们的家庭，苏霍姆林斯基看到战争留下的巨大创伤，不仅仅有身体上的，更有心灵上的。他到帕夫雷什中学的头三年中，认识了几十名处在这一危险中的孩子。

村里有个孩子叫托利亚，非常瘦弱。他的父亲英勇牺牲在喀尔巴阡山，母亲收到了好几枚父亲的勋章。托利亚为爸爸而自豪，可是他的妈妈在村子里的名声不好，生活上不检点，丝毫不关心孩子。托利亚的这种环境令苏霍姆林斯基非常担忧，他常常思考：怎样才能使托利亚幼小的心灵不被这严重的不幸所伤害？用什么办法才能使这位母亲清醒过来呢？怎样才能在她心里唤起对儿子的关怀之情呢？

而像托利亚这样的孩子还有不少。根据苏霍姆林斯基的统计，帕夫雷什中学所在的那个小区域中共有31名6岁的孩子，他们当中有11人没有父亲，2人父母双亡。维佳的父亲（卫国战争时期的游击队员）当着妻子的面惨遭酷刑折磨后，被法西斯分子杀害。维佳的母亲因无法忍受悲痛而发了疯。这个孩子就是在这桩惨事发生6个月后出生的。母亲在分娩后死去。而萨沙的父亲在战场上牺牲，母亲在同法西斯对抗的战斗中身亡。这些战后的孩子们的身世令人心碎，而他们的家庭情况则令苏霍姆林斯基忧心忡忡。他发现，个别家庭中父母与孩子之间、父亲与母亲之间缺乏友爱气氛，缺乏相互间的尊重。而他知道，因为这些，孩子不可能生活得幸福。

柯利亚家住顿巴斯，他的父亲战前曾被监禁，法西斯占领时期被释放，于是全家迁入苏霍姆林斯基所在的村子。他的父母干了些不正当的事，曾窝藏法西斯走狗伪警察抢劫的赃物，乘人之危发家致富。在困难年月，他母亲从集体农庄家禽饲养场偷鸡，教柯利亚和他的哥哥捕捉乌鸦，并把孩子们猎获的乌鸦煎熟拿到集市上冒充烧鸡去卖……苏霍姆林斯基看到柯利亚母亲那麻木不仁、熟视无睹的眼神，就会感到十分不舒服。而每当他注视着柯利亚，希望他微笑一下时，从柯利亚眼神里看到的却是孤僻和疑惧。他也常常思考：怎样才能在柯利亚的心灵中唤醒善良的、人的情感？应当拿什么来对抗他所处的战后这种憎恶和鄙视人的畸形环境？

苏霍姆林斯基与学生在一起

这三年里，他认识的许多孩子都出生在1944或1945年，不止一个孩子在娘胎里就失去了父亲。尤拉的父亲在战争结束前一天阵亡在捷克的土地上，妈妈不顾一切地溺爱儿子，即使是最最微不足道的孩子气的任性要求，她也要竭力去满足。外公也宁愿事事效劳，只要外孙能无忧无虑地生活就行。然而苏霍姆林斯基清楚，盲目的母爱与麻木不仁同样危险。但是，家长们往往意识不到。

苏霍姆林斯基的心常常因孩子们的这些故事而难过不已。他为他们这样的处境而忧虑，为他们的不幸而伤心。科斯佳就让他万分怜悯。残酷无情的战争风暴使这个孩子蒙受了难以想象的伤痛。村子从法西斯手中解放几个星期之后，身怀科斯佳的母亲不知从哪里找到了一些金属玩意儿给老大（7岁的儿子）玩，不料这里面掺杂有雷管，孩子被炸死。母亲上吊，被救下，她在临终前的昏迷中生下了科斯佳。恰巧那时有位邻居正在给自己的孩子哺乳，科斯佳才得以活了下来。他的父亲从前线回来，一心扑在儿子身上，对他百般宠爱。可是，在科斯佳五岁的时候又发生了一件不幸的事情。他在菜地里捡到了一件亮闪闪的金属物，便用铁器敲打来玩，突然发生的爆炸使

苏霍姆林斯基与学生在一起

他最终失去了左臂和左眼，面部永远留下了青色斑痕。

对于这样一个幼小的生命，苏霍姆林斯基非常心疼。他在笔记中写道："科斯佳，要赋予你多少由衷的善意和爱抚，才能使你成为一个幸福的人啊？怎样跟你父亲、善良的继母和爷爷讲，才能使他们的疼爱成为既明智又有严格要求的呢？你将怎样进行学习？亲人说，你常常头痛。怎样来减轻你的学习负担，增强你的体质和消除你那压抑的心境？你父亲讲，你有时独自流泪，小朋友们的游戏都吸引不了你……"[①]字里行间充满了他的眼泪和忧虑。

苏霍姆林斯基觉得，孩子们是在无知中来到了这个由战争所带来的巨大创伤的世界，战争中扭曲的心灵和周围的罪恶与丑行不应该让孩子们来承担。当时，他还未预料到这些孩子将来会成为他"快乐学校"中的成员，他只是强烈地感到要为孩子们做点什么；因为对这些孩子了解得越深，就越认识到他所面临的重要任务之一就是要清洗幼年心灵从旧世界继承下来的污秽，要为那些在家庭中未曾享受过天伦之乐的孩子恢复童年，要给孩子们属于他们的童年和心灵。

随后的一系列事情，使苏霍姆林斯基心中尚不自明，但思忖了很久的图景——快乐学校，一点点地清晰起来。他要把自己的教师技艺和整个心灵都奉献给这个学校。

廖尼亚衣兜里的脂油——对家庭教育与学校教育关系的思考

苏霍姆林斯基带孩子们到大自然中去野炊，午饭时间，他们按照祖辈们的传统，也是苏霍姆林斯基童年赤脚在这里玩耍时的那个小集团的老规矩，每人把书包里和衣兜里的各种食物都掏了出来，准备一起分享。

苏霍姆林斯基没有干预孩子们的事情，他希望所有一切都让学生按自己的意思去办。他总是习惯地坐在那里安静地观察着孩子们的活动。

廖尼亚左兜里显然有东西，但是他只把右侧衣兜里的东西献到"饭桌"上。这个小动作引起了他的注意。

很快，他知道廖尼亚留在左边兜里的是一块脂油，而他没有把它拿出来，可能脂油并不多，他想独自享用那一块。学生情绪的变化让苏霍姆林斯基十分不安。他知道，廖尼亚并不坏，却为一块脂油而耍心计。现在为一块脂油就这样，那么以后碰到

①蔡汀、王义高、祖晶.苏霍姆林斯基选集（第三卷）.北京：教育科学出版社，2001：24.

生活提出更为严峻的要求时将会怎样呢？但同时，他又观察到另一种情况，使他的痛楚有所减轻，他发现廖尼亚内心正在进行着斗争。“这孩子能否在这场内心的斗争中成为胜利者呢？自己作为教师面对这场斗争能袖手旁观吗？”他知道自己应该如何投入这场斗争。

思考中的苏霍姆林斯基

“萨沙，给廖尼亚递过一个鸡蛋去。”苏霍姆林斯基说道，“廖尼亚，鸡蛋不就在你跟前吗？你怎么不吃呢？吃呀……给廖尼亚一块腊肠……吃吧，廖尼亚……”

苏霍姆林斯基自己一口不吃，因为他整个身心都放在怎样才能在廖尼亚内心唤起良心的谴责，怎样才能做到让良心暗示孩子该如何行动上。

“吃吧，廖尼亚……再给廖尼亚一些……”他说。

他也明白，自己的一切努力也可能完全达不到预期的结果。但那时，没有其他的办法，因为他肯定，任何生硬的说教在这种情况下都无济于事。

薇拉·佳拉彩递给苏霍姆林斯基一块脂油。尽管他根本不想吃东西，然而任何时候，他总是能清楚地意识到自己的回应或行动都将触及当事人及周围学生的细微情感。于是他说：“谢谢你，薇拉。我很高兴尝一尝这脂油，不过咱们分着吃，你吃这块，那块我吃……”

1948年，苏霍姆林斯基与帕夫雷什中学同事们的合影

会餐结束了，地上只剩下碎纸和果皮屑之类的废物。苏霍姆林斯基说：“孩子们，森林里不许乱扔垃圾，咱们的林地应该是干干净净的……要把所有的烂纸和废物都收集在一起烧掉。就集中到这里来吧。”他一直在思考，如果他是廖尼亚，将期待什么，将会想做

些什么。在说完话的一瞬间，他忽然感到时候到了，于是叫道："廖尼亚，你去把烂纸都拿到这里来，咱们就在这儿烧。那就让廖尼亚来干这件事吧，他能行……"苏霍姆林斯基有意这样安排。

同学们向林中四处跑开，而这正合廖尼亚的心意。他悄悄从衣兜里掏出了一个纸包，扔在了烂纸堆里。苏霍姆林斯基顿时感到一阵轻松，因为廖尼亚终于自己解决了这个良心上的难题。

苏霍姆林斯基回到学校后与老师们分享了自己的感想。这个时候，他已经成为一名纯熟的教师的领路人，像初为人师与教导主任时人微言轻的情况很少发生了，他的教育思想和实践经验可以没有人为阻碍地感染和影响更多到这所学校工作的青年教师。他对教师们说道："我又一次证实，不能急于在大庭广众之下公开谈论那些可能给孩子心灵造成创伤的事情。"他追述起这场为争夺男孩的心灵而进行的无声的战斗："可以设想一下：假使当时我直接问廖尼亚'你兜里藏的是什么？拿出来给大家看看吧'，那么结果将会怎样？"

低年级教师玛丽娅·安德列耶夫娜·雷萨克回应道："那就无异于剥光了人的衣裳，让他赤身露体地在成排的人们中间走过。"

苏霍姆林斯基为自己的想法被人理解、认同而一再高声说道："正是这样，正是这样！""绝不可急躁！否则很容易留下终生难消的伤痕。要激发人的慷慨之情，使他善于赐予，善于给别人带来快乐……"

事后，苏霍姆林斯基把与同事们分享的心情告诉了妻子。同时，他告诉了妻子自己的焦虑，即正当他们在"竭力设法消融那使孩子降入无底深渊的大冰块的时候，家庭里的寒气却在不断凝冻成新的冰块"。他甚至气愤地说："为什么工人生产出了废品要负责任，而摧残了孩子心灵的父母却不受惩处？"

家庭与学校的关系，这是由来已久的一个难题。为此，在以后的岁月里，苏霍姆林斯基也特别注意父母教育的问题，经常组织各种活动来连接家庭与学校教育，还专门开设父母课堂。不过当时，他焦虑的是怎样帮助那些孩子。

深夜，苏霍姆林斯基久久无法入睡。他在笔记中写道："通过孩子们能反映出父母的品德是否纯正。没有教师跟家长、学校跟家庭间同心协力的相互配合和深入细致的相互理解，孩子就不可能幸福，他的生活可能失去快乐，而没有幸福和快乐，也就没有童年……是的，是的，没有幸福就没有童年，犹如没有太阳就没有花朵一样。不过

苏霍姆林斯基和孩子们在一起

幸福是多方面的。它既在于使人展现出他的才能，爱上劳动，并在劳动中成为一名创造者，也在于能欣赏周围世界的美，并且为他人创造美……而去爱另一个人，并被人所爱，由此培养孩子成为真正的人，难道就不是幸福？”①

那天晚上的思考在第二天幻化成一个崭新的想法。苏霍姆林斯基得出这样一个结论：如同医院的主任医师没有自己的病员就不可能是真正的医师一样，一个校长如果没有自己的学生就不可能领导教育人的工作。他于是激动地对妻子说：“他们将是我的，你懂吗？我的学生。他们将是我的！这就是说，我作为校长将直接而不是通过教师去照管他们在智力、品德、情感和身体诸方面的发展，将同他们有共同的情趣，将把我所拥有的全部精神财富传授给他们。”

“快乐学校”的教育设想就这样诞生了。“快乐学校”是一个长达十年的教育实验，苏霍姆林斯基将在教育的第一线亲自伴随孩子们由初入学校到中学毕业，目的就是要给孩子们真正的童年，也要为那些在家庭中未曾享受过天伦之乐的孩子恢复童年，亦为了使教师、家长和学校间同心协力地相互配合和深入细致地相互理解。

苏霍姆林斯基和同事在一起

对于自己的这一宏大的教育设想，苏霍姆林斯基并没有考虑自己的健康情况，并没有考虑自己精力上是否完全

①滕大春.外国教育通史（第六卷）.济南：山东教育出版社，1994：71.

负担得了。苏霍姆林斯基的热情使安娜立刻回想起丈夫不久前因病住院的情景，想起自己在病房外度过的那些日夜。她内心感到十分不安，然而对苏霍姆林斯基办“快乐学校”的想法，她却非常热心。安娜是一个在教育诸多方面具有广阔眼界的人，她在估计实际可能性时总能较为冷静。然而这次，安娜的热心并不是因为她预见到了未来“快乐学校”的成功，而是因为她深深地理解，这就是丈夫的生活。

“心灵培养说”引起的争论——要使共产主义教育带有人的面貌

苏霍姆林斯基被召到基辅参加教育经验交流会。他在这里遇见了故人——博里什波列茨副教授。师生多年后再见，有很多事要聊。博里什波列茨邀请苏霍姆林斯基第二天十点到乌克兰教育科学研究所找他。

见面时，博里什波列茨告诉苏霍姆林斯基，他的文章会给他招来不少论敌。

“其中也包括您吧，格里戈里·米哈伊洛维奇？”

“不，我指的是那些一见到‘心灵’这个词就感到恐惧的人们。最近有一位读过你文章的人就说：‘怎么，莫非帕夫雷什中学校长相信神灵？’”

“这是个什么人呢？”

“你想知道吗？他也是一位中学校长。他说‘心灵的培育’这个提法使人产生一种不快的联想。他认为像你这种‘善人’会造成少年犯罪率的增长，因为你提倡勿以暴力抗恶。他觉得你所要培养的人性是没有阶级性的，是不符合党的要求的，它违背了共产主义建设者的精神准则，而这一准则是苏维埃领导下人的个性发展的纲领。这已是众所周知的，而你却似乎不知，竟然在苏联教育界高举人道主义教育的大旗，似乎有点离经叛道了，你的思想和实践似乎已经与统治者的思想及其在教育科学中的运用发生了矛盾。他甚至觉得你这种思想继续发展，就会成为苏维埃政权和共产主义教育体系的敌人！

苏霍姆林斯基与学生在一起

你是他们所说的这样吗？”

博里什波列茨面无一丝笑容，因为在那样的年代，几乎全苏联的人们都在开展反对资产阶级思想的斗争，人们的神经几乎麻木，但是却对“阶级思想”特别地敏感。不过，他知道自己的学生绝不是他们所理解的那样。他等待着苏霍姆林斯基的反应。

瓦西里·亚历山德罗维奇·苏霍姆林斯基回答说：“格里戈里·米哈依洛维奇，我想，您说的这位校长是属于惯用‘强改’‘压制’以及形形色色类似手段的人物吧。但是根据经验，我深刻地认识到，对那些所谓的困难儿童采取强行改造和硬性压制的办法是无济于事的。应该弄清楚，他们为什么变成了这样，要帮助他们自我反省，使他们的良知成为自己的裁判者。把他们赶到一边去罚站，警察似地进行威吓，乃至当真请警察来，这都是无须费脑筋再容易不过的了。如果孩子变得只是惧怕我们，惧怕这些教育他的人，那我们就变成监视者了。如果我们只采取惩罚的做法，就会使我们所教育的人不再进行良心上的自责，于是他唯一的出路便是走向那个离他已经不太远的地方了……”

“妙极了，”格里戈里·米哈伊洛维奇一脸难掩的欣赏，“我为我的学生感到自豪，你是真正的教育者。”但是他显出了一丝忧虑。

瓦西里·亚历山德罗维奇·苏霍姆林斯基很理解老师，所以说道：“亲爱的格里戈里·米哈伊洛维奇，我的目的只是在于使共产主义教育带有人的面貌，仅此而已。我所

基辅

做的这一切，可都是我用鲜血换来的。而我并没把自己看作学者，我很清楚首先是位教师。我所说的人道主义并非抽象的，而是非常具体的。您当年不也是这样教我们的吗？我相信时间会证明一切的。”

博里什波列茨激动地说：“瓦西里·亚历山德罗维奇，你说得很好，我和你站在一起。”

苏霍姆林斯基的才能和品德令博里什波列茨非常想帮助他，于是他邀请苏霍姆林斯基和他一起去拜访俄联邦教育科学院院长萨瓦·赫里斯托福罗维奇·恰夫达罗夫教授。

被邀请攻读联邦教育科学院的副博士生

苏霍姆林斯基在生活道路上又遇到了一个愿和他为友而且信任他的人，这个人就是俄罗斯联邦教育科学院院长。

苏霍姆林斯基和老师博里什波列茨到科学院拜见了院长恰夫达罗夫教授，这位教授对苏霍姆林斯基很感兴趣。

俄文版苏霍姆林斯基著作《集体智慧的力量》

聊天时，恰夫达罗夫问苏霍姆林斯基：“听说您的经验很有意思，能否就请您讲讲呢？讲讲您是怎样做校长工作的。我实在是什么都想知道。要知道，乌申斯基说，校长就是学校里的主要教育者。那么您认为一个校长的作用是什么呢？”

“谁的工作能成为其他教师的榜样，他就应当做学校的校长。他应当比任何人都更加了解孩子，了解涉及孩子的智力发展、兴趣和爱好的一切。缺少了这些，就谈不上教育……”当时校长的普遍状态是，领导怎么说就怎么做，自己不需要独到的办学思想。苏霍姆林斯基认为，领导最多只是从一般情况出发下命令，他们不可能了解一所学校的具体情况，所下的命令中常常有不正确的东西。不过这一点他没有提，他只表示出："学校就是学校，不是政府机关，校长必须用头脑来领导学校。用头脑来学习，学习前人积累的经验和理论，并设计学校的前景；用头脑来思考，思考本校的具体条件和特点，构建实现前景的规划和步骤。"当苏霍姆林斯基在回答这一问题的时候，"快乐学校"的任务和方向在他的头脑中已经勾画得比较清楚了。即，校长必须在第一线，没有"快乐学校"他也无法继续做他的校长工作。他深信，"快乐学校"不光有助于他，也不光涉及他，更涉及那些热爱自己所从事的艰巨事业的年轻人。

也许是思考已久，也许是苏霍姆林斯基的话打动了恰夫达罗夫，他邀请苏霍姆林斯基做联邦教育科学院的副博士生。这样从客观上来说，学校对苏霍姆林斯基来说就不单是实践活动的场所，同时也是科研的阵地了。而这一点——教育需要科研，正是苏霍姆林斯基所努力的。因为多年的教育实践让他相信："一种教育思想一旦形成，它必然要转化为相应的严肃的教育措施，而这些措施是否有益于学生的发展，是否科学合理，则必须通过教育科研加以论证。灵机一动，突发奇想，绝不是严肃的态度。"[①]帕夫雷什中学就是他巨大的科研田，他随后在此进行了一系列的教育科研课题研究，他的每一本著作就是某项教育科研成果的结晶。

那天，恰夫达罗夫甚至连选题"学校教学工作的领导"都给点明了。苏霍姆林斯基非常高兴，他觉得那是他坐下来立刻就可以写的，且想法之多，写两本书都够用，更别说是一篇学位论文了。

俄罗斯联邦教育科学院

临别时，恰夫达罗夫打趣说："勇敢的人自有命运相助！我要不向您伸出手来，面对着教育科学，我将会感到自己是个罪人啊！"

回家后，苏霍姆林斯基把这个消息第一时间告诉了妻子安娜。

①吴盘生：苏霍姆林斯基夫人安娜·伊万诺夫娜访问札记.外国中小学教育，2001（4）.

“快乐学校”的实验

在来帕夫雷什中学后的头几周所进行的校长工作中，苏霍姆林斯基就感到，如果他跟孩子们没有共同的兴趣、爱好和意愿，那么通向孩子心灵的道路将永远被堵死。他觉得自己作为校长若不对孩子直接施加教育影响，就会失去教育者最重要的品质，那就是感受孩子们精神世界的能力。

当时他非常羡慕那些班主任，因为他们总是和孩子们在一起：时而与孩子们进行推心置腹的谈话，时而准备带学生到森林或河边去，而孩子们迫不及待地盼望着去远足的日子，到时候他们将架锅做饭，下河摸鱼，露天夜宿，凝视繁星闪烁。可是，身为校长的自己则犹如一个局外人。他不得不只是做做组织工作，提提建议，只是说说缺点并加以纠正，鼓励好事和制止坏事。这些虽然是不可缺少的工作，但是他对自己的工作总感到不满足，他不愿把自己的使命仅仅归结为此。他更深切地感到，这样的校长将非常不妙，他为扮演这样的角色而感到苦闷。

当时学校校长普遍存在的领导方式、方法，实质上就是凌驾于教师之上的督学，是一个行政官吏，职责就是监督教师，看他是否按大纲正确讲课，是否讲了什么题外的或不对头的东西。而苏霍姆林斯基认为，现代学校领导的实质应该在于，要在教育这项最艰苦的工作中使那些体现先进教育思想的好经验得以在教师心目中扎根、成熟，而这种经验的创造者，他的劳动可作为其他教师的榜样的人，就应当是学校校长。如果主要教育者只是教别人怎样教育而并不直接接触孩子，他就不再是一个教育者了。他认定，教育技艺的最高阶段，就是学校校长的直接而长时间地参与学生的一个基层集体的生活。他

苏霍姆林斯基与学生在一起

的这一信念在到帕夫雷什中学的最初日子里已变得越发坚定。他认为："那种必须在师生互相关系中显示其实质的重要教育思想，只有当它像一座建造在校内的结构匀称的大楼一样耸立在全体教师面前时，才能变得显而易见。"[①]所以他不能想象，若没有"快乐学校"，他的教育生活将何以继续。"快乐学校"将成为他在自然条件下进行的一项为期十年的教育实验。因此，苏霍姆林斯基不仅是帕夫雷什中学的校长，还担任一个班的班主任，并亲自教课；不仅倾心于教育实践，同时执着于教育科研，绝不是偶然的，而是有其深厚的、系统的思想基础。

苏霍姆林斯基当时清楚地知道，将要开始的这个学校的一切活动都是在这样一种思想的激励下开展的，那就是：儿童就其天性来讲，是富有探求精神的探索者，是世界的发现者。通过童话、幻想和游戏，通过儿童独特的创作，才是通向孩子心灵的正确道路。所以，他要让那个绝妙的世界在鲜明的色彩中、在嘹亮颤动的音响中、在童话和游戏中、在孩子们自己的创作中、在感动他的美景中、在为人们做好事的意愿中展现。他要使孩子们在走向大自然绝妙美景的旅程中每天都能发现一点新东西，使他们所走的每一步都成为思维和语言的源泉。他要关注的是，让他所培养的每一个孩子都成为会思考会探索的有智慧的人，让认识过程的每一步都使心灵变得更高尚，使意志锻炼得更坚强。他就是要通过"快乐学校"这样去引导孩子们。

1960年，帕夫雷什学校的小学生们在栽种地里

梨树下的谈话

1951年秋天，新学年又将开始了。这是特别的一年，因为在开学前三周，在招收一年级学生的同时，学校还登记了一批特殊的孩子。他们大多出生在1945年，他们就是那群曾让苏霍姆林斯基思考战争后遗症的孩子，他们就是那群他为之开辟"快乐学校"的

①蔡汀、王义高、祖晶.苏霍姆林斯基选集（第三卷）.北京：教育科学出版社，2001：19.

苏霍姆林斯基办公室里曾经使用过的打印机

孩子。苏霍姆林斯基将作为他们的班主任与他们一起直到毕业。

这群孩子本该一年后才正式步入学校学习，可是苏霍姆林斯基希望孩子们提前一年上学，上不同于以往的学。为此，他召集了学生和家长来到学校，对家长们讲了自己对“快乐学校”的想法。

家长们反对、支持的都有。支持者大多认为，孩子能上学对家庭是个很好的帮助；反对者则希望孩子不要过早地走进学校，以至于失去了宝贵的童年生活。而反对的那些家长的担忧正是苏霍姆林斯基所考虑过的。他很清楚，学校骤然打乱孩子的生活方式是多么不好，而给孩子提供发展自然能力的天地又是多么重要。所以他向家长保证，学功课之前的那一年是不会让孩子们老在教室里坐着的。

苏霍姆林斯基之所以需要上学前一年就和孩子们在一起，是因为他需要好好了解每个孩子，深入考察每个人的知觉、思维和智力劳动的特点。这是基于他对“在传授知识之前，先要教会孩子思考、感知和观察”的深刻体认。教师应当清楚地了解每个学生健康状况上的个人特点，否则就无法进行正常的教学。他需要这一年的时间，因为他知道智力教育与获取知识远不是一回事。尽管不进行教学就不可能有智力教育，但同样也不能以教学完全取代

俄文版苏霍姆林斯基著作《给儿子的信》

教育。教师是跟思维及作为思维基础的物质——感官和大脑打交道的，而这种物质在童年时期感知和认识周围世界的性能则在很大程度上依赖于儿童的健康状况。这种依赖关系非常微妙，难以捉摸。所以，考察孩子的内在精神世界，特别是他的思维以及思维的物质基础，是教师最重要的任务之一。

苏霍姆林斯基与家长、孩子们来到一方草地上，在一棵枝叶繁茂的高大梨树下安坐下来。他要与家长们讲讲他所设想的“快乐学校”，向他们谈谈他将怎样教孩子们。这是一次很困难的讲话，他只能谈孩子们在场的情况下可以谈论的内容，对家长讲的每一句话都要全面考虑到家庭中的优缺点。当他谈到真诚、正直和相互信任的气氛时，联想到柯利亚家里的情况，他无法平静。可是，渗透柯利亚家生活的那些恶行和欺骗又不能对全体家长讲。于是，他思考从何讲起，如何既跟他们讲子女的教育而又不把这个人的痛楚、那个人的焦虑、另一个人的疑虑而且有时是错误的疑虑等等全都公之于众。

所以他说道：“家长们，注入子女心灵中的一切善良因素总会以百倍强烈而又纯洁的爱还之于父母。一个人的心灵美表现于他跟人们的关系之中……柳夏的父亲未必对他女儿讲过人要富于同情、乐于助人，他是以自己的行动，以自己对待妻子的态度培育了孩子对待人的关怀态度和人道精神的。”他又说道：“丹卡的父母还有两个孩子，一个八岁，一个九岁。父母都工作，中饭和晚饭都是孩子们做，同时还看管菜地。父母下班回到家时，现成的热饭菜已摆在那里。这样，家长并没有特别费力，孩子们就养成了劳动的习惯，不能想象什么事都不做的生活。毫无疑问，他们将来绝不会游手好闲，而必定会成长为勤奋劳动的人……”他希望他们身边成功家长的事实能使家长们产生向善的追求，能使他们明白什么才是构建家长与孩子之间的桥梁。

苏霍姆林斯基与学生一起阅读

苏霍姆林斯基给家长们描绘“快乐学校”里孩子们的前景：“今天来到学校的是6岁的幼儿，12年之后，他们将长大成人，成为未来的父亲和母亲。学校全体人员将尽一切力量，使他们成为热爱祖国、乡土和劳动人民的人，成为诚实、正直、勤劳、善良和热情的人，使他们既富于同情心又对邪恶和虚伪毫不妥协，使他们面临困难时勇敢顽强，使他们谦虚朴实、品德优美、身体健康、体质强壮。孩子们应当成为头脑清醒、心地善良、双手灵巧、情操高尚的人。孩子是家庭的镜子：如同一滴水能映射出太阳一样，从孩子身上可以看出父母的品德是否纯正。”

苏霍姆林斯基环视了在场的家长和他们的孩子，提醒他们：明天——1951年8月31日，“快乐学校”开始启动。

大家陆陆续续地离开，最后只剩下苏霍姆林斯基一人。在8月31日这个日子的前夕，他愈发感到忐忑不安起来，因为接下来他将迎接的是：怎样使孩子们在学校里不仅不失掉幼儿之乐，还要让他们在进入学校这个世界之后还能不断享受到新的欢乐，使认识活动不至于变为枯燥的教学？怎样让每一天都能充实孩子们的智慧、情感和意志？

蓝天下的学校

帕夫雷什学校学生生活

1951年8月31日一早，苏霍姆林斯基怀着激动的心情在等待着小家伙们的到来。到8点来了29人，几乎所有的孩子都身穿节日盛装。“孩子们，我们上学校去。”他对小家伙们说着，就向果园走去。孩子们非常惊讶：果园怎么会是学校呢？很快，他们就被果园里美丽的景色吸引，全神贯注地观赏奇妙的景色，而苏霍姆林斯基则讲起童话故事。他一边思考，一边在画册的白纸上画出那些幻想的形象给孩子们看。他总是善于利用童话，因为那是吹燃儿童思维和言语之火。

此后的日子里，一周有两次，他都要带领孩子们到大自然中去学习、思索，不仅是观察，还是学习，是思索，这实际上就是在上思维课。

对抨击“快乐学校”的应答——没有游戏，就没有也不可能有完满的智力发展

“快乐学校”的活动进行了快一年，沃罗佳、卡佳、萨尼娅、托利亚、瓦利娅、科斯佳这些孩子刚来的时候大多面色苍白，身体虚弱，两眼下面的青色隐约可见，而现在都变得面色红润，身形健美，更重要的是他们的心灵也发生了令人欣喜的变化。孩子们在品德的发展上已经迈出了第一步。他们已经产生情感上的共鸣，已经能把他们在生活中接触到的每一个人首先看作一个人，甚至连柯利亚那颗冷酷的心里都产生了对别人忧伤的同情之感。这些，让苏霍姆林斯基和学校的教师们非常欣慰。

孩子们是在没有闭塞的教室、黑板和粉笔，不用那些平淡呆板的画片和字母块的情况下，迈上了认识阶梯的第一级，学会了读和写。毫无疑问，他们比起那些要从教室里黑板的长方形框子里迈出这一步的孩子们来说，会感到无可比拟的轻松和愉悦。然而一年过后，孩子们就要正式上学，天天不断的脑力劳动将成为他们的主要责任，这又令苏霍姆林斯基开始担忧起来。他对妻子安娜讲：“我担心我能不能保持住他们对周围世界的活跃的兴趣。你知道，每个孩子都以自己的眼光看周围的世界，按自己的方式感知事物和现象，按自己的方式进行思考，我真担心我不能把那奔腾湍急的溪流和那静静流淌的大江，都引向认识世界的海洋。”安娜没有说话，一直望着丈夫。苏霍姆林斯基拉着妻子的手说：“我跟孩子们接触得越多，就越清楚地看到每个孩子的心灵和理智对我的言语、眼神以及对我提出建议和批评时口吻的敏感性变得越来越敏锐。在我面前的31个孩子，是31个精神世界啊！”孩子们鲜活的形象使他想起海涅的诗句：“每一个人都有与他同生共死的一个世界，每块墓碑下都埋葬着整整一个世界的历史。”

在“快乐学校”实验的进程中，教育界对它产生了各种不同的评价。有些人讽刺“快乐学校”只不过是一场游戏。批评者认为，带着孩子们做游戏，是谁都会的活，没有什么意义。打击者普遍的观点是：“学习是劳动，因此，不能把它变成游戏。”

可是，苏霍姆林斯基自己知道：“‘快乐学校’首先面对的是学龄前的儿童，任何的理论都是不可以生搬硬套的。而且，如果孩子在游戏中学写字，那么，在他智力发展的某一个阶段把游戏同劳动结合在一起，又有什么可大惊小怪的呢？这样，教师也就无需对孩子们老说：好了，玩了一会儿了，现在该干正事啦！况且这一年来，孩子们身心的变化不已经是最好的说明吗？既然那些人暂时不认同，那么就让他们把这当作一种游戏来看待吧！对孩子们来说，不论是幻想之角还是劳动世界的旅行，或是健康乐园，确实都不过是游戏而已，但是游戏背后的意义在孩子们的身上、在岁月中会越来越

清晰……”[①]他之所以这样想，是因为他所谓的游戏是一个含义广泛的多面概念。他指出，游戏并非只存在于孩子们的奔跑、比赛中，在创造才能和想象力的紧张活动中也可能包含游戏。没有智力游戏，没有创造性想象，也就不会有完美的教学，在学龄前时期尤其如此。

想到从教以来自己所受的种种质疑，苏霍姆林斯基又愤慨又着急，但他总是相信，所有的不理解，随着时间推移总会明朗。他坚信：任何一位善于观察的教师都会发现，游戏在儿童生活中特别是在学龄前时期占有什么地位。对于孩子来讲，游戏是最严肃的事情。世界在游戏中向儿童展现，儿童的创造性才能也是在游戏中显示的。没有游戏，就没有也不可能有完满的智力发展。游戏犹如一扇打开的巨大而明亮的窗子，有关周围世界的观念和概念的溪流源源不断地通过这窗子注入孩子的心田；游戏犹如火花，它点燃探索和求知的火焰。当然，他非常清楚，当游戏被人为地强加在劳动中，而在劳动之美中没有表达出人对周围世界和他自己所做的情感评价的时候，游戏便失去了教育价值。

公民的诞生——青少年教育问题

转眼成少年

1955年，苏霍姆林斯基获得T.L.基辅舍甫琴科国立大学（即塔拉斯–舍甫琴科大学，简称基辅大学）副博士学位。而“快乐学校”的孩子们转眼就成了少年，这时苏霍姆林斯基全部工作岁月中最令他安不下心的问题出现，那就是：怎样把年幼的小学生引进社会生活的广阔世界？怎样才能做到使每个孩子不光看到自己的村子和村里那条河的优美，而且也看到自己祖国更为宏伟辽阔的江山？怎样使他们不仅喜爱大自然和人的心灵的美，而且憎恨那奴役各国人民的敌对势力？怎样把公民教育同全

利沃夫市中心的塔拉斯·舍甫琴科塑像

①蔡汀、王义高、祖晶.苏霍姆林斯基选集（第三卷）.北京：教育科学出版社，2001：129.

基辅舍甫琴科国立大学（现为基辅大学）

面发展融为一体？

苏霍姆林斯基和他的伙伴们确信，一个人的精神生活在少年期会发生极其深刻的变化。此时，不仅孩子们，而且老师们也迎来新的时期、新的任务。他怀着不安的心情思考着孩子们快要到达的那条标志着童年期结束、少年期开始的分界线的情况。而在新的学期里，他和教师们也已经发现了孩子们身上不同于以往之处。

1956年，苏霍姆林斯基出版了他的第一本著作《培养学生的集体主义精神》。这是他根据多年工作经验写成的关于培养儿童集体的重要作品，书中展现出他对教育教学工作中普遍性问题探讨的成熟性和科学性。他作为教育家兼研究者、评论者的卓越而别具一格的才能已初放光华。

少年期的危机

1957年，在“快乐学校”的孩子们升入六年级后，苏霍姆林斯基开始为新的问题而操心，因为学生在身心发展上到了一个不同于以往的时期。前一年他就注意到，男孩子在三四年级的时候文静、沉稳、和蔼、敏感，能够领会人在这个年龄所能理解的崇高感情；可是到了五年级，特别是到了六七年级的时候，似乎完全变了一个人，他们任性，缺乏自制，甚至粗鲁无礼，近乎病态地自尊，对待教师的要求和同学的缺点十分急躁，在批评周围世界特别是批评长者的行为时尖锐而直率。他们的精力开始无法抑制地显露出来，成为一些初看之下无法解释的奇异行为。

1964年，帕夫雷什学校的学生在学校葡萄园劳作

苏霍姆林斯基与学生在一起

六年级的学生里开始有人吸烟，维佳在盥洗室新粉刷的墙壁上写污秽词语。

在教师心理学讲习会上，苏霍姆林斯基和教师们都为少年期到来的学生身上发生的某种飞跃而担忧。苏霍姆林斯基把维佳的事和自己的想法与教师们交流。有的赞同，有的反对。怀疑的人说："我想他还会再写的，长大了就特别不听话，而且实际上他没有受到惩罚……"而苏霍姆林斯基则认为，这与长大与否无关，惩罚也并不能使这种行为彻底消失，应当注意的是为什么会产生这种行为。他一直有一个理想，那就是要使每个儿童都不知道什么是体罚的教育方法。他希望教师们思考是不是童年期能触动孩子心灵的那种感情真的逐渐失去了效能，是不是那种感情在长大后的孩子身上根本不能使他们动心了。这也是他面对少年期的孩子一直在思考的问题。

教育会议上的结论

苏霍姆林斯基把青少年教育这一突出的问题放在了教务会议上。六年级学生维塔利的班主任谈起维塔利的变化。维塔利在三四年级的时候可是个品学兼优的模范生，而进入六年级，他非常不守纪律，仿佛有人给他注入了另一个灵魂。那位班主任向其他教师描述了几天前与维塔利之间的一场冲突。大家试图跟随着他的回忆一起寻找出现这种情况的原因。

这位班主任描述："举行时事报告会时，一个十年级的女共青团员讲述发生在国内外的情况。她讲到了邻近的一个集体农庄的人们如何忘我地劳动，妇女们培育甜菜获得了大丰收。荣誉和光荣属于以共产主义态度劳动的人们！维塔利举手要发言，我就同意

1968年，苏霍姆林斯基在学校心理学研讨会上发言

了。可是他却激动地说，他妈妈坐在泥地上清洗了一个月的甜菜，结果生病住院了，还质问为什么把最重的活给妇女们。我勃然大怒，甚至没有考虑这个孩子说出了痛苦的真理，直接说：‘你说了些什么？’‘你算什么少先队员？’说了这些话后，我就感到自己使他受了大大的委屈，但是已经晚了。当时，维塔利用颤抖的声音轻轻地说：‘可您算什么老师？难道一个人可以整整一个月坐在潮湿的泥地上吗？是您教导我们要为真理而斗争。’他的那些话使我惊呆了。”

班主任在结束自己的叙述时说：“这是什么呢？是言论蛊惑还是在追求真理呢？可能，我们教给少年们的东西太多了，而向他们提出的要求却太少了。也许，在我们这个时代，人们观察世界的心灵具有某些我们所不理解的特点；也许，少年们观察到的世界的某些方面与我们观察到的不一样。如何才能使现实存在的个别阴暗面不再被无可奈何地接受下来呢？”这是帕夫雷什学校不少教师的困惑。

苏霍姆林斯基当时想，作为一个少先队员，孩子应该为妈妈全天都在劳动而自豪；可是作为一个人，他必然会心疼。教师首先应该关注的是人，而不是少先队员，任何一个少先队员都首先是一个人。他的妈妈也许是个党员，但她也首先是个人。苏霍姆林斯基认为，这才是思考问题的出发点，“人”是一切的出发点。

随着那位班主任的讲述，教师们渐渐明白问题所在，于是展开了热烈而直率的议论。通过议论，得出了一条使帕夫雷什中学所有教师都很激动的真理，那就是：有时候，教育者忘记了某些东西，往往没有努力用教育对象的眼光去看世界；教师有时会陷入令人惊讶、不可原谅的矛盾之中——教育学生做老实人，说老实话，而同时却又要去扑灭年轻的心灵因对欺骗、恶行和不公正现象的势不两立而迸发出来的怒火。

用少年的眼光观察事物

苏霍姆林斯基与教师在一起

此后许多年，苏霍姆林斯基一直在思考少年观察世界与儿童有什么不同。他力图使自己处于学生的地位，并进行了大量而长期的观察，把它们记录在单独的本子里。本子里有专门的一部分《我用少年的眼光观察事物》。他设想自己处于维塔利的地位，用他的眼光来分析、估计自己的行动；他试图使自己也毫不怀疑，他是这样一个人，那个细心、好学、沉稳、要求严格的学生，那个缺乏自制、任性、蛮横无理的少年。用这种方法，他仿佛初次遇到那些学生。

俄文版苏霍姆林斯基著作《公民的诞生》第一种版本

为了解学生，苏霍姆林斯基做了很多观察日志，日志不仅记录行为，还记录少年眼里的世界。他写道：“我的老师在感知周围世界的现象时，表现得‘心肠冷酷’。他亲眼看见一个男孩子欺负一个女孩，他平静而冷漠地看着那个欺负人的家伙。他对女孩子说：‘我要跟他谈一谈，明天跟他谈，让他把欺负你的那些话再对我说一遍。’一天过去了，两天过去了，在老师的意识深处还保留着一个想法，需要跟那个欺负人的家伙谈一谈……但这只不过是一个像昏睡的公猫似的懒惰想法。而那个时候欺负人的家伙却对女孩说：'我没事的，老师会把自己学生的行为忘掉的，他们老师们跟我们打交道打腻了……'"①在这些观察日志中，他用这些男孩儿、女孩儿的眼光来看世界，处处看到令人惊奇的，有时甚至是不可理解的东西，这些东西使人惊讶，还往往令人气愤、怒不可遏。少年看到儿童未能看到的东西。

1960年，苏霍姆林斯基与哈萨克斯坦的教师交流

为了解决这一尖锐、棘手的教育问题，他研究了460例刑事案件的侦讯材料，研究了这些违法少年和他们的家庭。他发现，这些家庭总是存在着某种缺陷。有时候父母本人似乎并不是坏人，但是他们不知道自己的孩子是怎样生活的。很多家庭在人与人的相互关系方面存在问题，而在这些少年学习的学校和班集体里，谁也不去关心他们对什么感兴趣，他们需要些什么，他们把什么当作生活中的乐趣。苏霍姆林斯基对少年期教育中的困难分析得越多，就越是对这样一条简单而重要的规律的正确性深信不疑：凡是童年期教育搞得很马虎的地方，也就很难对少年们进行教育。

随着苏霍姆林斯基对少年期令人担忧的种种表现的日益关切，他越来越清楚地感到，童年期的教育不能草率从事，不能怕麻烦。对于这一问题，他在此后的岁月里一直在进行艰苦的思考，而终于在他从事教育工作的第34个年头里，得出了一个结论：少年期教育的困难就在于人们很少教育儿童把自己看作、理解并视为集体的一分子、社会的一分子、人民的一分子。在对这一问题进行多年的研究后，他于1974出版了《公民的诞生》，这本书详细谈论了少年的教育问题。

①蔡汀、王义高、祖晶.苏霍姆林斯基选集（第三卷）.北京：教育科学出版社，2001：399.

苏霍姆林斯基的生活

决定留在农村

在《培养学生的集体主义精神》出版一年后，正值壮年的苏霍姆林斯基被遴选为俄罗斯联邦教育科学院通讯院士。敖德萨、罗斯托夫、基洛夫格勒等师范学院纷纷向苏霍姆林斯基寄来信函。波尔塔瓦师范学院院长也亲自到帕夫雷什中学参观。仿佛在一夜之间，苏霍姆林斯基与他的帕夫雷什备受瞩目。每天都有三封、五封、十封信件从邮局送来。这些来信，可能是一位受瓦西里·亚历山德罗维奇·苏霍姆林斯基的文章或者专著启发的教师，想要和他交换一下自己在教育上的得失；可能是一位母亲，在寻求怎样才能把子女培养好这个由来已久的问题的答案；可能是一位少女，想要询问有关生活道路、有关初恋或者有关人的使命的问题；也可能是一个蒙受凌辱而张皇失措的灵魂在寻找怎么活下去的勇气。源源不断的来信都会一一得到回复。

学校总是会接到从区教育局、州教育厅打来的要求接待某个代表团的电话。那些都是准备交流学校、教师们和个人的经验的代表团。苏霍姆林斯基感到这固然愉快而且重要，不过有些过多了，有时甚至夜里也有人来叫。从乌克兰的城市和农村，从白俄罗斯、亚美尼亚、摩尔达维亚……四面八方都有人来访。

同时，他接到了各方的聘请。有请他去授课的，有聘他去主持研究室的，人们也以城市里科研的便利条件和舒适方便的住宅相诱。但是，苏霍姆林斯基都一一婉言谢绝了。因为，他的心在帕夫雷什，在那里的孩子们身上，所以他的家也只能在那里。他已经在那儿工作了十年，更重要的是，那里是他的大教育实验田。对于这场实验来说，十年只是一弹指，他还计划要在这块田地里稳定而长久地耕耘，不可能中途而去，他还得继续观察心灵的成长。这一点，妻子安娜非常理解。所以在商议是否迁居城里时，安娜·伊万诺夫娜对她生命中最可贵的人说："我们仍要住在乡下，而孩子们则由他们自己去考虑。"

苏霍姆林斯基与波尔塔瓦第二中学的教师合影

妻子的话让苏霍姆林斯基感怀不已，他知道自己是必然不走的，但对妻儿则有太多的愧疚。妻子安娜的话像一粒定心丸，令他彻底安心，可以无牵挂地投入工作。夫妇俩从此再没有谈起过这件事。

远离国土访问讲学

20世纪60年代末，苏霍姆林斯基应德意志民主共和国教育部的邀请出访德国。他在莱比锡、德累斯顿、马格德堡等地进行了讲学活动，在波茨坦访问了教育科学研究所，并做了关于“儿童劳动教育经验”的演讲，而后又同德国教育家们就这一问题进行了长时间的座谈。

会上，一位德国从教者问道：“苏霍姆林斯基同志，在您出色的讲演中，您说‘孩子的思想往往不会只在头脑里，而是会在手指尖上’，我们应该如何理解您这句话呢？”

苏霍姆林斯基微笑着用德语告诉对方，那只不过是个借喻而已。也许是不明白什么意思，德国教育者追问他这个借喻背后的含义是什么。

苏霍姆林斯基自己很明白，这个借喻同生活有着密切的联系，其中蕴含着他对自己多年教育经验的深刻剖析。但是，如何在有限的时间里用简短的语言来使德国朋友们明白，则是个问题。他最终选择用生动的故事来说明，他给德国朋友们讲了学校第一台涡轮机是如何在孩子们“手指尖上的创造性思想”中开始运转的。

德国城市德累斯顿

待他解释完毕后，涡轮机的故事又引起人们新的疑问。与会者有人向苏霍姆林斯基发问："在中学阶段就让学生开始进行科学探索会不会太早？"这个问题不仅是德国教育者的疑问，苏联内部也有许多人对此心存疑虑。

德国城市莱比锡

苏霍姆林斯基回答道："依我们看，在高年级不嫌早。我们的学生自己就在竭力争取让劳动充满智力因素，争取头脑和双手的协同工作。重要的是要做到使学生对科学的兴趣要跟高度的劳动素养相配合……"随后，苏霍姆林斯基介绍了学校的少年生物化学家等类似的例子。

座谈会中，他的教育思想比较多地得到异国人们的认同。在德国期间，除了这些活动，苏霍姆林斯基的另一个巨大的任务就是注意观察他参观过的那些工厂和农场里人们的生活，并深入了解大学和科研机关里的人们。他喜欢看到的那些"直观教具"，他欣赏装备精良的工作间，他认为生活本身就是直观教具。观察和思考是他的一大特点，或者说这根本就是他的生活方式。无论何时何地，他不是在观察就是在思考。他觉得异国这些好的方面，也可以尝试着在自己的国家搞起来。

德国萨克森–安哈尔特州的马格德堡市

呵护学生的精神世界

苏霍姆林斯基每一次受邀出国访问或讲学，心里想的都是帕夫雷什中学的孩子们，思考的每一个问题也总是与他们的成长有关。他所有的思考和行动都是为了一份情感的生发与归宿，即“如何使人成为人”。源于这一点，苏霍姆林斯基认为，重要的在于心灵的成长。所以，他特别注意呵护学生的精神世界，关注孩子们细微的情感变化。

青年时期的苏霍姆林斯基

孩子们的故事使他一次一次地与自己的童年相遇，在邂逅的刹那领悟他们的情感变化、精神成长，寻找通往每一个孩子心灵的途径。这是一条艰难的路，但对苏霍姆林斯基来说，没有什么比培养人更令他喜乐的了，正如没有哪一个孩子能抗拒星空的吸引。

苏霍姆林斯基思想的精髓是把学生当作人。这一点看起来简单，但并不是每个人在理论上都明白，而在行动上则差得更远。正是基于此，所以苏霍姆林斯基认为：“教育活动是围绕着儿童开展的，人是其中心。应该人道地对待受教育者的情感世界，人道地对待他们的周围环境。教育和教学过程是自始至终充满真情实感的过程。教师应该主动接近孩子，而不是让孩子去接近教师。走进每个孩子的心灵，这太重要了！没有这一点，这与面对机器工作有什么两样！”①

对爱心驱使的摘花行为的处理

帕夫雷什学校的花棚里的植物在孩子们悉心照料下开出一朵特别的玫瑰花，成为校园里的宝贝，每天都会有许多学生来观赏它。

然而一天早晨，当苏霍姆林斯基在校园里散步时，他看到一个4岁的小女孩摘下那

①吴盘生.苏霍姆林斯基夫人安娜·伊万诺夫娜访问扎记.外国中小学教育，2001（4）.

朵玫瑰花。苏霍姆林斯基非常疑惑，但是他猜测，这件事背后一定有难以预料的原因。他并没有斥责或做出什么让小女孩伤心的行为，因为他坚信，教师不能简单地仅凭一件事的表象来判断，而应该了解孩子做这件事的动机和目的，这才是判断人的关键。所以他俯下身子，关切地问孩子摘这朵花是要送给谁。他这一问，孩子下意识地感到自己似乎做了错事，于是害羞地回答："我奶奶病得很重，我告诉她校园里有一朵很大、很漂亮的玫瑰花，奶奶有点儿不相信。我现在摘下来送给她看，看过了我就把花送回来。"

苏霍姆林斯基与学生在一起

中年时期的苏霍姆林斯基

孩子天真的回答触动了苏霍姆林斯基的心弦。他牵着小女孩的手，从花园里又摘下两朵大大的玫瑰花，递到孩子手边，对她说："这一朵是奖给你的，你是一个懂得爱的孩子；这一朵呢，是送给奶奶的，感谢她养育了你这样好的孩子。"他希望小女孩忽略掉摘花的羞愧，只记住送花所表达的情感，希望爱的种子在她幼小的心中生根发芽。苏霍姆林斯基对这件事的处理方式，体现了他与同时代部分教师的不同，而造成这一不同的根本原因就在于他对人心灵的重视。

用捆绑的右手来明白自由的意义

谈到青少年阶段的教育，苏霍姆林斯基总有许多话要说。与孩子们的亲密接触使他坚信："青少年教育工作者的使命是：与每个青年共同建造生活的大厦。作为一名教育工作者，这不仅意味着跟青少年在课堂上打交道，而且意味着成为他们同心同德的朋友和志同道合的同志，彼此心心相印，灵犀相通。用马克思的话来说，就是在人对人的需要的满足中求得巨大的幸福。”①

1963年，帕夫雷什学校女学生塔拉在学开拖拉机

苏霍姆林斯基曾教过一个叫罗曼的男孩，他性情古怪，好吵好斗，冲动起来就不能自控，会无缘无故地打同学，或者往女生的连衣裙上甩污泥。对这样的学生，苏霍姆林斯基的教育方法非常独特，而之所以能够想出这样的方法，还是源自于他对人精神的关注而引发的对人发展的深刻认识。

一次早晨上课前，罗曼从列霞的辫子上揪下她的绸带。苏霍姆林斯基知道后，找到罗曼，告诉他：“罗曼，你的自由原来就是要在生活中做个野蛮人啊！你知道吗，成年人如果干了这种事就会失去自由，被关进大牢？对于你，我们不能这样做。可是有其他的方法，把你的右手伸过来好吗……”苏霍姆林斯基从罗曼衣兜里掏出绸带，缠住孩子的手掌和手指，又把这只手紧紧地绑在罗曼自己的裤兜处，这样罗曼的右手就不能活动了。他对罗曼说：“咱们今天就这样生活，不用右手。为了不让你感到孤单，其他同学也照样绑住我的右手，你看怎样……”这令罗曼非常惊讶，期待着这以后究竟会发生什么事情，所以他同意了。苏霍姆林斯基叮嘱罗曼：“现在咱们就这样生活……咱们试试看，这是否轻松。”

那天整整一天，苏霍姆林斯基跟罗曼形影不离，一起在校园里、果园里散步，一起在课堂上听课，一起吃午饭……不能使用右手的生活使罗曼开始思考，假如他真的失去自由，生活会变成什么模样。

那件事后，罗曼学会了控制自己。不过，苏霍姆林斯基知道，还有一些比这更细致入微和更难对付的课需要给罗曼上，因为纠正成长中的弯曲不可能是一蹴而就的事，而是一项漫长的工作。他坚信，只有在童年时代就懂得自己的自由和愿望的界限的人，才有可能学会珍爱生命和自由。这个哲理是教育的一种最精妙的境界。

①蔡汀、王义高、祖晶.苏霍姆林斯基选集（第五卷）.北京：教育科学出版社，2001：818.

由于记忆孱弱而能力较差的儿童的教育问题——人类最脆弱、最娇嫩的花朵

苏霍姆林斯基与学生在一起

帕夫雷什学校每年都会有家长领来两三名被社会上的人称为低能的儿童，这样的孩子虽然并不多，不属于典型现象，但终究使人不能安心。所以，苏霍姆林斯基把相当大一部分心思贯注在了新的课题上，即对那些由于记忆过于孱弱而能力较差的儿童的教育问题上。这些儿童一般学校不会收他们，虽然他们的思维正常，但是记忆的“轮子”转得很慢，有时还可能“空转”。这种孩子使学校教师非常苦恼。他们的精神生活十分空虚贫乏，常常被列入留级生的行列，甚至还要第三次重读。而成年之后，他们中的有些人则变成违法分子，被送上法庭。

帕夫雷什学校的教员休息室里常有人谈论这种学生。一次，一位女教师眼里含着泪水一再追问瓦西里·亚历山德罗维奇：“怎么还能留这样的学生在学校里呢！要知道，他简直是个糊涂虫，性格还那么坏，简直就是个无可造就的人。”苏霍姆林斯基理解这位教师的焦躁心情，也同情她，但依然充满信心地说道：“我认为，他不是没有希望，请您看看他怎么回答三六得几，或者听听他怎么朗读。依我看，应当把这种孩子说成是人类最脆弱、最娇嫩的花朵，他们来上学，虽然像人们所说，脑筋差劲，可是这不能怪他们……”

有些教师提出，应该送这种孩子去上特殊学校。而苏霍姆林斯基则认为：“挽救他们，让他们回到精神生活和美的世界里是教师的人道使命。”教师们认为，苏霍姆林斯基那样想是出于怜悯，可是他却坚持认为并非像教师们解释的那样——正常孩子瞬间即可记住的，他们却不能。实际上，思维活动如此迟钝是有其原因的。他建议教师们从家庭中寻找这种大脑功能不全现象的原因。

俄文版苏霍姆林斯基著作《培养集体的方法》

当时国内外有关这方面的研究基本上是将改进思维方法的全部希望寄托在记忆上，认为没有记忆也就没有一切能力可言。为了论证这一流行观点的正确性，也为了给这种孩子的教育找到出路，苏霍姆林斯基和他的同事们做了这方面的实验。他们着手对几百个有子女上学的家庭的遗传特点、生活条件，健康状况和精神生活等，进行了多年的调查。在研究中，苏霍姆林斯基发现那些不幸的孩子，母亲在与他们的交流中往往老是局限于百十个词语，有的孩子从出生到五六岁还从未有过为一件事物而惊奇而赞叹而欢喜的经历。研究结果使苏霍姆林斯基和帕校的教师们确信，在许多情况下，记忆力差的主要原因在各种疾病(风湿病、佝偻病等)、不正常的作息制度及家长的酗酒等，而对思维的决定性损害来自童年早期不恰当的教育。

当时美国著名心理学家代维德 · 克列奇坚持，其研究的“记忆药片”能够治愈这些儿童的智力落后症状。苏霍姆林斯基投入与他的论战中。帕夫雷什学校的研究结果表明，真正有效的治愈方法是在童年早期就进行恰当的教育。苏霍姆林斯基断言：“让每个智能差的孩子都感受到发现世界的喜悦比任何药剂的效力都要强大。由认识而产生的喜悦是无与伦比的，它可以创造奇迹！如果智能差的孩子周围的环境中经常充满着寻求和探索思想，那么在充实孩子头脑方面就又多了一种强有力的心理手段。”[①]苏霍姆林斯基在投往《文学报》的文章中说：“思维，儿童记忆的确立就是从这里开始的——从赤子之爱和怜悯之心，从惊奇和赞叹，从儿童生活中发生的种种事件的情感色彩开始的。”

俄文版苏霍姆林斯基著作《家长教育学》

苏霍姆林斯基把帕夫雷什学校的研究结果在家长会上告诉了家长，因为孩子最早的教育是从他们开始的。他使家长知道，两三岁的幼儿对世界的发现开始于母亲的微笑，开始于母亲的拥抱和亲吻。孩子对情感生活细微差异的认识来自母亲那丰富的爱意和充满关怀之情的眼睛、反映焦虑不安和聪明智慧的眼神。如果没有这一切，如果没有母

① 鲍里斯 · 塔尔塔科夫斯基.苏霍姆林斯基的一生.唐其慈、毕淑芝、赵玮，等译.北京：教育科学出版社，1986：261.

亲的教育，幼儿兴趣和才能的发展在萌芽状态就会枯萎，记忆也会由于得不到滋养而衰退。那次家长会上，苏霍姆林斯基终于明白了很久以来在头脑中萦绕不去的激动情绪，那就是学校里不仅必须有家长教育学，而且也要有母亲教育学，必须要有“家长学校”，要让教育学成为所有人都懂得的一门科学——无论教师或家长都应当懂得它。所以后来，苏霍姆林斯基在帕夫雷什中学开办了“家长学校”。

圆融无碍的学校与社会关系

苏霍姆林斯基十分重视学校对家庭教育的指导。他认为，只有学校和家庭这两方教育者一致行动，对儿童统一要求，志同道合，抱着一致的信念，从同样的原则出发，在教育目的和教育手段上都不发生分歧，才能实现儿童和谐全面的发展。“如果没有整个社会首先是家庭的高度的教育学素养，那么不管教师付出多大的努力，都收不到完满的效果。”①

帕夫雷什学校的家长学校——教育学应当成为所有人都懂得的一门科学

对于家长学校，苏霍姆林斯基酝酿已久，在实践了一段时间之后，他发现了一些问题。于是，他再一次把如何实践家长学校的问题放在教务会议上讨论。帕夫雷什学校的教师都不是冷漠的人，他们都不会对孩子的命运无动于衷，所以苏霍姆林斯基觉得任何教育问题都可以同他们一起解决。会议上，苏霍姆林斯基先表明自己对于如何实践家长学校的观点。他指出，家长学校的任务在于提高家长们的文化修养，不能一味地只分析儿童的不良行为，那样大家就不来听课了。这所学校应当让家长认识到，教育是一门科学，只要认真严肃地对待，就可以掌握它。“父母”只是生

苏霍姆林斯基与帕夫雷什学校的教师们在一起

①蔡汀、王义高、祖晶.苏霍姆林斯基选集（第二卷）.北京：教育科学出版社，2001：111.

物学和社会学方面的事实，在他们没有掌握教育科学之前，“父母”就不是教育方面的事实。

一位兼任班主任的数学教师加林娜·雅科夫列夫娜·沃夫琴科说：“瓦西里·亚历山德罗维奇，我认为家长学校的办法很好。我的学生家长差不多全都来上了家长学校。我班上有的孩子在家里遭受精神摧残，实在让人痛心。这些孩子当中哪怕只有一个人还在受‘毫无修养的’父亲的摧残的话，就不能让人安心。”她的话正是许多教师的想法。

所以教师们都认为，没有家长学校也就不会有完满的家庭和学校教育。

在这种认识和思路的引导下，帕夫雷什学校举办的家长学校开设三种学习班：第一种是为尚无子女的年轻夫妇举办的，第二种是为学龄前儿童的父母举办的，第三种是为各年级学生的家长举办的。学校又把听课家长按孩子的年龄划分为五个组，分别是：

学前组（安排3到7岁儿童的父母）；

一、二年级组（安排7到9岁儿童的父母）；

三、四年级组（安排9到11岁儿童的父母）；

五至七年级组（安排11到15岁少年的父母）；

八至十年级组（安排15到17岁少年的父母）。

家长们一般在孩子入学前两年就报名参加家长学校，在那里连续听课，直到他们的孩子从中学毕业为止。学习期间，每月上两次课，每次一小时，讲课内容是针对家庭教育中存在的问题提出具体切实的建议，把心理学和教育学的理论知识跟家庭教育的实际紧密联系起来，使家长听课以后能够同自己孩子的精神生活联系起来。

在如今的帕夫雷什学校里，依旧保持着学生与家长一起种树的传统

苏霍姆林斯基曾经不止一次地听到家长对他说："我儿子学习就是差，这又有什么办法呢?我们家怎么高兴得起来呢?"苏霍姆林斯基觉得，不应该让任何一个孩子感到他是一个一事无成的人、没有才能的人，因为孩子一旦产生这种想法，他便会不再接受家长的教育，而家长也就无法再影响他了。

苏霍姆林斯基了解到，在几十个家庭里，儿女给家庭带来的欢乐、和睦与安宁甚至可以使父母相互关系中的重大裂痕都得以弥合。他认为，巩固家庭是学校的使命，但却是一项微妙细致的使命，因为这需要孩子们能从学校把喜乐带回家去。

所以，帕夫雷什学校还经常邀请家长们到学校，请他们来参加学校举办的母亲节、父亲节、图书节和创作节活动等。家长们在这些节日的活动里了解自己儿女在劳动和学习中的才能、爱好以及取得的成绩，这让家长们对自己孩子的未来产生希望。苏霍姆林斯基和教师们多年的教育实验和经验表明，家长如果缺少了这种希望，就不能想象他们还能对子女进行正确的教育。

苏霍姆林斯基坚信，教育者的人道主义使命就在于，极力让能力最差的学生也能体验到成功的喜悦。只有在这种情况下，孩子才会成为接受教师教育的人，而孩子那些微小的喜悦将会增进父母精神上的共通感。假如教师不以种种缘由把家长叫到学校里来，不给家长寄去一封封抱怨的信函，假如他们的孩子能从学校带回喜悦而不光是烦恼的话，那么父母就会千百倍地帮助老师。孩子学好的愿望就是胜利的源泉，永远都不应当让这种愿望枯竭。

爱情辩论会

帕夫雷什学校一直有针对教师培养开办的心理讲习会，后来在苏霍姆林斯基的鼓励下，学生自己也有了类似的活动，并且经常举办。学校里有许多队日活动，从六年级开始，学生们就参加辩论会队日，年级更高的学生则开办了共青团——青年讨论俱乐部。苏霍姆林斯基认为，辩论会与心理讲习会具有同样的功能，他在《帕夫雷什中学》一书中把学校的这种辩论会称为"思想的感受"。

有一次讨论会，讨论的是一个激动人心的话题——爱情。不过那次辩论会不是在学校，而是在村俱乐部里举行。这个俱乐部当年是个茅草屋，后来为了方便村民，也为了拓展校外教育，苏霍姆林斯基带领学校师生与集体农庄庄员一起，花费了大量劳动建起具有宽敞大厅的俱乐部。

今天的帕夫雷什学校的教师办公室

那天，俱乐部大厅挤满了人。参加讨论会的不仅仅是学生，还有年轻的集体农庄庄员和工人。辩论会是由加琳娜·格里戈里耶夫娜·阿里先科主持的。她是一位清秀俊俏的年轻女教师，不仅精通自己的专业知识，而且心灵纯洁，感情丰富细腻。苏霍姆林斯基把她称为“学校的良心”，后来培养她成为学校的教导主任。苏霍姆林斯基后来就是从她那里听说了辩论的情况。在讨论会上，学生和村民们就“自由限度”“道德范畴的错误解释”等有关爱情的问题展开了激烈的讨论。

当时的乌克兰，白天，在熙熙攘攘的人流中，常常可以看见青年男女又搂又抱又亲吻，这种轻率的行为常常使苏霍姆林斯基感到不安。他曾问一个很年轻的姑娘：“周围那么多人，你们不感到害臊吗？”姑娘却回答说：“难道爱情需要掩盖吗？”他无法认同青年们竭力把整个精神生活说成是接吻和争风吃醋。他确信，爱情如果缺乏高尚的精神生活，没有对共同理想的追求，没有为实现共同理想而建立起的友谊，就会变成一种感情享受。因为，爱情首先意味着对所爱的人的命运、前途承担责任。真正的爱情，要求终生承担巨大而神圣的义务。

对于学校中关于爱情的教育，苏霍姆林斯基首先认为，在高年级就应该教育青年男女为尽父母的天职做准备，因为并非所有的人都将成为数学家和物理学家、工程师和教育家、医生和设计师，但是所有的人都要做父母。当时，学校课堂上什么都讲——宇宙的无穷尽、物质的奥秘、微观世界，但唯独没有教导人如何做父母。他认为，这是缺憾。

帕夫雷什学校后来常常在课外进行这种教育活动，讲怎样在精神上培养自己去履行做母亲的义务，讲夫妻怎样共同生活，讲一个人爱一个人意味着什么。

帕夫雷什中学（下）——坚守教育的真谛

伏案工作的苏霍姆林斯基

许多年里，苏霍姆林斯基总是早上四五点钟起床，开始读书，整理笔记，计划一天的工作，到了八点就已经站在学校门口迎接师生到校。他既是校长，又是普通教师；既教课，又做班主任；既做具体工作，又搞科学研究。除自己上课外，他还每天坚持听两节课。如果碰上外出开会，回来时他一定会把缺的课补上。放学后，他往往要与学生和教师谈心，还要访问家长，与集体农庄的领导和成员交谈。到了晚上，还要总结一天的工作，同时每天都要抽出时间读书、写作。这就是苏霍姆林斯基的生活。

用生命进行的论战

苏霍姆林斯基从教以来，其教育实践和思想就常常受到非议，尤其在帕夫雷什中学受到世界其他地区的极高赞誉后，在他成为备受瞩目的教育家之后，他的教育思想在其国家内部受到了巨大的抨击。苏联国内对苏霍姆林斯基的评价，往往随着国家政策的变化而在批评和表彰之间发生微妙的变化。对于苏联教育界，当把苏霍姆林斯基当作个体的时候，他的教育实践的结果使人不得不将相应的荣誉表彰给他。但是，当把他当作苏联的教育者来看时，不管其教育实践的结果如何，他的教育思想都被判定为与社会主义思想相矛盾。

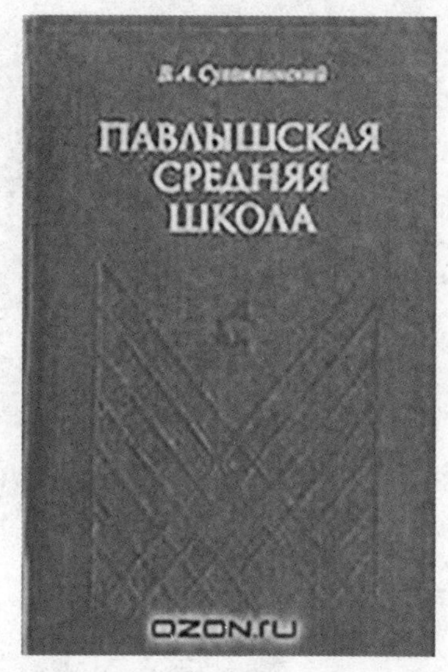

俄文版苏霍姆林斯基著作《帕夫雷什中学》

1957年，虽然苏霍姆林斯基当选为俄罗斯联邦教育科学院的通讯院士，但是当时的苏联教育理论界“理论脱离实际，装腔作势吓唬人”的不良倾向甚嚣尘上。许多人对他人道的教育思想非常反对，要求拿掉他的院士荣誉。1958年，他被授予“乌克兰苏维埃社会主义共和国功勋教师”称号，但当时他心情沉重，因为赞誉越高，关注就越多，他受到的抨击就越大。也确实，报刊纷纷发起了对他的指责。但是，苏霍姆林斯基依然坚持原则，不奉承拍马，不做表面文章以自保。

1968年，苏霍姆林斯基当选苏联教育科学院通讯院士。1969年6月，他当选全苏教师代表大会代表，被授予“社会主义劳动英雄”称号。他的一生里，还获得了两枚列宁勋章、一枚红星勋章、多枚乌申斯基和马卡连柯奖章等。

苏霍姆林斯基获得的列宁勋章与红星勋章

1969年，就在他获得这些荣誉称号的时候，他称之为“心灵之书”的《把整个心灵献给孩子》也刚好问世，而他的著作已将近三十部之多了，其中很多被译成多种文字。外界的公认也好，诋毁也罢，甚至是自己并不好的身体状况都没有使他停下思想的步伐。此时他又把整颗心倾

20世纪60年代的莫斯科

注在了新的著作上，这就是他的生活，这就是他存在的方式。

苏霍姆林斯基早就酝酿着要编写一部有关培养真正的人的伦理准则的独特汇编。他在这本书里不仅要探讨伦理教育的理论问题，还要把自己多年的教育实践和亲自观察到的活生生的实例进行科学的论述，同时还要把一些小故事和富有教益的自编童话与民间故事收录其中。

不过，在6月末的那些日子里，他的思绪都集中在即将召开的教师代表大会上了。他高兴地期待着行将来临的与全国优秀教师和苏维埃的杰出学者们的会见、交谈。过去的日子里，他们对苏霍姆林斯基的友好、支持和关心令他感怀不已，这些真正懂得教育的人的支持是他极大的心灵支撑与安慰。

那一天，刚一到莫斯科，苏霍姆林斯基就感到一些惶惑不安。过惯了恬静而有节奏的农村生活，大城市的喧闹使他有一种不舒适的感觉。他所在的基洛沃格勒代表团被安排在苏联国民经济成就展览会的一所旅馆里。

安顿好之后，代表们就立刻四散，一些人去参观莫斯科市容，看看离别后的首都又增添了哪些新东西，一些人去访亲问友、逛书店或是看戏……而苏霍姆林斯基哪儿也没去，他在旅馆里翻看自己的笔记，因为大会期间在同科学院同行们的会面交流中，在他自己新书的编辑中可能用得着。

苏霍姆林斯基预定的大会发言虽然在家里已准备好并审慎地思考过了，但是再看时又感到了不满意。原来准备好的讲述帕夫雷什中学的材料，每句话都使他感到疑惑、不满，甚至惶恐不安。因为，新的环境使他认识到，他根本不用着重讲工作和成绩，他并不是为了夸耀帕夫雷什中学的成就而到那里的。于是，他最终决定讲自己在教育问题上的焦虑、疑问和想法，讲讲那些经常激动着他的话题。正在他投入思考的时候，突然，所有跟他一起来参加代表大会的同乡都跑到了他这里。苏霍姆林斯基感到周围充满了同乡们谈论着的什么话题，以及他们的拥抱和亲吻。这一切把他弄得莫名其妙。最后他才明白：为表彰他在发展国民教育上的卓越功绩，他被授予“社会主义劳动英雄”称号，而朋友们正是向他道喜来的。其实，早晨广播里就已经报道过这件事了，只是他没有听到。

20世纪的莫斯科大剧院

当这些荣誉迎面而来的时候，他深深感到，这样对待一位教师，只有在国民受教育已成为国家最高法律，并且把教师当作人的造就者看待的国家里，才有可能实现，而自己就在这样的国家。同时，他也感到了巨大的责任。他感叹："需要知道多少，学会多少东西，才能不辜负对教师的信任啊！"不久之后，他把自己这样的心情写到了给朋友的信中。

在各种荣誉纷至沓来的同时，由于苏联当时正在开展反对资产阶级的斗争，许多改革派教师受到围剿和攻击，苏霍姆林斯基也在被打击的人物内。他因其教育思想中的人道主义特色，因其对自由、个性的重视，而受到苏联官方疯狂的口诛笔伐。

苏联教育科学院院长曾委托首席学术秘书H.库兹因对苏霍姆林斯基的教育观点和西方因何支持他的这种观点组织了一系列侦查。于是，便有了《关于苏霍姆林斯基的教育观点》的材料。苏联教育科学院院长助手B.库马林在那份文件中对苏霍姆林斯基列举的众多评语，部分摘录如下：

> 苏霍姆林斯基的观点之出发点就在于：在发达的社会主义社会，复杂的"有组织的从属"关系，指令和领导、服从和检查的关系，似乎开始妨碍人们的发展了……
>
> 民主，那种与"无条件服从"格格不入的民主，这就是苏霍姆林斯基的理想……
>
> 苏霍姆林斯基重新审视苏联教育学的基本原理，包括集体理论的基本原则。对此，资产阶级的苏联问题专家正拍手称快，大肆宣传。
>
> ……苏霍姆林斯基对"个性自由"原则的非马克思主义的解释，导致对共产主义教育目的之极大歪曲。个人的存在主义理想，全然为个人"现存的生活方式"占据的理想——苏霍姆林斯基把它与党的教育理想相对立，而党的教育理想已在各次

俄文版《苏霍姆林斯基论教育》第二种版本

代表大会的文件中明文规定，在党务活动家们的发言中阐发得清清楚楚了……

苏霍姆林斯基在各种报刊上发表的观点，已经在广大教师中广泛传播，因而成为实实在在的危险，这种观点具有一种魔力——把苏维埃的教育思想引至资产阶级自由教育理论方向的力量……①

不过，也许因为H.库兹因在给苏联教育科学院院长的信中讲到B.库马林的评语尚无事实可以确认，所以苏霍姆林斯基才得以暂时被“宣告无罪”。

但是，就像当初“蓝天下的学校”受到争议时一样，学校开展的“让故事登上语文课的讲台”“家长学校”、开设课外活动以及适当增删教育内容等等措施，再一次受到了国内不少人的反对。因为在当时，帕夫雷什学校的那些教育改革显然违背了国家教学大纲的要求。苏联很多人认为，一个党员怎么可以与政府的法定文件相违背。因而，苏霍姆林斯基所做的一切显然是吃力不讨好的。也因此，他与上级的关系并不怎么好，还时常发生些冲突。当上级下令春耕时学生停课，农村学校停开音乐、体育、美术课时，他是无法执行的。苏霍姆林斯基拒绝执行这些在他看来是错误的指令；因为他认为，上级所下达的那些命令和类似的做法只会使教育学无法摆脱思想禁锢，使学校沦为培养青年盲目执行命令的工厂。

苏霍姆林斯基坚持认为，教学和教育过程中应始终体现以学生为主体的思想。他主张注重对儿童的研究，注重协调儿童与大自然及周围环境的关系。但是，这都不符合当时苏联教育理论界的潮流和教育行政口味，这些正确主张被指责为“与萨特的存在主义不谋而合”。

---

① A.彼得洛夫斯基.我是怎样出席苏霍姆林斯基葬礼的——“抽象的人道主义者”即便在坟墓中也仍然十分危险.吴盘生，译.江苏教育研究，2011（5）.

虽然苏霍姆林斯基是苏联教育科学院的通讯院士，但是后来，他却很少去莫斯科参加苏联教育科学院的会议。虽然也有不少领导人直接或间接地关心他、支持他、赏识他，但是他前进的道路却总是不平坦的。

工作中的苏霍姆林斯基

从1967年5月18日开始，《教师报》成了对苏霍姆林斯基批判的阵地。这一日，鲍利斯·利哈乔夫发表了《要斗争，不要布道》的文章，狠狠地批驳苏霍姆林斯基的人道主义教育。

利哈乔夫在文中先指出了苏霍姆林斯基的观点——“真正的教育行家，应当善于在自己的教育对象身上首先培养正确的个人观点——对恶、对谬误、对耻辱的个人观点。”然后，对此批评道：“真是莫名其妙，真正的教育行家为什么需要这样做呢？教育工作首先应当培养的是共产主义世界观、共产主义信念，不是个人的观点，而是阶级的观点。难道苏霍姆林斯基对此不明白？”

在利哈乔夫的文章后，更多的批判者粉墨登场。

B.库马林指出：“苏维埃性格的道德核心——集体主义（而苏霍姆林斯基却认为是人性），这是我们的人区别于资产阶级社会的人的首要特征。只有集体主义才能使人性成为真正的人性，使善良成为真正的善良。新人的培养只能依靠全新的生活条件，那就是只能依靠集体。”

苏霍姆林斯基与女儿奥莉佳（苏霍姆林斯卡娅）

这一批判阵营的主角们后来都登上了高位，这使他们更加坚定自己的观点，对苏霍姆林斯基展开了更为猛烈的抨击。虽然教育界的有识之士试图为他辩护，很多支持他观点的文章纷纷寄往《教师报》，但没有一篇被刊登出来。

这种情况令苏霍姆林斯基在此期间每出一本书都面临不小的威胁。当年，《把整个心灵献给孩子》一书在德国才得以出版，为此，他差点被开除党籍。而他被抨击期间，当《要相信人》这本书完稿时，其付梓所面临的风险可想而知。可是无论如何，苏霍姆林斯基都要把他用生命实践证明的真理留下来。

面对责难，苏霍姆林斯基从未妥协，他继续在各种报刊上发表文章捍卫自己的观点。他甚至公开大声宣说："共产主义社会成员应具有的基本品质，就是人性。"这种声音在当时是很危险的。

因为西方的肯定，因为将两种社会理解为对立，因为最高领导者隐晦的私利，所以库马林们只愿意注意苏霍姆林斯基关于人性的教育而对此加以猛烈的抨击，却无视他的集体教育理论，更不会在意他要培养的是社会主义国家的自由公民。这无疑使苏霍姆林斯基呐喊似的宣说将他自己置于绝境。

医院里的工作

爱情书信

对苏霍姆林斯基的种种不公待遇，令他身心受到极大的打击。精神的折磨和承受的压力加重了他的病情。[①]在抗争中，瓦西里·亚历山德罗维奇·苏霍姆林斯基身体状况恶化得很快，不久他被送到斯维特洛沃德斯克医院。这时的他只能躺着，而且全身浮肿，面色苍白。这种情况下，他还请求医生在病房里给他准备一张小桌。住院的第二天，苏霍姆林斯基又在早晨四点钟醒来。他独自一人躺在小病房里，又开始思考。可是突然，苏霍姆林斯基急忙用手捂住了眼睛，因为他的眼睛暂时失明了。虽然后来他的眼睛复明了，但这让安娜非

中年时期的苏霍姆林斯基

① 当时苏联政府和教育界对苏霍姆林斯基的批判首先是不客观的，其次是残酷不人道的。关于这场批判及苏氏的反应，见：A.彼得罗夫斯基.我是怎样出席苏霍姆林斯基葬礼的——"抽象的人道主义者"即便在坟墓中也十分危险.吴盘生，译.江苏教育研究，2011（5）；高万祥．苏霍姆林斯基：我的精神导师.教师博览，2005（2）；A.达维多娃.谁是"害死"苏霍姆林斯基的凶手.吴盘生，译.外国中小学教育,2011（5）.

常担心。尽管她有课，尽管从帕夫雷什到医院很远，但她总是天天去隔窗看望丈夫。

苏霍姆林斯基在病房里重读了安娜给他带来的德文版的《浮士德》，令他又思考起命运来。这期间，他动笔给女儿写下自己的心声和祈愿，形成了日后著名的论爱情的三封信。

后来，《共和国报》刊载了他的《爱情书信》，信的内容使特赖耶尔教授很是惊奇，他向苏霍姆林斯基请求借那些书信读一读。特赖耶尔教授对苏霍姆林斯基关于爱情的论述深表赞同，他非常感慨地说："是啊，学校的使命就是要培养和谐统一的人——公民和劳动者。一个人怎么会在获得优秀毕业文凭，生理上也成熟到能生养儿女时，精神上却不具备谈爱情和培养人的条件？"①他非常认同苏霍姆林斯基书信中的话："爱情的幸福，就在于一个人对另一个人的深切责任感。凭一个人如何去爱，就可以断定他是个什么样的人，因为爱情能最鲜明地反映每一个人对我们社会未来的责任感。"书信中对爱情的见解来自于苏霍姆林斯基多年的观察与研究，更是他自己对安娜一生的证言。

爱情教育的思考

住院期间，苏霍姆林斯基还给朋友写了一封关于爱情的信："亲爱的朋友，您看到西伯利亚某市关于离婚案的悲剧奇闻了吗？一千六百对夫妇中在一年内就有九百五十对离婚！这说明了什么？这些人视婚姻如同儿戏！这更使我坚定地认为，现在的学校在婚姻问题上没有使青年人做好精神准备。学生往往缺乏婚姻的基本概念，没有把结婚视为一种道德高尚的行为，视为体现人们心灵纯洁的行为；没有认识到结婚——这首先是爱情，其次还有生儿育女和对子女教育的责任与义务。我鄙视那种'爱情熄灭'和'家庭蜕化'的说法。因为如果爱情会'枯竭'，'化为乌有'，那就不是爱情。命运一旦使两名战士相逢，那就只有战斗中的阵亡才会将他们分离……爱情是要成为真正的人的一种最纯洁、最珍贵和最强烈的动机，然而这又是一个十分复杂，必须慎重对待的问题。在我年轻的时候，学校里从未举行过有关爱情的讨论，而如今，在我看来，精神生活的这个领域已十分合乎逻辑地成为研究的一个题目。而人们不知为何，把这样一个富有浪漫性的、不可轻易触犯的、充满高尚精神的、极为个人化的境界给庸俗化，消逝了它浪漫和诗意的内涵；不知为什么要把那种只能在两人之间谈论的事，把那种因出言不逊就可

① 鲍里斯·塔尔塔科夫斯基.苏霍姆林斯基的一生.唐其慈、毕淑芝、赵玮，等译.北京：教育科学出版社，1986：335.

苏霍姆林斯基与妻子安娜·伊万诺夫娜、女儿奥莉佳

能冒犯、亵渎最神圣的东西，就可能使年轻的心惧受难以愈合的创伤、可能使精神遭受损伤和毒害的事，拿来大张旗鼓地喧嚷。有时候教育中的不文明、粗鲁、不辨深浅会把我们的一切努力化为乌有，到后来，我们却又感到吃惊：怎么会发生这种事情?"[①]

他写信的时候，护士走进病房："瓦西里·亚历山德罗维奇，怎么可以这样呢?我们不是已经说好了吗？可怜的安娜·伊万诺夫娜也不放心呀！她总是到窗外来张望，两眼都快望穿了……"护士边说边把安娜送来的鲜花插在小花瓶里。

苏霍姆林斯基只是微微地笑着，他看着花瓶里鲜艳的花朵，站起身来，走近窗口。安娜·伊万诺夫娜就在那里，她向丈夫微笑着点点头……

为德国读者写跋

苏霍姆林斯基办公室的一角立着一个衣架，屋里的长靠椅上放着书、小册子、杂志以及准备寄出的邮件。他总是一刻也不停歇地工作，虽然乐此不疲，不过繁重的劳动和他人的不理解甚至是诋毁还是让他感到疲惫。他常常觉得有只大手覆盖在他的胸腔上，挤压着他的心脏。

苏霍姆林斯基的身体刚刚好一点，又开始提笔写起信："现在工作极为繁忙。我正在写《怎样培养真正的人》一书。我总是从早晨四点钟开始工作——这是一种享乐。来访客人很多，今天就有图尔州一所学校的校长突然光临。而十月份的九、十、十一三

① 鲍里斯·塔尔塔科夫斯基.苏霍姆林斯基的一生.唐其慈、毕淑芝、赵玮，等译.北京：教育科学出版社，1986：318.

天，将有一位捷克教授约瑟夫·特赖耶尔博士来做客，他是受捷克斯洛伐克社会主义共和国教育部之命而来……”

1969年3月的时候，苏霍姆林斯基正在撰写论文《全面发展的人的培养问题》的摘要，这篇应考教育科学博士学位的论文很快就在基辅高尔基师范学院顺利通过，答辩将在秋季举行。那个时候，《共和国报》已陆续发表了苏霍姆林斯基的新作《怎样培养真正的人》。但是，善于思考的他总会发现新的问题，他仍在继续加工、润色，收集最新的资料和更为鲜明的例子，以说明他关于战争的残酷性、关于进行反法西斯斗争的人们的崇高精神的想法。

俄文版苏霍姆林斯基著作《把整个心灵献给孩子》第四种版本

4月间，《真理报》上发表了一篇关于《把整个心灵献给孩子》一书的评论，文章的最后几行谈到了他热爱孩子的起源，谈到了他创造性工作的动力。那期间，他正在为本书的德文版写跋，而那几行文字引起了他思想上的波澜。

那篇跋是他特地为德国读者写的。苏霍姆林斯基的动机就是，希望那本书能启发德国的教育工作者去重新思考一下他们对未来的责任，希望教师每天都能领会到，他的学生将成为什么样的人，孩子们的行为中将确立的一些道德品质，在很大程度上都取决于教师。

在跋的开头，苏霍姆林斯基写道：“我把一生都奉献给了培养幸福的人这个任务。我最大的幸福就是和孩子们在一起……”那篇跋真实地再现了苏霍姆林斯基的种种体验、感受和思绪，包含着他在前线和受伤后住院期间的经历，包含着他在泰加林区的乌法和在惨遭敌人破坏的乌克兰的凄惨感受，以及在布痕瓦尔德参观的那个无法忘怀的魏玛之夜的烦乱思绪。他以列宁关于什么是真正的人的论述作为结束语，鲜明地表明了自己的立场和祈愿：“列宁认为，热爱人的人才是真正的人。但在我们当今复杂、艰难的时代，热爱人又意味着什么呢？我们做教师的应当激励我们的每个学生都树立这样一

帕夫雷什中学校长办公室

个崇高的道德理想：只有能为人们的幸福而斗争的人，能为人成为人而不惜献出一切力量、必要时献出生命的人，才是真正的人。”[①]那也正是他的心声。

苏霍姆林斯基一生中曾荣获“乌克兰社会主义加盟共和国功勋教师”称号，并获两枚列宁勋章、一枚红星勋章、多枚乌申斯基和马卡连柯奖章等。这是对他这样一个“真正的人”的最高褒奖。

谁是凶手

1968年年中，苏霍姆林斯基到中央少年宫参加教育工作者会议。会间休息时，他背着手在走廊里慢慢地踱着，一位参会者一边伸手一边向他打招呼：“我早就想认识您了。”随后那人做了自我介绍。那个熟悉的名字使苏霍姆林斯基的神情迅速凝重起来，他收回了已经伸出的手，没有说一句话，猛然转身离去。因为面前的这个人就是在《教

①鲍里斯·塔尔塔科夫斯基.苏霍姆林斯基的一生.唐其慈、毕淑芝、赵玮，等译.北京：教育科学出版社，1986：339.

师报》上发文，对他造成致命中伤的那个人。

工作的繁重和承受的不公平对待使苏霍姆林斯基常常感到受伤处疼痛不已，许多人劝他动手术，但他老是说“以后再说”，因为他确实抽不出时间。

帕夫雷什中学的成功以及对西方社会的影响使他不可避免地被置于国内阶级论战的风口浪尖上。这样的境况，无论他辩论与否，等待他的都只有一条路，除非他愿意不做真实的自己，然而那是不可能的。在极度的痛苦与愤恨中，他给《国民教育》杂志的副主编阿·叶·博依慕写去了一封信：

俄文版苏霍姆林斯基著作《把整个心灵献给孩子》第五种版本

亚历山大·叶甫塞尼维奇：

要是您有机会对那个人说几句话，我会请您转达：他就是挑拨离间者！在资产阶级的报纸上，没有任何人写过文章赞扬我，相反，他们看到我们有人热衷攻击自己人，他们在庆幸，他们对此感到奇怪、惊讶乃至十分高兴。如果这个人有机会再一次攻击——对此我表示怀疑——他们将会更加高兴。

您应当了解，我首先是位教师。所以，如果您有机会给这个混蛋捎几句话时，我请您对他说：我写的一切，我确认的一切，那是我用鲜血写成的。让他到我这儿担当同样的工作，干一段时间试试！他对实际工作一窍不通！我没把自己看作学者——我首先是位教师。他为什么那样憎恨我？难道需要他来教训我，说什么我应当是个爱国者？

一九四二年，我在卫国战争疆场上身负重伤，同时，我的妻子薇拉在后方被法西斯匪徒吊死，甚至被剜去了双眼，我那诞生在刑讯室的儿子也被匪徒残害，匪徒们把我儿子的头砸向石墙，犹如打死一只小狗，然后抛尸荒野，三天无人问津！请您给他讲讲我的这些遭遇，让他读读我在东德出版的《把整个心灵献给孩子》的后记，其中就有记述。但愿他能了解，因为这本书的出版，在东德，人们是那样地夸赞我。这本书是对法西斯主义的抨击！可能，我的内心孕育了对孩子们的无限热爱，就是因为我亲历了这一切！我二十二岁的妻子薇拉因为散发反法西斯传单而连续数昼夜被拷打、折磨，在审讯室产下了我们的儿子，她被挖去双眼，残酷地被吊死……这一切至今仿佛历历在目，深深地刺疼我的心。要是在某地方我会遇上这个人，我一定会当面称呼他“挑拨离间者”。因为，如此行事的只会是挑拨离间者，他们致力于中伤他们需要排挤的人。请注意，如果我坚持不住而死去的话，那么，凶手就是他，这个挑拨离间者。

一九六九年十二月十九日

您的瓦·苏霍姆林斯基[①]

特鲁斯卡维茨的疗养生活

苏霍姆林斯基就像处在风口浪尖，他的身体再也支持不住。1970年5月间，苏霍姆林斯基和妻子到特鲁斯卡维茨疗养。他和安娜被分在两所不同的疗养院里：苏霍姆林斯基在“小白桦”疗养院，安娜·伊万诺夫娜在“栗树”疗养院。

苏霍姆林斯基在那里受到了热情的接待，所住的房间明亮舒适。室友年纪不大，喜好安静。病人刚刚一出去进行“饮水治疗”，苏霍姆林斯基就从旅行箱里拿出书、纸和前一年学校教育教学工作计划的手稿。那里的幽静使他感到精神好了很多。即便疗养期间，他一工作起来还是和以往一样什么都不顾了。护士常常劝他在疗养院要忘掉一切：“什么书啦，工作的设想啦，统统都要忘掉。您要放松休息，好好做‘饮水治疗’，畅快地呼吸，抛开一切操心事，当然对于您这样的人来说，主要是要忘掉工作……”

特鲁斯卡维茨疗养地

①A.达维多娃.谁是“害死”苏霍姆林斯基的凶手.吴盘生，译.外国中小学教育，2011（5）.

不过，一回到自己的房间，苏霍姆林斯基就又开始修改起他著作的手稿，这种工作对他来说可比任何安神药片都更起作用。他还是习惯性地在早晨四点钟醒来。同屋的病友看他一个劲地写啊写，感到奇怪——像苏霍姆林斯基那样有名的人物，社会主义的劳动英雄，为什么在假期里还必须工作？苏霍姆林斯基告诉病友，是因为他想把荒废了的时间补回来。他常常是强忍着剧烈的疼痛，聚精会神地书写。可是没过多久，笔就会从他手里掉下来，他便低声呻吟着弯下身子，轻轻按摩着胸腔，试图以此来平息疼痛。疼痛的时间越来越长，越来越剧烈，等这种痛苦终于消退了，苏霍姆林斯基周身却又顿时虚弱无力起

安娜所住的“栗树”疗养院

特鲁斯卡维茨幽静的小道

来。他的这种状况令安娜非常担心，可是，安娜是个刚强的人，在丈夫面前她常常把自己的忧虑隐藏起来，即使哭泣，她也要独自扎进枕头哭。尽管她自己心情沉重，可是她不愿影响苏霍姆林斯基。和丈夫在一起的时候，她总是尽量谈一些丝毫不涉及他或自己健康的事情。

疗养的日子一天天过去，苏霍姆林斯基认认真真地按规定进行了“饮水疗法”，一天喝三次。每当安娜·伊万诺夫娜去找苏霍姆林斯基，他们就会一同去散步。公园里有他们最喜欢的小道，而往山林去的道路两旁则有他俩非常欣赏的、带有尖拱型窗子、形似楼阁的古老建筑。

他们喜欢大自然秀丽的景色，但是身体往往让苏霍姆林斯基不能如愿。有一次，他们本打算去欣赏一下美丽如画的近郊景色，但没有走太远就回来了，因为苏霍姆林斯基那时很容易疲倦，病情发作也比较频繁。虽然医生安慰说那是水土不服而引起的病情加剧的常见情况，但他非常清楚自己的病情，他明显地感觉自己一天不如一天了。

特鲁斯卡维茨疗养地

生命最后的日子

毕业典礼上的赠言

新的学期即将结束，在举行毕业典礼之前，苏霍姆林斯基和安娜回到了帕夫雷什。

那天，举行过颁发毕业证书的仪式之后，苏霍姆林斯基便到楼上大厅里去见即将毕业的学生。他坐在大厅角落的一张小桌旁，望着青年男女们欢乐的笑脸，回忆着过去与他们在一起时的焦虑、烦恼和欢乐……青年们脸上洋溢着对美好明天的希望。然而，苏霍姆林斯基却忧心忡忡起来，他不知他们的生活将会怎样，他们能否成为有足够知识、才干、刚强的人，他们能否因此而不虚度一生……

毕业典礼最后，苏霍姆林斯基站起身来，大厅里顿时鸦雀无声，大家的目光都集中到他的身上。他微微驼着背站着，苍白的面颊上又泛出红斑来，他要对即将走向新生活的青年男女送上自己的临别赠言。他说："人的精神力量是无穷的。没有什么艰难困苦是人所不能克服的。人不能一味默忍艰辛，顺受逆境，而要去奋斗，去做胜利者，成为更坚强的人。"当时他的声音铿锵有力，就连他的身躯也挺了起来，仿佛疲劳从身上一扫而光，再没有那种难忍的疼痛。他继续叮嘱道："最忌讳的是，觉得困难无法克服，出现思想后退，企图走轻松的道路……"

讲完后，苏霍姆林斯基慢慢地坐了下来，他的额头、脸颊和手上到处都是冷汗，他掏出手帕擦拭着。他感到疲倦极了，所以未等庆祝联欢晚会开始，他便悄悄离去。

苏霍姆林斯基和学生一起读书

繁忙的暑假

1970年7月1日，到了教导主任加琳娜·格里戈里耶夫娜度假的时候，但她看到苏霍姆林斯基病情较重，便不愿离去。可是他却坚持说："我已经休过假了。现在该你去了，怎么能不休假呢?前面是一年的工作。我和安娜·伊万诺夫娜不久还要去访问保加利亚……"于是，他又开始了暑假里学校的工作：修缮校舍，订购教科书，添置实验室和工作间的设备，修建学生宿舍……

一个半月后，加琳娜度假归来时，苏霍姆林斯基的病情又一次剧烈发作。当她赶到苏霍姆林斯基家里去看望他的时候，却发现他正侧身半卧在窗口旁的沙发上审阅手稿。

两个人谈论了一会儿，苏霍姆林斯基告诉了加琳娜在她休假期间他所做的事情。他担心9月1日为低年级开设手风琴和钢琴班的奥努夫里耶夫卡分校是否能开学，于是请求加琳娜一定要把那件事抓起来。可是三十年前，他连想也不敢想要为学生开办小提琴和钢琴班的事。在帕夫雷什为学生们开办个音乐分校，是苏霍姆林斯基多年的愿望。他曾怀抱许多理想和希望，即使在他生命最后的日子里，他也没有失去希望，他无暇去考虑自己已临近人生的尽头。

俄文版苏霍姆林斯基著作《睿智的父母之爱》

在家的休养

苏霍姆林斯基的病情每况愈下，他已没有精力去参加区里召集的校长会议，只好派教导主任加琳娜替他出席。

那天晚上，州党委会学校管理处主任从基洛沃格勒专程赶去苏霍姆林斯基家。管理处主任力劝他到基洛沃格勒去住院治疗。管理处主任去之前，州党委书记再三嘱咐他一定要设法使苏霍姆林斯基同意住进州医院。但是，苏霍姆林斯基只想待在家里，因为那儿离他付出了一生的帕夫雷什只有一墙之隔。然而，州党委派去的管理处主任坚持要求他去。

"那好吧，您给我五天期限，"苏霍姆林斯基疲倦地表示同意，"不过倘若病情好转，我就不去了……”

就在他们交流的时候，有人敲门。走进几个四年级的学生，他们都是十五年前帕夫雷什中学毕业生的儿女。他们用绣花布托着学校地里自产的麦子烤制的大面包，献给苏霍姆林斯基。

晚上，在照例的记录反思的时间里，苏霍姆林斯基写道：“人的使命，就是为人民而生活，做善良和智慧的播种者。一个人如果活着是为他人着想，为人民着想，他就会留下永世长存的财富……”

不久，苏霍姆林斯基的母亲带着很多好吃的东西从奥梅尔尼克赶来看他。母亲走的时候忧心忡忡。

身佩“社会主义劳动英雄”奖章的苏霍姆林斯基

一天白天，苏霍姆林斯基小睡了片刻，时间虽不长，但睡得很沉，醒后感到神清气爽，马上又开始了工作。他请来教导主任，对她说：“8月20日的校务会议，你记得吧?学年总结报告将由你来做。”“你怎么打不起精神来呢？”他安慰她道，“66年的情况比现在还要糟，可我不是也挺过来了。我这个人有股汉子劲儿，韧劲儿，加琳娜·格里戈里耶夫娜，要紧的是不能泄气，我就不会泄气。”看着被病痛和外界压力折磨的校长心中还升腾着勃勃的教育生气，加琳娜百感交集，只能回应道：“我懂了，瓦西里·亚历山德罗维奇。”

“这就好，那么一言为定。”

8月22日是星期六。天气暖和，但是空气里充满燥热的分子，即便在苏霍姆林斯基那间凉爽的住宅里也能感到闷热，所以妻子安娜把窗户全部敞开。安娜·伊万诺夫娜给苏霍姆林斯基头下又垫了一个枕头，因为他感到呼吸困难，垫得高点可以轻松一些。他躺着，望着窗外，眼前和耳边的一切让他觉得真实却又如同梦境。他想象着自己曾遍踏过无数次的校园，这里的一切他都亲自参与过，校园建设中的许多东西都产生于他的夙愿和对孩子们的爱，如温室、玻璃房子、绿色教室、气象台等等。在过去与未来之间，他浮想联翩。

俄文版苏霍姆林斯基著作《把整个心灵献给孩子》和《公民的诞生》合订本

五天期限已到

五天期限就快到了，在最后一天，苏霍姆林斯基生气地答应道："你们送我去医院吧……"他下了床，妻子急忙过来搀扶。但他仍然没有去基洛沃格勒的州医院接受治疗，因为那离学校太远了，他搬进了本区的医院。他穿好衣服，把为写《母亲教育学》一书所做的笔记、摘录的资料都放进皮包里。因为这本书已经是一拖再拖，他总想抓个没有任何人、任何事干扰的时机，全力以赴地去写。在身体已经那样的情况下，他还指望在医院里能写字。迟疑片刻之后，他又把为《教育文选》撰写的两篇故事的草稿和一叠信封塞进了皮包。因为给他发来的信总是源源不断，总计七千多封，那些信件他总会一一答复。

"文艺作品都带哪些呢?"安娜 · 伊万诺夫娜习惯性地问道。

"带契诃夫、列霞 · 乌克兰卡，还有……柯林扎的《月石》……"

一切准备就绪，一辆急救车停在了学校台阶前，救护员和医生拿着担架下来。可是，苏霍姆林斯基坚定地说自己不用担架，自己能走。

他慢慢走向校门口。救护员和医生看到他和安娜都非常惊异，因为苏霍姆林斯基手里抱着书，而安娜手里提着鼓鼓的一皮包书。苏霍姆林斯基坐进汽车后还叮嘱教导主任加琳娜，让她一定不要客气，有事就到医院去找他。

身佩奖章的苏霍姆林斯基

住院后第三天，苏霍姆林斯基由于血压急剧下降而极度虚弱，本想工作的他心有余而力不足，因为他连笔都拿不住，书本也常从手里掉落。一位州内科主任医师到奥努夫里耶夫卡去，接着又有一位外科医生和一位心脏病专家到那里去。这让苏霍姆林斯基很不高兴，他皱起眉头说：“为了一个人，何必如此兴师动众……”

安娜·伊万诺夫娜在接待室里等着，眼睛里流露出无言的探询和祈求。医生审慎地回答安娜：“没有什么致命的病，不过病情是严重的。”

星期一傍晚，苏霍姆林斯基含笑迎接妻子：“安娜，你没有发现我变年轻了吗？”他手中拿着一本书说道。安娜喜出望外，因为当时他看上去气色确实很好。

“我刮了刮脸。”他微笑着，“我当老师快三十五年了……”

安娜高兴地说：“等你回家，我们一定要庆贺一下，跟孩子们一起庆贺……今晚我是不是就留在医院里？”可是苏霍姆林斯基没有同意，因为第二天安娜还要给十年级上第一堂课。

苏霍姆林斯基自己感觉很好，同安娜·伊万诺夫娜告别时满怀希望，心想很快就会回到学校去。

真正的告别是永远

十年级第一堂俄罗斯文学课总使安娜·伊万诺夫娜有些担心，可这堂课却讲得比预期的要好，甚至可以说是好极了。可能是丈夫病情好转的喜乐念头给了她无限的力量。她跟往常一样，怀着上了一堂好课的喜悦心情回到教员休息室，但这喜悦马上从云端坠落，其他教师告诉她，苏霍姆林斯基的病情严重恶化。

苏霍姆林斯基葬礼当天的送殡队伍

她匆忙返回奥努夫里耶夫卡。苏霍姆林斯基的病情发展得太快了。他那对苦涩的眼睛望着安娜，但却认不出她来，还不停地发着呓语：“多么陡峭的山……”

病房护士叹息着告诉安娜，他昨天夜里一直在说什么山什么山的。安娜拾起掉在床下的书，那是列霞·乌克兰卡的作品。她马上明白，那就是陡峭的山的出处，她想起列霞·乌克兰卡的作品中的话：“没有希望的希望!”这令她心如刀绞，她想象着昨天丈夫内心的绝望与挣扎，想象着他怎样在绝望中希望。

不久，苏霍姆林斯基睁开了眼睛，终于认出了妻子。“安娜，让他们来打针……打针！请快些打针……”打过针后，苏霍姆林斯基安静下来。护士叹息说，他一整夜都是靠普罗美多针维持的。安娜当时无限惋惜而悲痛地问护士为什么不通知她。

“他说无论如何别叫您，您要上第一堂课……后来像是好些了，甚至他还让把他扶起来看看窗外呢。他望向窗外说：‘孩子们都去上学了，可我还是躺在这儿……’后来学生们送来了鲜花，可他已昏迷不醒了，所以没让孩子们见他……”

苏霍姆林斯基的两个弟弟依万和谢尔盖也赶忙来到了医院，安娜往基辅给孩子们发去“爸爸病重，速归”的电报。

那是个揪心的日子，在乌克兰，在帕夫雷什小镇，天气已经很冷，树叶开始飘落。孩子们从外地赶回来，一见父亲憔悴的面容，奥莉佳不禁失声痛哭。苏霍姆林斯基久久地望着孩子们。

天色已近傍晚。“情况严重，”外科医生对安娜·伊万诺夫娜说，“我们认为，一切祸根都在心脏上。看来是血管血栓导致坏疽，需要立刻做手术。”医生们等待家人的意见，催促尽快做出决定。

安娜回到病房，俯在苏霍姆林斯基身边说：“瓦西里，要动手术，你知道吗？”

“什么时候？”他的话音很低，只能勉强听到。

“你自己说吧。”

“马上做都行……”他神情严峻，然后目光变得温和起来，缓慢地对妻子说，“安娜，什么都可能发生，你要……”他已经没有力气说完后面的话了。

卫生员们抬来了担架。苏霍姆林斯基望着妻子，满眼的留恋不舍与祈望，就像此去便是永别一般。安娜非常悲痛，她已经感到了真正的“再见”。她艰难地开口问丈夫：“你还有什么要说的吗？”苏霍姆林斯基痛苦地躺在床上，别的什么也没讲，只是说：“安妮娅，你千万小心，别把我写的东西丢失了，你要……”安娜哭了。

手术时间很长。外科医生惊叹道，那样的一颗心脏，不知是怎么活下来的，更不用说工作了。手术后，苏霍姆林斯基未能恢复神智。晚上八点三十分，他的心脏停止了跳动。这一天是1970年9月2日，星期三。

苏霍姆林斯基就这样带着深深的眷恋，匆匆地离开了世界，留下了一万五千份还没来得及整理出版的手稿和文件。

葬　礼

1970年9月3日，阴雨连绵，苏霍姆林斯基的遗体安放在村俱乐部，柴可夫斯基、肖邦、贝多芬的乐曲一直在播放着，那是他生前所喜欢的音乐。川流不息的人群朝那儿移动，那里聚集了从苏联城乡各地前来吊唁的各行各业各年龄段的人。

通往墓地的道路上布满了苏霍姆林斯基所喜爱的各色鲜花，一直延伸到帕夫雷什学校后面的绿色山冈。山冈的东南方有一座东正教堂，教堂的东面就是墓地，苏霍姆林斯基被埋葬在那里。

参加苏霍姆林斯基吊唁活动的人络绎不绝

帕夫雷什村中苏霍姆林斯基墓碑

给了他最高荣誉同时也给了他最沉重心灵打击的苏联教育科学院在那样的时刻，委派阿尔图尔·彼得罗夫斯基代表教育科学院出席他的葬礼。然而，阿尔图尔是苏联教育科学院心理学和生理学研究所院士，苏霍姆林斯基并不属于他们所。按惯例，此行代表苏联教育科学院的应当是另外一个人，如副院长或者首席学术秘书，自然，第一人选应是苏霍姆林斯基所属研究所的院士。然而，事实上却是另一个所的人。

出席葬礼前，苏联教育科学院院长在给阿尔图尔的电话里提醒道："您可能会在葬礼上发言，因而，我们要求您在葬礼上发言评价苏霍姆林斯基时，只说他是位出色的教师、有理想的校长、卫国战争中保卫祖国的勇士、一位好父亲。您无论如何也不可以说他是一位教育学理论家，不可以说他是位道德教育论著的作家。" 院长的语气不是请求，而是命令。

当阿尔图尔的飞机抵达基洛沃格勒市时，经过了一番思考，他渐渐明白，他此次出差参加苏霍姆林斯基的葬礼，本身就是给这位已溘然长逝的杰出教育家的最后一个耳光。显而易见，苏联教育科学院领导们确信，他们此举强调了：教育科学不承认'抽象的人道主义者'，也不因苏霍姆林斯基去世而悲伤。

送葬的队伍在乡间街道上缓缓行进，人们紧随棺木，前行的学生们怀抱着大捆花束，抛洒在行人的脚下。

一位年轻的女教师问阿尔图尔："请问，你们教育科学院是怎样评价苏霍姆林斯基的？"当时，他没有遵照上级的指示，而是说："怎样评价？当然评价很好啊！怎么会有其他评价呢！"

这位女教师长叹一声说："好啊！然而，有人那么批评他……他为此是多么痛心啊！"她讲这些话的时候，似乎不太相信阿尔图尔说的话。

当阿尔图尔面对苏霍姆林斯基的棺木，看到苏霍姆林斯基安详的遗容时，他已不想过多顾及苏联教育科学院院长临行时的训示了。最终，他宣称眼前棺木里的人就是一位伟大的教育家、人道主义者、教师们的导师……

少先队员在苏霍姆林斯基墓碑前致礼

对苏霍姆林斯基的批判一直延续到苏联解体前，官方的书籍中比较少提及他的名字。[①]苏联解体后，在新的非集权的、非意识形态治国的俄罗斯，苏霍姆林斯基的教育思想得到了公正的对待，人们自由地吸收着他的人道主义的、民主的教育思想。同时，他的教育实践和思想因其生动、丰富、科学、人道而吸引了世界范围内的众多教育者。[②]正因为苏霍姆林斯基对人的关注，所以他的教育实践和思想是以人为本的，这也就意味着是活生生的丰富的，故此他的著作被誉为“活的教育学”，而他本人则被誉为“教育思想的泰斗”。

---

①高万祥在他的文章中写道，在访问乌克兰时，“想寻找些有关资料，出人意料的结果却让我生出些许遗憾和怅然若失之感，因为在1980年版的《辞海》里见不到关于苏氏的只言片字，2000年出版的《世界教育大事典》虽收录了苏氏的一张图片，正文中也没任何一个条目”。见：高万祥．苏霍姆林斯基：我的精神导师.教师博览，2005（2）.

②关于苏氏教育思想在世界范围内的传播情况，见：李姬花.乌克兰研究.北京：中国社会科学出版社，2011：165—175.

教师的教师——苏霍姆林斯基对教师成长的建议

本书前七部分讲述了伟大教育家苏霍姆林斯基的生命历程，接下来的四部分则是尽可能准确地显现他用生命所践行的教育思想的特写及影响。如果说，前面的内容偏于感性叙述，那么，后面的内容就是对他理性研究的感性展现。通过前七部分的叙述，我们会感到苏霍姆林斯基所有的教育思想都是真实不虚地出自他三十几年的实践、思考和研究，都是他用鲜血和生命换来的。

思考和爱孩子一样，是苏霍姆林斯基的生命；所以在他捧着一颗爱心持之以恒地践行教育的时候，他对教育情境时时保持清醒的认识，他既是当事人，也是旁观者。出于对人健康成长的殷切期望，他对教师成长给予深厚的希望。于是，通过自己三十几年的教育实践、反思和研究，苏霍姆林斯基写出了《给教师的建议》等对教师成长具有指南意义的不朽之作。正因如此，苏霍姆林斯基在世时便被公认为苏联教师的杰出代表，并荣获“乌克兰社会主义加盟共和国功勋教师”“社会主义劳动模范”等荣誉称号。

中年时期的苏霍姆林斯基

苏霍姆林斯基认为，校长应该是“教师的教师”。而他本人作为一名在理论和实践上均有卓越贡献，集教师、校长、教育家为一身的人，正是这样的典范。其教育教学实践丰富绚烂，与教师相关的教育理论深广。故此，本部分只能撷其一二，聊飨读者，以识其心。

寻找学生心灵的方向——教师如何促进学生身心发展

苏霍姆林斯基认为，善意待人属于教育修养的情感问题，它应是教育修养的常识。在学校中，教师希望学生好，学生希望教师好，彼此之间以善相待的友爱的师生关系，对学生心灵的健康成长、成绩的逐步提高，对教师教学成效的提高、教学工作幸福感的增长等均有重要意义。

要形成这种友爱的师生氛围，一是教师本身要善意待人。要像父母一样地希望学生好，要防止邪恶的种子进入他们的心灵，要使他们成为真正的人、善良的人。二是教师要引导儿童用心灵认识世界，用心灵来认识人——不仅是亲友，而且是生活道路上遇到的任何同胞——的处境。当学生学会了用心灵来了解人时，他就会善意待人，而那时教师对学生的善意就会得到真诚的回报，教师的工作就会变得更有效、更幸福。

俄文版苏霍姆林斯基著作《给教师的一百条建议》

中文版苏霍姆林斯基著作《给教师的建议》的两种版本

教儿童用心灵来认识人

苏霍姆林斯基认为，教学生用心灵来认识人，对教师来说是一个最细致的教育本领。那么，教师如何才能具有这样的本领，如何培育学生的情感，又如何使这种情感成为师生彼此以善相待的基础呢？我们且看看苏霍姆林斯基的切身实践。

中文版苏霍姆林斯基著作《教育的艺术》

春天，帕夫雷什学校旁边的田野里，有一些女庄员在甜菜种植场工作。每天早上，当一轮红日出现在地平线，妇女们便一个接一个下了地。苏霍姆林斯基的一年级学生就是在这个时候来到学校的花园里。他们在自己的“美丽角”里迎接日出。

这个角落是蔚蓝天空下的一个绿荫教室——一个很大的绿荫窝棚。女庄员们从孩子们身边两三米远的地方走过，苏霍姆林斯基和他的学生们可以看清妇女们的脸庞和眼睛，同学们如果屏息静坐，还能听得见她们的呼吸。然而，妇女们却看不到孩子们。在这种情境下，苏霍姆林斯基就会教导孩子们观察她们的眼神，学会感觉和了解每个女庄员的内心状态——是晴朗的平静，还是乌云般的烦恼。

时间一天天过去，孩子们对一个长着蓝眼睛、留着淡褐色粗辫子的年轻妇女已经注意了很久。她是两个孩子的母亲，总是唱着美妙的歌儿去上工。她常常在小丘上停住脚步，看看蔚蓝的天空，听听云雀的歌唱，脸上便现出笑容来。

这时，苏霍姆林斯基对孩子们说：“你们看，她是幸福的，因为她热爱生活。而看到幸福的人也是幸福的。”

另一个妇女每天拐到狭窄的田间小道上时，总要折几枝野花。孩子们从她眼睛闪烁的光芒里感到了她内心的光明和愉快。

孩子们静静地看着。有两个姑娘走进草地，走上那缓缓淌出泉水的地方。她们以泉当镜，整理头发，欣赏着自己的美丽。此时，苏霍姆林斯基便引导说：“同学们，你们看，她们的眼睛充满了喜悦和向上美，是吗？”

一位黑眼睛的女庄员采摘下许多野花，在树墩上坐下，编织起美丽的花环。面对这种美，苏霍姆林斯基深情地说道：“孩子们，你们仔细看看她的眼神，能不能感觉出爱的温暖……那边有位白发妇人走来，你们再看看她的眼神，里面是不是满含着忧愁和悲伤。她的目光中饱含了多少痛苦和烦恼啊！”他一边引导孩子们观察，一边描述，他要用语言的奇妙能力引导孩子们向善思考。他说：“你们看，她现在停了下来，看看太阳，看看淹没在一片绿色花园里的村庄，沉重地叹了口气……看，她不走田间小路，而是走那通向村子中心的大路。她也摘了些野花，走向和法西斯作战时在这里牺牲的战士们的纪念碑……看，她把鲜花放在墓前，哭起来了。”

俄文版苏霍姆林斯基著作《把整个心灵献给孩子》第六种版本

停了片刻，待孩子们酝酿了足够的情绪，苏霍姆林斯基说道：“同学们，你们现在面对的是这世界上最伟大的悲痛——母亲的悲痛。她现在又一次走过我们的‘美丽角’，你们留心细看，再一次看看她的眼神吧。”

孩子们于是屏息坐住，一切都是静悄悄的，没有一片树叶或一根小草颤动。他们眼望着母亲悲伤的眼神，看到她再次回望战士纪念碑，又听到了她沉重的叹息……

接下来，苏霍姆林斯基用一堂又一堂点燃孩子们惊奇与开启心门的课，引导儿童用心灵来认识人。他们到田野里去，坐在乡间的土路旁，观察路人的脸色和眼神，来感觉人们的内心世界。

孩子们感到，“那头一个走来的人似乎对现实生活感到高兴；第二个人则在向往某种令人激动的宝贵的东西；而第三个人却只是表现出疲乏与漠不关心的神情，不，这个人心里应该也不怎样好受；第四个人看上去忧心忡忡，或许在为日常琐事操心，也可能是为某件大事担忧；而那正走过来的老爷爷，则带着某种悲痛”。老人的神情使孩子们一惊，严肃起来，因为他们还从未见过这种悲痛。同学们说：

“他很痛苦……准是遇到了很大的不幸……得问问他，看看怎么帮助他……”

于是他们走近老人身旁问道：“能帮您什么吗？”

老人把温暖的手放在长着浅色头发的小季娜脑袋上，重重地叹口气说：“亲爱的孩子们，你们帮不了我什么……我的妻子刚刚在医院里死去……我们一起度过了47个年头啊……你们帮不了什么忙，但我还是感到好些，你们真是好人……”①

晚上，苏霍姆林斯基照例坐在桌前，记录下一天的经过与感想。他深有感触地说：儿童的情感就是这样培育起来的。这是一个非常细致而长久的过程，要求教师懂得分寸、细心、会思考问题，并深知每个儿童的内心世界。

要保护这小路和这小花

“学习成绩”是师生关注的中心话题，它记录着学生的学业成长，展示着教师的教学成绩和学校的教学质量。一般来说，在学校，好学生的核心内涵就是好成绩，好教师的主要表征就是所教的学生是好学生，好学校的主要指标就是全校学生是好学生。因此，争取好成绩、做个好学生成为每个学生的愿望，学生获得好成绩成为教师工作的目标追求。

中文版苏霍姆林斯基著作《和青年校长的谈话》

教师们见到成绩好的学生会由衷地高兴，而看到后进生会不胜烦恼。教师的这种态度会自然地被学生继承，成为他们自我评价、情感交往中影响深远的力量。因此，不从人道主义出发，不恰当地看待每个学生的学习特点，不恰当地理解什么是好学生，往往会挫伤学生的上进心，不利于学生的身心健康成长。

苏霍姆林斯基认为：“学习成绩，形象地说，如同一条小路，通向儿童的心灵深

①蔡汀、王义高、祖晶.苏霍姆林斯基选集（第二卷）.北京：教育科学出版社，2001：551—553.

处，那里燃烧着想当一个好学生的愿望的火花，要保护这小路和这小花。”①

他的实践使他相信，学校里之所以产生学习成绩不好、落后的学生，是因为在学校生活最重要的领域，即脑力劳动领域，对幼小学生没有个别对待。

“个别对待”揭示了教育的基本规律，这正是因为教师面对的是一个个具有不同成长经历、不同情感态度的复杂的人。而“个别对待”却是学校教育，特别是班级授课制与生俱来所欠缺的。通过大量的观察与教学事实和实验，苏霍姆林斯基指出“个别对待”的根本原因是：每个学生实际存在的学习能力和学习方式的不同。为了让大家更容易理解与接收他的这一观点，他通过下面的比较来做引导：

俄文版苏霍姆林斯基著作《把整个心灵献给孩子》第七种版本

> 假如要求所有刚上学的7岁的学生都完成同一种体力劳动，比如提水。一个孩子提了5桶水就已经筋疲力尽了，而另一个孩子可以提20桶水。要求弱小的孩子同样提20桶水，会使他因过于劳累而受内伤，第二天什么事也不能做了，甚至送进医院。同样，儿童从事脑力劳动的能力也是不一样的。一个学生对事物的领会、理解及记忆很快，能持久和牢固地保持；而另一个学生的脑力劳动则完全是按另一种方式进行的：教材领会得很慢，知识记忆得不持久、不牢固。但在以后，正是这个学生比那个当初学习好的学生在学业上和智力发展上取得了更大的成绩。（这是常有的事）②

所以，苏霍姆林斯基认为，教师一定要认识到“没有抽象的学生”，不能对受教育者机械地搬用一切教育和教学的规律、规则和方法，没有什么统一的先决条件能使全体学生都获得好的学习成绩。正确理解“好的学习成绩”这一概念，必须深刻地认识到，

①蔡汀、王义高、祖晶.苏霍姆林斯基选集（第二卷）.北京：教育科学出版社，2001：557.

②蔡汀、王义高、祖晶.苏霍姆林斯基选集（第二卷）.北京：教育科学出版社，2001：555.

“好的学习成绩”是相对的，是因人而异的：对一个学生来说5分是好成绩的标志，而对另一个学生来说3分可能就是很大的成功。只有正确看待学生的成绩，才能很好地保持和培养每个学生的自尊心，保护好这小路和这小花。而正确判断每个学生当前在哪方面有才能、他的智力今后怎样发展，是教师素养中极为重要的部分。

作为校长的苏霍姆林斯基非常重视对年轻一代教师的培养。他恳切地指出，教师应该有这样一种教育教学的艺术和技艺，那就是使自己具有对学习内容和学习时间进行差异处理的能力，这样才可能发挥每个学生的能力和可塑性，并使他们在脑力劳动中感到喜悦。对于新教师，他所倡导的艺术和技艺就是有针对性的备课和分组教学。下面两个案例就生动地说明了教师应具有的能力。

案例一：针对性备课

茨·格·特卡钦柯，是一位出色的数学教师，任教于基洛沃格勒州波个丹诺夫中学，他是苏霍姆林斯基的朋友。对于备课，他是这样说的：“我仔细考虑每个学生将做些什么。我为所有的学生挑选他们都能做好的作业。如果学生在掌握知识的道路上没迈出哪怕是小小的一步，那对他来说，这就是一堂无益的课。无效的劳动，大概是学生和教师都面临的最大的潜在的危险。”①

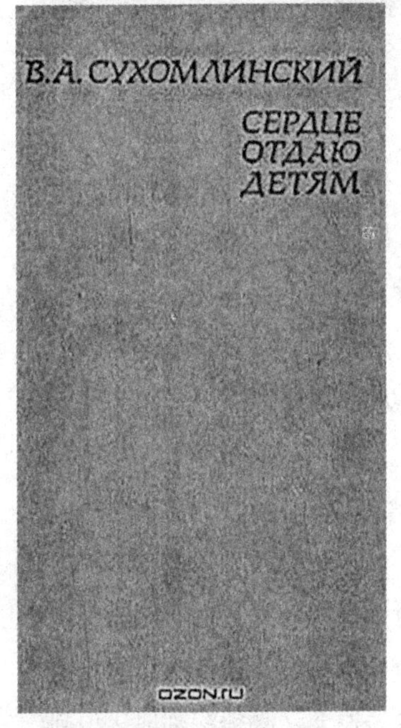

俄文版苏霍姆林斯基著作《把整个心灵献给孩子》第八种版本

案例二：分组教学

阿·格·阿里申柯、姆·阿·雷萨克是帕夫雷什中学的两位数学教师。在他们的数学课上，解题时间一般占90%。解题时，他们的班似乎分成了几个组。

第一组是成绩最好的学生，他们不需要任何帮助就能轻而易举地解答任何习题。这个组里还有两个学生会口算，不需要用笔记下来；教师还没有说完条件，学生就已经举起手了。对这个组，除大纲规定的习题外，教师还选择超出大纲范围的材料。要给这些学生的头脑以

①蔡汀、王义高、祖晶.苏霍姆林斯基选集（第二卷）.北京：教育科学出版社，2001：557.

力所能及的，但需要经过努力而不是轻而易举就能完成的作业，有时还要布置一种他们不能独立解答的习题，不过这时，教师的帮助也仅是稍加指点或暗示而已。

第二组是勤奋努力的学生。对他们来说，出色地完成任务是需要经过紧张的脑力劳动、探索和克服困难的。他们是以勤奋和埋头苦干取胜。

第三组学生是可以不需要帮助，而自己解决中等难度的习题，但复杂的习题对他们来说可能会有些困难。帮助这些学生学习需要高超的教学技艺。

第四组学生理解和做题都很缓慢。他们在一堂课上比第一组学生可能少做一半或2/3的习题，但对他们无论如何不能催促。

第五组是个别学生，他们不能解答中等难度的习题。教师要专门为他们选一些能使他们取得哪怕是不太大的成绩的习题。

这些小组不是固定不变的。能使学生因取得成绩而感到喜悦的脑力劳动，其结果总是使他们的才能得到发展。①

苏霍姆林斯基由衷地建议，在能使每个受教育者都得到进步的课堂上，教师应该仔细观察学生进行脑力劳动的情况。当然，一切的分组取决于学生，但掌握在教师手里。学生当下能力的分层只能在教师的头脑里，而不应该在学生的意识中。苏霍姆林斯基一直坚信，让学生感觉不到的教育才是最有作用的教育，教师任何的教育手段和目的一旦被学生获悉，那么曾经再有用的东西都不能再影响学生们的心。而教师的素养，教师是否具有一颗“爱人”的心就在这里。

认清自己的位置——教师如何自我成长

让写日记成为教师的习惯

苏霍姆林斯基本人从大学就开始写日记，而且成为终生的习惯。日记是他生活的展现、思想的记录，更是其丰富教育思想的资料库。苏霍姆林斯基认为，日记能够记录第一手资料，教会教师思考问题，从而激发教师进行教育研究。所以，他建议每一位教师

①蔡汀、王义高、祖晶.苏霍姆林斯基选集（第二卷）.北京：教育科学出版社，2001：557—558.

张万祥选编《苏霍姆林斯基教育名言》

和校长都应该写教育日记。

在苏霍姆林斯基的教育日记里，既有对某一现象数十年的记录，也有对某一教育问题的持续关注和研究，还有对一周教育教学工作思考的总结等。

一个颇富传奇的故事，使苏霍姆林斯基认识到持续记录某一现象的重大意义，也使他在此后的教育生涯中坚持了这一做法。

有一位和苏霍姆林斯基同村的医生，大家都认为他性情古怪。苏霍姆林斯基发现这位医生在给刚上一年级的孩子们量身高和体重时，总是把所有的数据都详细地抄录下来。交谈中，苏霍姆林斯基大为吃惊：原来这种记录医生已经坚持了27年。

他问："这些记录对您有什么用处呢？"

医生答道："啊，这是一件很有趣的事。你看，27年来，孩子们的身高平均增长了4.5厘米。是啊，我能再多活30年该多好啊……"

要知道，在当时，还没有任何人想到过儿童身体加速成长的问题。战争开始时，这位医生得了重病，他把自己的记录交给了苏霍姆林斯基。这样，瓦西里·亚历山德罗维奇从学校工作的第一天起，就开始记录关于儿童身高、体重和他们的智力发展情况的资料。后来，他的手头拥有了整个村子的儿童在59年内的发展情况的资料。苏霍姆林斯基深深认识到：这些资料是一笔巨大的财富，是对教育和人类的巨大贡献。①

正是受了这位医生的启发，自1948年任帕夫雷什中学校长起，苏霍姆林斯基便开始了一项工程浩大、为期32年的教育记录：他和学校教师们记录下每年儿童入学的最初两周里他们已有知识和表象的情况，并且每年都让新入学的儿童回答相同的问题（问题涉及数数、说出动植物和机器的名称等）。这样持续记录的一手资料对于研究学生的发展变化和

①蔡汀、王义高、祖晶.苏霍姆林斯基选集（第二卷）.北京：教育科学出版社，2001：673.

调整学校教育改革思路无疑意义重大。下面是这份教育记录里的两个例子：

在1935年，35名一年级新生中，只有1人能数到100，5人能数到20。（当时是8岁入学）到1966年，36名一年级新生中，有24人能数到100，其余的12人能数到20、30和40。（这时是7岁入学）记录材料表明，儿童关于机器和工艺过程的知识逐年增加，但遗憾的是，儿童对植物、动物和鸟类的知识正逐年减少。

1935年，所有35名新生都看到过夏天的朝霞，能够描写日出的景象。而到1966年，36名新生中只有7人看到6月的朝霞和日出。①

苏霍姆林斯基的教育实践告诉人们，“日记能教会教师思考问题，帮助教师进行教育研究”。而苏霍姆林斯基这方面的案例很多，下面就是其中一个。

有一天，苏霍姆林斯基旁听七年级的文学阅读课。老师叫学生起来朗读。他听到两个学生在一个词一个词地读，很费力，声音毫无情感，而且神情紧张。这样的朗读让他感到非常单调。

他想：“为什么他们会这样朗读呢？他们是怎样领会所读东西的意思的呢？”这让他感到不安，于是他在日记本里记下了这些疑问。

这样的疑惑促使他随后又接连听了好几次文学阅读课，他发现了一些奇怪的现象：原来，这两个学生不能同时用视觉和思维感知一个以上的词。用思维一下子感知好几个词，特别是一个长句子完整的逻辑意义，对于这两个学生来说很困难。

于是，他和文学教师一起花了整整一年的时间，想方设法来改善那些学生的阅读技

中文版苏霍姆林斯基著作《培养集体的方法》

①蔡汀、王义高、祖晶.苏霍姆林斯基选集（第二卷）.北京：教育科学出版社，2001：674.

В.А.СУХОМЛИНСКИЙ

ИСТОКИ ГРАЖДАНСКОЙ ЗРЕЛОСТИ

俄文版苏霍姆林斯基论文《公民成熟的历程》

巧，但是毫无收效。不过，通过研究，苏霍姆林斯基断定：不会阅读的情况是早在三、四年级的什么时候就扎下的根并且固定下来，这对学生的思维产生了难以逆转的伤害。

苏霍姆林斯基把这种不能一下子感知、记忆几个词的现象称为“思维不清”。它表现为学生的思想混乱、没有条理，好像患有幼稚病。别人很难弄懂他想说些什么，他的思维从哪里开始，到哪里结束。

正是苏霍姆林斯基日记里那条短短的记载，引发了一场广泛而持久的研究。他和同事们挑选出三百多个阅读不流利的少年和成年人（他们在小学阶段没有训练出这一牢固技能），在像小学生完善学习的正常条件下，对他们的脑力劳动情况进行了观察，看是否能够培养出流利阅读的技能，但结果没有任何一例取得成功。不过，这场研究最终得出了使人感到意外与警醒的结论：不会阅读并不是智力发展不正常的后果，恰恰相反的是，不会阅读反而阻碍了抽象思维的发展。

研究的深入使苏霍姆林斯基开始深入思考儿童和少年智力发展的许多复杂现象。他和同事们认识到，智力发展、脑内发生的解剖心理过程，同阅读以及日常所进行的智力训练，有着极其精细的依存关系。教育上的“半成品”会造成严重后果。凡是一个词一个词阅读的人，必然在学习上遇到不可克服的困难，实际上他是不能正常学习的。在很多情况下，智力发展的不正常不是原因，而是后果。训练阅读能力将有利于学生智力的发展。

深入的研究和思考使他们进一步感到，教师对于一个人的命运有着怎样重大的责任：学生是否会阅读，决定着他的智力发展，而阅读能力的培养很大程度上取决于教师。

所以，苏霍姆林斯基的同事们秉承着不让任何儿童的阅读技能停留在对单词的感知上的目的，开始精雕细刻地培养阅读技能。他们教给学生按音节阅读，再一步步地过渡到一眼就能领会一个句子成分和一个完整句的意思。

在这一过程中，他们又进一步认识到智力训练不仅要在教室里进行，还应当在家庭、在独立阅读的过程中进行，因此还需要家长的帮助。于是，苏霍姆林斯基学校的心理学研究会召开了由家长参加的会议，向家长们讲述在阅读时人的头脑里发生的极其复杂的过程，并给家长提出了一些建议，告诉他们怎样帮助少年完成家庭作业，怎样注意使阅读成为发展智力的手段。①

这项研究是教师们从事教育研究的典型案例，它使教育研究在学校和更大的范围内推广。对于一个教育者来说，日记的意义就在这里。这种思想的记录是教育行动极好的催化剂，而一个长久的教育日记本身就是最好的教育研究资料。

中文版苏霍姆林斯基著作《给儿子的信》

每天快要休息的时候，苏霍姆林斯基有一个习惯，他必定要思考日记中的东西，来作为自己一天工作的总结。他的日记（记事簿）很有特点，本子里会特别地分出一栏。每到周末的时候，他就会把这一阶段所听过的课通盘思考一遍，从大量的事实中抽象出一般性结论和概括性的内容，形成自己的观点，并确定接下来着重研究的内容，之后把它们

①蔡汀、王义高、祖晶.苏霍姆林斯基选集（第四卷）.北京：教育科学出版社，2001：850—852.

记录在这一栏里。下面选取的是苏霍姆林斯基日记中一个周末专栏的主要内容。

教师的脑力劳动和学生的脑力劳动相一致。教育过程的技巧就在于，要使学生的作业形式反映出他们的思维过程，使教师有可能根据学生活动的外部表现来判断学生是怎样思考的、他们遇到了哪些困难等。

不应当过分追求直观。不要在儿童早已知道的东西周围“摆满”各种直观手段——这会阻碍抽象思维的发展。

注意力并不靠什么专门的教学方式来维持，而是首先取决于学生脑力劳动的性质。明确目标、思考专注——这才是注意力的主要源泉，应当尽量做到使思维的努力和意志的努力统一起来。

在低年级，特别是在一年级，儿童会很快由于智力集中而疲劳。不要让儿童长时间地处于脑力紧张的状态中。这是一个很大的问题：要找出这样的一些作业，使儿童通过做这样的作业得到休息。

记忆力过度疲劳是智力衰竭的原因之一。必须特别细心地对待记忆力这件娇嫩而精细的东西。①

苏霍姆林斯基通过日记不断思考、概括，形成自己的观点。这不仅是个人的精神财富、生命的见证，更是惠及他人的心灵之书。这些都是教师受用的经验。

教师要不断磨砺自己的语言

“语言是影响人们内心活动的重要手段。”相信每一个有心的教育工作者都会认同苏霍姆林斯基的这一观点。苏霍姆林斯基非常重视语言在教育中的作用。他认为，教师口中的语言是一个强有力的工具，就像演奏家手中的乐器、画家手中的颜料、雕塑家手中的刻刀和石材一样。没有乐器就没有音乐，没有颜料和画笔就没有画作，没有大理石和刻刀就没有雕塑。同样，没有活生生的、深入人心的动人语言也就没有学校，没有教育。这并不夸大，这是一体同悲的感受和有科学根据的严谨实验得出的掷地有声的结论。

苏霍姆林斯基坚信，语言就仿佛是一座桥梁，教育科学就是通过这座桥梁变成教师

①蔡汀、王义高、祖晶.苏霍姆林斯基选集（第四卷）.北京：教育科学出版社，2001：853—854.

的教学艺术和教学能力的。教师与学生之间的交流是智慧和心灵的碰撞，教师饱含真情、充满激情的美丽语言对抚慰学生的伤痛、打动学生心灵、引领学生联想、激发学生创造都有重要的作用。因此，教师要不断磨砺自己的语言。

中文版苏霍姆林斯基著作《给女儿的信》

在一个静谧、温暖的早春的傍晚，苏霍姆林斯基走在通向自己住处的小路上，欣赏这既短暂又美好的早春景色：刚从幼芽里钻出来的柔嫩的树叶闪闪发光，破土而出的碧绿的小草向着太阳生长，柳树上笼罩着一层透明的暮霭……苏霍姆林斯基被眼前的美景迷住了，禁不住停下来观看。忽然，一阵孩子的叹息声传到苏霍姆林斯基的耳畔。顺着声音，他轻轻地走过去，发现是科斯佳，一个沉默寡言、性格内向的五年级的学生，坐在离池塘不远的一棵柳树下。科斯佳的父亲去世了，前不久家里来了个继父，孩子很难接受这个现实。苏霍姆林斯基轻轻拍了一下孩子的肩膀，孩子看看苏霍姆林斯基，又叹了口气，欲言又止。苏霍姆林斯基认为，应该想办法安慰安慰这个伤心的孩子。于是他说："咱们走走吧，科斯佳。"他们一起走到村外，来到一个挺高的土岗上，展现在他们面前的是一片雪白的杏花。

在苍茫的暮色中，孩子紧紧地攥着苏霍姆林斯基的手，他看不清孩子的眼睛，看情况眼前的景色并没有化解孩子内心的忧郁之情。怎么办？怎样才能抚慰这个伤心的孩子？后来，苏霍姆林斯基把孩子带到了自己的家里。他们坐在院子里，点起了火，一起准备晚饭。晚饭后，苏霍姆林斯基给孩子讲了很多，讲一个人为了幸福、为了真理，应该终生奋斗，还讲了那些勇敢的人的故事，一直讲到深夜，孩子渐渐地睡着了……①

①蔡汀、王义高、祖晶.苏霍姆林斯基选集（第五卷）.北京：教育科学出版社，2001：222—223.

苏霍姆林斯基无微不至的爱和诚恳动人的语言使孩子感到了温暖，那颗受伤的心也得到了抚慰。越是和学生们在一起，越是观察和思考眼前的孩子，苏霍姆林斯基就越是坚定语言在教育中的巨大作用。

俄文版《苏霍姆林斯基论教育》第三种版本

在严寒的冬季，苏霍姆林斯基经常和他的学生一起到远处滑雪。一次，他们来到第聂伯河的左岸，坐在林边休息，观赏蔚蓝色的天空和积满雪的树林。在他们面前有一棵枝叶繁茂的小枞树，枝叶上覆盖着白雪。在粉色天空背景的衬托下，每一个针叶都清晰可辨。

“你们看，这棵枞树多漂亮啊！”瓦列里说，“在天幕下，绿色的枝叶都变成紫色的了，好像丁香花。”苏霍姆林斯基感到这是开发想象和语言的绝好时机，于是他让孩子们用自己的语言来描述眼前的美丽景色。令人惊奇的美妙的语言，便在孩子们丰富的想象中纷纷迸发出来。

俄文版苏霍姆林斯基著作《公民的诞生》第二种版本

第一个开始讲述的是年龄最小的女孩卓雅，她用奇妙的童话来讲述眼前的雪白世界。她说：“在积雪覆盖的森林深处有一棵小枞树，一个叫寒冷的魔术师来了。他朝小枞树看了一眼，叹了一口气，就用力抖动它那白色皮衣的宽阔下摆，于是枞树周围就扬起一阵白色的暴风雪。这个魔术师走了以后，枞树仍然在那里巍然屹立，只是变得更加洁白了，仿佛在白色的圣水盘里洗过一样。”

“真棒，啊，太棒了！”孩子们异口同声地叫喊起来。

“我不这样看。”调皮的帕夫利克激动地

说，“雪花是从太阳那里飘来的。在高高的天空上，在离炙热的太阳不远的地方，有一个打造水晶的巨大的作坊。工匠们都站在通明的砧子旁边。他们挥动着锤子，用水晶打造出成千上万的雪花……”

“你是一个真正的诗人！”苏霍姆林斯基惊奇地夸赞。

谁也没想到，一向沉默寡言、腼腆羞怯的伊瓦西也开口讲起来：“常青的枞树，让我想起了强大的生命力……”

同学们一个个用自己独特的语言描述着大自然的美景和自己的联想，而老师的语言往往会使学生创造出更加美丽的语言。①

语言对于教育如此重要，所以苏霍姆林斯基深情地向教师们建议：“如果你们想使自己的教学变成艺术，磨砺自己的语言吧！在我们民族语言那取之不尽的宝库中寻找出能让孩子们的眼睛里闪出兴奋之光的瑰宝。要善于在充分表现人民智慧的那五颜六色的调色板上辨别出各种颜色的细微差别，要用美丽的语言给孩子们讲美丽的周围世界。语言就像一把尖利的刻刀，它能触到每个人性格特征的细微之处。善于运用语言，这就是一种伟大的艺术。语言能够塑造一个人美丽的心灵，同样，语言也能够摧毁它。为了让从我们手中放出去的都是美好的东西，让我们好好地掌握语言这把刻刀吧！”②

家长的教育心——教师如何培养、发挥家长的力量

苏霍姆林斯基非常重视父母在儿童成长中的重要作用。他认为，学校如果不关心家长的教育修养，任何教育和教学任务都不可能完成。为此，他在工作和研究中形成了自己特色的家长教育学理论。他认为，家长教育学是关于父母怎样培养子女成人的初步知识，是整个教育理论和实践的基础。

所以，教师除了教育学生之外，还应该帮助父母形成正确的教育观，掌握基本的教育技能，发挥家长的教育力量，共同指导学生成长。只有这样，学校教育和家

①蔡汀、王义高、祖晶.苏霍姆林斯基选集（第五卷）.北京：教育科学出版社，2001：229—233.

②蔡汀、王义高、祖晶.苏霍姆林斯基选集（第五卷）.北京：教育科学出版社，2001：233.

庭教育才能形成合力而不是背道而驰，才能更好地实现教育目标，使学生成为对家庭、对社会有益的人。

对未来学生家长的教育

苏霍姆林斯基关于教师和家长共同教育学生的理论中，有一个颇具特色的理念，那就是教师要教育、引导其未来学生的家长对孩子实施科学的教育。这种教育主要是通过家长学校的学前部进行的。

学前部的教育对象是学龄前儿童的父母，他们在送孩子进入学校学习的前三年就开始在家长学校里学习。他们每两周听一次课，由校长、主管教育和教学工作的副校长、主管课外工作的副校长和三年后将担任一年级工作的教师来讲课。

学习内容丰富系统，以学前部1964年至1967年的工作计划为例，其中就有39个专题，涉及4—7岁儿童教育的方方面面：（1）4—7岁儿童身心的发育；（2）怎样预防儿童患病……（20）家庭是相互关系的学校；（21）父亲和儿子……（34）怎样防止儿童

中文版苏霍姆林斯基著作《家长教育学》

任性；（35）家长的权利是什么以及怎样使用这种权利……（39）教育子女是父母最重要的社会义务。

给家长上课的教师都必须认真准备上述教育专题，要让家长认识到，教育是最崇高的、人道的、高尚的创造事业，是在履行崇高的社会义务。苏霍姆林斯基要求教师们要善于把“创造人”这种思想贯穿在每次家长课堂中，启发父母为创造地球上最美好的、最崇高的东西而自豪的感情，要把家长教育学作为劳动、科学、技艺和创造加以阐述。

基于多年的办学经验和反思，苏霍姆林斯基总结出了进行家长教育应注意的方式方法，比如：不要“揭人心事”，即不要把家长的不幸置于众目睽睽之下；要注意集体教育与个别谈话相结合，因为每个家庭都是不同的；谈话时注意女教师同母亲谈话和男教师同父亲谈话。

除了在学校里对家长进行教育，苏霍姆林斯基还建议教师应当走访自己未来学生的家长，了解孩子的家庭，与家长共同关注孩子的情感教育，为孩子更好地开始学校学习生活打好基础。

苏霍姆林斯基认为，教师应该努力使父母在子女教育方面和学校有统一的看法。在家长学校的课堂上，他和同事们用具体的例子说明溺爱、暴君式的爱、只管花钱的爱都会给儿童带来巨大的危险。

比如关于溺爱的问题。为了使家长认识到“溺爱是家长和儿童关系上最可悲不过的东西，它是一种本能但却不理智的爱，有时简直像母鸡的爱；用溺爱态度培养出来的人，是自私自利到所谓透顶的人”，苏霍姆林斯基和同事们把未来学生的父母请到学校参观，并邀请他们参加实习课。在低年级（特别是一、二年级）学生

苏霍姆林斯基教育箴言：“家长对儿童的教育缺少智慧，他们的爱会毁掉自己的孩子。”

俄文版苏霍姆林斯基著作《公民的诞生》第三种版本

进行集体的公益劳动的日子里，年轻的家长们帮助教师来指挥劳动，教儿童控制自己想干其他事情的愿望，使之服从于劳动，服从于纪律和集体的意志。通过类似这样的活动，作为教育者的家长也受到了教育。

家长学校无疑具有重大的意义，但许多人恰恰对此产生了疑惑："教师既要担任学生日常的教育工作，又要担任4、5、6岁儿童入学前的准备工作，这会不会大大增加教师的工作负荷，使教师过于疲累？"

面对不解，苏霍姆林斯基这样回答："我们在工作中不做那种不会有实际收获的事，就是说，不做归根到底不会减轻我们的困难的事情。对于学前儿童教育的这种关心，是会得到百倍的补偿的。正是由于有了这种关心，我们的工作容易做了，我们没有其他学校的许多困难……问题恰恰在于，我们和家庭作为并肩工作的两个雕塑家，有着相同的理想观念，并朝一个方向行动。要知道，在创造人的工作上，两个雕塑家没有相互对立的立场是极为重要的。"①

是的，任何想在当下采用简单管理、省心的教育的想法，只会为日后的教育增加千百倍的困难。而任何一位对人的身心成长规律有深刻认识的教育者，是绝对不会简简单单地处理人的早期教育的。

教师与学生家庭共同举办活动

在苏霍姆林斯基的学校里，为了更好地实现学校和家庭共同教育学生的目的，会经常举办一些学校和家庭共同参与的活动。下面以"玫瑰节"与"图书日"为例，来向读者展现学校和家庭在教育学生上的关系。

在苏霍姆林斯基看来，最主要的就是教儿童用整个心灵去发现、体味、理解和感

①蔡汀、王义高、祖晶.苏霍姆林斯基选集（第二卷）.北京：教育科学出版社，2001：691—692.

朱小蔓教授与苏霍姆林斯卡娅教授在乌克兰举办的“纪念苏霍姆林斯基诞辰九十周年大会”上

受，让他们知道，他们处于人群之中，人至高无上的快乐是为他人而生活。

孩子们跨入学校的大门，就成为一年级的学生了。学校生活伊始，教师们就特别重视学校同家长的联系。每周，学校校长和一年级的教师都同学生的父母座谈，既提出自己的建议，也倾听有丰富阅历、练达的家长的意见。为使儿童们对周围世界富有同情心，为使他们做到为别人而生活，帕夫雷什中学的教师们和学生家长共同谋划他们应做些什么。最终，教师们同一年级学生家长商定秋季“玫瑰节”的事情(二至四年级的学生们已知道如何过这个节日了)。

这是帕夫雷什中学众多特色节庆中的一个，它并不隆重（过于隆重有时反而使孩子们失去真情实感），但是很温馨。

秋季玫瑰节这一天，每一个一年级学生要在家里的庭院栽种一丛玫瑰。学校负责向孩子们提供花苗，而孩子们就拿回去种上，照料它，亲手去创造美，给父母和祖父母带来快乐。

这项劳动并不怎么复杂：在两年里总共打若干桶水，铲若干铲土，但主要的是脑子里要惦记这件事，经常地呵护花，为了善和美的目的而坚持不懈。而做到这一

帕夫雷什学校的传统节日面包节

如今苏霍姆林斯基实验学校的面包节

点，也需循循善诱。

小学生们种下了花，你要经常提醒他们：该浇水了；该包裹它了，以防冻死；该松土了；等等。单调的劳动不会产生什么快感，而劳动的果实——芳香的花朵，在孩子们的想象中也还很遥远。他们还不善于耐心地等待，为完成既定的任务去不懈地努力。

突然，花枝头初绽出绿色的叶芽，于是孩子们眼中燃起快乐的火花。新的漫长而单调的工作开始了，他们要不断地浇水、松土、施肥。

终于出乎孩子们意料，枝条上冒出了第一个花蕾，接着是第二个、第三个……花儿一朵朵地开放了，鲜红、粉红、深蓝、浅蓝的花瓣在阳光下争鲜斗艳。儿童的眼睛中快乐的火焰也愈加炽烈。这种快乐是无与伦比的，接受父母礼物、休闲和行将外出旅游时的欢乐都不可与之同日而语。

这是一种为亲人做好事的快乐。这种善举特别能令人感动，因为善与美同在。孩子们迫不及待地等着花蕾绽放，如果这时谁把花摘了，孩子们会感到无比痛苦。

苏霍姆林斯基最大的幸福是目睹儿童摘下玫瑰花献给母亲那一刻的神采奕奕的眼睛。儿童的目光放射的完全是人性的神采，这时儿童会重新审视这个世界。他们在花团锦簇的苹果树枝头，在一串串正在成熟的葡萄上，在沉甸甸的菊花花朵上看到他人的劳动、他人的关怀和他人的善美感。他们不会信手去攀折其枝条，采摘其花朵。

他们入学已届两年。他们在第一学年种下的玫瑰花已经怒放。他们又种下了几丛。家庭里形成了一个好的传统：每逢父母、祖父母的生日，孩子就向他们献花。

如果生日适逢春夏或早秋，那就好了。要是赶到冬天，那就得在学校的温室或家里炉旁的暖棚里育花了。每当绽出花蕾，花蕾又爆开花瓣时，孩子们真是激动不已。[①]

教师们经过不懈的努力，使孩子们关怀那些生机勃勃、美妙绝伦、花团锦簇、欣欣向荣的花木；让孩子们想到那在阵阵秋风中瑟瑟发抖的小苹果树，他们担心，在寒冷的冬夜有没有一只灰兔偷偷跑来啃它的皮。清晨，孩子来到园子里，用手抚摸着小苹果树纤细的树干。苏霍姆林斯基认为，这种活动是培养情感所最需要和最重要的功课之一。

中文版苏霍姆林斯基著作《要相信孩子》第一种版本

“图书日”是苏霍姆林斯基的学校里教师和家长共同教育学生的又一个特色活动。通过这一活动，父母自觉地为家庭图书室购买文艺书籍，让家庭充满尊重科学、文化、书籍的精神，让读书成为家庭生活的重要组成部分，使儿童的家庭精神生活和学校教学趋向统一，从而更好地培养学生具有多方面的精神兴趣和需要。当时，由于这种活动的举办，乡村的面貌发生了变化：相当一部分家庭把傍晚前的一小时变成了读书的时间，在这段充满智慧的时间里，儿童和少年翻看家庭图书室的书或学校图书馆借来的书。苏霍姆林斯基努力使他的每一个学生从小学起就建立自己的小藏书箱，在他和其教师团队的努力下，学校中年级和高年级学生的家庭藏书量在当时已相当可观，每人有100—150本书，这样的家庭氛围对学生的学习和教师的教育所起的积极作用是不言而喻的。

合理使用权力——构筑融洽的师生关系

“教师对个人和集体拥有什么权力，这是教育的重大问题。”在教师的全部教育手

①蔡汀、王义高、祖晶.苏霍姆林斯基选集（第五卷）.北京：教育科学出版社，2001：319—320.

段中，“支配孩子的权力”是最普遍、最包罗万象，同时又是最敏感、最讲究，但又是很不可靠、十分危险的手段。

不合理地使用这一权力，是造成学生心理伤害、师生关系紧张的主要原因。这样也谈不上良好班集体的建立。希望以下的两个案例能帮助读者理解苏霍姆林斯基构建融洽的师生关系的主张。

中文版苏霍姆林斯基著作《要相信孩子》第二种版本

我该拿你怎么办呢——一位习惯惩罚学生的教师

伊万·科尔涅耶维奇，从教30年左右，是学校和区里公认的勤奋认真的教师。校长对他的评价是：“他努力使学生们好好学习，不能容忍闲散的现象。最懒的学生在他班上也会变得勤奋。他不允许学生有不礼貌的行为。但是，奇怪的是，孩子们都不喜欢他。为什么会这样？是否因为他要求过严呢？”

苏霍姆林斯基有机会听了这位教师的三节课，并对他在课间与学生相处的情景进行观察、记录。他发现，伊万·科尔涅耶维奇是一位习惯于惩罚学生，并且以此得意与自豪的教师。下面是苏霍姆林斯基的记录：

…………

伊万·科尔涅耶维奇检查家庭作业时走到佩佳身旁停了下来。

“你打算把这个字一直写错到什么时候？”老师问。

在教师的问话中，我听到的不是焦急、忧虑，而是威胁。孩子低着头站着。

“我该拿你怎么办呢？”伊万·科尔涅耶维奇继续问道。

我惊讶地发现，教师的眼里流露出一种愉快的神情。在那一瞬间，我想起了老渔翁克利姆爷爷在鱼篓里拣鲫鱼的情景：老爷爷久久地欣赏着篓里的鲫鱼，似乎在考虑是把这些鱼从水中取出来还是不取出来。其实爷爷心中早有打算，他只不过是尽情玩赏一番这个念头而已。嘿，你们这些红鳍鲫鱼，现在可落到我手里啦……老师也是在得意扬扬地思量着如何惩罚佩佳的疏忽大意。

“我到底该拿你怎么办呢？”伊万·科尔涅耶维奇再次问道，“你把这个字还要在练习本上写多少遍才能使你聪明一些，才能使你开动脑筋？”（“要开动脑筋”是这位教师的口头禅）

苏霍姆林斯卡娅院士与中国小学生在一起

“我写10遍。”佩佳叹了一口气说。

“你猜出我的想法啦。”教师说，“就写10遍吧，暂时够了。”

教室里鸦雀无声，这肃静使人产生一种沉重、窒息的感觉。佩佳在写着那个可恨的字，教师则在继续检查作业本。当他在伊利亚的本子上发现了一个错误时，又自言自语地问道：“我拿你怎么办呢……”

伊利亚的表现和佩佳不一样。他央求地看着老师，答应再也不写错了。教师说：“那好吧，暂时就这样。你好好想想这个字该怎样写，在家里造个句子。如果你这个字再写错，你打算重写几遍？”

“20遍。”伊利亚迅速回答，并低下了头。

“这就对了，可别忘了。”

…………

第二节课：

伊万·科尔涅耶维奇见佐娅的字写得不规矩，出声自问：“该拿佐娅怎么办呢？”接着说道：“你到黑板前面来，举起作业本，让大家看看你的字写得怎么样。”

当佐娅举起作业本时，老师问道：“同学们，佐娅的字写得怎么样？”

“不好。”同学们回答得很勉强，显出惊慌失措的神色。

第三节课：

伊万·科尔涅耶维奇把一个叫柯利亚的学生推到墙角罚站去了……①

①蔡汀、王义高、祖晶.苏霍姆林斯基选集（第一卷）.北京：教育科学出版社，2001：805—807.

这位教师如此笨拙地、简单生硬地使用自己对学生拥有的权力——这个敏感而又精致的工具。这使得苏霍姆林斯基深有感触，且颇具讽刺意味地评价道："对伊万·科尔涅耶维奇的教育'方法'该说些什么呢？"

一个爱讲童话故事的孩子的恨

苏霍姆林斯基认为，严厉和强制的教育手段会摧毁儿童的意志，使儿童成为冷酷无情的人。发生在本校的一件事让苏霍姆林斯基更加坚信这一道理。

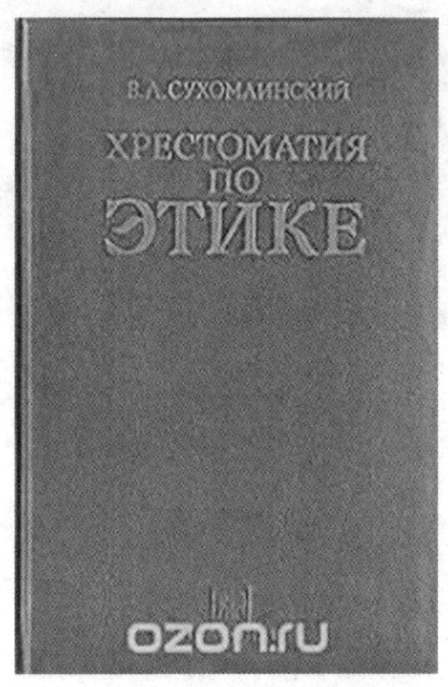

俄文版苏霍姆林斯基著作《道德文选》

黑眼睛的小季姆卡的命运一直留在我（苏霍姆林斯基）的记忆里。这个小男孩在一年级的时候就已展现出他那细腻敏感的精神世界。季姆卡生活在一个童话世界里，他对童话世界十分亲切、十分珍视，那里居住着各种善的和恶的生物。在课前和课间休息时，这小孩身边经常围着一群像他那样爱好童话的孩子，他们在童话世界里共同度过某段时光。有时，季姆卡来不及在课间休息时把故事讲完，于是他邻座的小男孩和小女孩们在课堂上仍继续听他悄悄讲下去，这就顾不上听老师讲课了……

遗憾的是，这个班级的女老师对季姆卡的童话世界毫无兴趣。她本该为儿童的这种可贵的爱好和真正的才能而高兴，可是她反而对此宣战。这位教师竭力禁止季姆卡在课间休息时把孩子聚集起来听故事，理由是怕他们上课迟到。这样的禁止并没有产生效果，孩子们找到了一个女教师连想都想不起来的神秘的角落。有一次，几个男孩和几个女孩被季姆卡的故事迷住了，直到快下课时才进教室。于是，女教师罚季姆卡停学两天，并对他说："你在家待几天吧，这样也许会和自己的小伙伴疏远些……"季姆卡怨恨起来了。他停学在家时就去放牛，有两个一年级的小同学找他玩（季姆卡当时是二年级的学生），向他炫耀自己的芦笛，尽管他们还吹不好。季姆卡说："把芦笛给我吧，

我教你们吹。”两个轻信的孩子把笛子交给了季姆卡，接着就发生了一件令人奇怪的事：季姆卡把芦笛投进篝火里烧了……[①]

苏霍姆林斯基对此痛心而又感慨：很难想象，这个心地如此善良、如此喜欢小朋友的季姆卡居然会做出这种事来。他内心究竟发生了什么变化？女教师对他所采取的强制的教育手段，已经在季姆卡的心田里渐渐结成了残酷的冰块。

那么，怎么对待类似事件？从下面苏霍姆林斯基的所做所讲中我们可能会得到启发。

一只独角甲虫

苏霍姆林斯基认为，合理地使用对儿童的权力是一个重大的创造过程，它要求教师具有深入儿童的思想感情世界的热忱。教师要珍惜自己身上童年时代所留下的每一滴洁净的水珠，同时又要使自己高于儿童发展水平。

这件事发生在三年级，我（苏霍姆林斯基）在黑板前讲解语法规则。全班都在听讲，记笔记。米佳似乎也在记，但我对他很不放心。这个长着一双活泼眼珠的男孩正在座位上忙着什么，无法听讲解语法。我悄悄地走到他的身边一看：孩子面前放着一个半开着的火柴盒，里面装着一只不寻常的甲虫，它正用一只独角，像锯子似的锯着盒子，但怎么也弄不开这个小监狱的门。当然，在这种情况下，我可以大发雷霆，把甲虫连同盒子一起扔到窗外去；我可以把米佳训得掉眼泪，让他为此感到后悔（而我自己也会为此气得发抖）。但这样做将得到什么结果呢？结果不仅白白地浪费时间，而且甲虫

乌克兰秋天的灌木丛

①蔡汀、王义高、祖晶.苏霍姆林斯基选集（第一卷）.北京：教育科学出版社，2001：834—835.

俄文版苏霍姆林斯基童话故事《夜莺和甲虫都需要》

也会成为全班取笑的东西。孩子们会羡慕米佳，也会暗中嘲笑我的愤怒。我不安地想：孩子，你是怎么想的？你为什么不强制自己把甲虫藏起半小时以便弄清这些语法规则？我拿起火柴盒，把它关好后放进自己的口袋，然后把手搁在米佳的头上，重新解释一遍语法规则。米佳边听边记录，我发现他对我刚才讲的内容全都听懂了（常有这样的孩子），他可以一面注视着、欣赏着甲虫的一举一动，与此同时仍能把教师讲的内容记住一部分。

课后，米佳来到我的跟前，低着头一声不吭。他那双黑眼珠躲进长长的睫毛后面，仅仅露出一点闪光，但却藏不住淘气的神情。我把甲虫还给他，请他告诉我：你在哪儿找到这种怪物？今后打算如何处置它？米佳很乐意地叙述着，眼里燃起了求知的火焰。他拉着我的手来到灌木丛。据他说，那样的甲虫就在这灌木地里出没，每三年要飞走一批。我和米佳一起把甲虫放进树丛，甲虫很快就藏起来了。[①]

课堂上有个别学生走神的现象是司空见惯的，师生关系的融洽与否往往就与教师的教学机智、教育智慧有着密切关系。具有教学机智、教育智慧的教师能做到使走神的学生尽快融入教学中去，维护良好的课堂氛围，又能在保护学生好奇与探索本性的同时教育学生，从而建立融洽的师生关系。从这种意义上讲，上述的确是个很好的案例。

谁也没有偷走彩色铅笔

苏霍姆林斯基认为，教师必须十分明智和谨慎地对待儿童各种并非故意作恶，而是一时淘气而犯下的错误。教师应当明白，很多时候，儿童某种不体面的行为只需教师一个人知道就行了，而不应在集体面前对这种行为进行批评教育。如果教师不能对单个学生直接施加影响，那么他就不可能拥有对集体的支配权力。苏霍姆林斯基亲笔记录的下

①蔡汀、王义高、祖晶.苏霍姆林斯基选集（第一卷）.北京：教育科学出版社，2001：827—828.

面这件事对这一思想做出了很好的解释。

萨沙上五年级的时候，他的一个同班同学有几只彩色铅笔（是这个同学的父亲买的），这在当时是全村最贵重的物品。这位同学把自己的彩色铅笔放在教室的柜子里，以便课余时每个想画画的同学都能在教室里画一下取乐。

萨沙打开画笔盒时心情多么激动啊……他忘乎所以地画着，在他面前展现的不是一张用铅笔涂满彩霞的纸，而是栩栩如生的绿色草坪、蔚蓝色的天空、神秘的树林。我至今还记得萨沙全神贯注地在以晚霞为背景的画面上画一只白鹤时的情景。

突然，彩色铅笔不见了。大家为此十分难过。除了本班同学外，谁也不可能拿走铅笔，这是毫无疑问的。我产生了一种连自己也不敢承认的想法，“拿走彩色铅笔的就是全班最喜欢画画的萨沙”。

“谁也没有偷走彩色铅笔。”我竭力使孩子们相信，“只是出了个差错，有人忘了把铅笔放回了柜子，他把笔带回家去了，这是个差错。现在铅笔正在他家里的桌子上，明天就会放回原处，出差错的人明天会把铅笔带回来的。这件事你们不要多讲了，笔会被送回来的。”

萨沙一听我讲彩色铅笔便低下了头，他的脸红一阵、白一阵，眼睛里露出惊慌的神情。没错，铅笔就是他拿的，这没有什么可怕，他会带来放回原处的。

清晨，我来到校园里读书，突然有人翻篱笆进来了，原来是萨沙。我望了一下孩子的眼睛，心里觉得很难受：孩子以极其苦恼的眼神向我哀求着。于是，我不由自主地从长凳上站起来向他迎去。

“发生什么事啦，萨沙？”

“铅笔……”

“那就好，放回柜里去吧。”

“教室门关着，该怎么办呢？”孩子绝望地问道。

“给我吧。不要和任何人讲这件事……也不要对别人讲你犯了错误。我把铅笔拿回家搁一天，使用一下。”

萨沙松了口气，紧张的心情缓和下来了。我们进入教室时，孩子们几乎已全部到齐。从孩子的眼睛中，我看到了期待与不安。

“铅笔在我家里。”我愉快地对孩子们说，“我自己也弄不清怎么会把这些铅笔放进我的皮包的。我要画一棵长在池塘边的小白桦。明天我就把笔带回来。”

不安转为欢乐……[①]

相信这一故事会使教育者明白，在类似萨沙拿彩色铅笔这类行为中，儿童健康的、富有生命力的活泼天性往往是与他们的轻率和幼稚融合在一起的。苏霍姆林斯基就坚持认为，儿童从来不会蓄意做坏事，但是他们会犯错误。如果我们帮助他们正确地理解和承认自己所犯的错误，那么他们就会真正认识到自己错误行为的道德意义，并将努力避免重犯此类错误，尽管他们并非经常能够做到这一点。

以下的经典论述，则进一步道出了苏霍姆林斯基对如何看待和使用教师所拥有的权力的深刻见解：

我的教育信条之一：只有当我懂得并从内心感到儿童对我的无限信任并因此对我敞开心扉时，只有当我把支配儿童的权力建立在这种信任和敞开心灵的基础上时，我才有权力去做他们的导师。孩子们越信任我，越是满心情愿地跟我走，我对自己和孩子们的一举一动所承担的责任也就越大。

我对儿童拥有的权力，就是儿童对我的话语的反应能力。我的话可能是亲切温和的、关心备至的，也可能是严厉苛求的，但总应当是正确和善意的。儿童的感情越是温柔细腻，其内心对真、美、人性这些东西的反应越敏感，我那些体现对儿童所拥有的权力的话语就更有力。我坚信可以首先用温情和善心去教育儿童。[②]

相互尊重、和睦相处、善良、热忱、友爱——这是必须加以珍惜的道德财富，教师与儿童之间的关系必须建立在这些道德财富的基础上。教师的合理权力在于使自己的意志成为儿童的愿望。教师的意志与学生的愿望和谐统一——这是集体精神生活中最必要最复杂的一种和谐。这种和谐体现了师生之间相互信任的关系，反映出师生对共同目标——道德完善、精神丰富、献身于为人民谋利益的那种充实而幸福的生活——的一致向往。

①蔡汀、王义高、祖晶.苏霍姆林斯基选集（第一卷）.北京：教育科学出版社，2001：818—819.

②蔡汀、王义高、祖晶.苏霍姆林斯基选集（第一卷）.北京：教育科学出版社，2001：811、837.

教育在于使人全面发展——苏霍姆林斯基的和谐教育思想

2004年11月12日，在中央教育科学研究所（以下简称“中央教科所”）主办、江阴华士实验学校承办的“苏霍姆林斯基教育思想的传承与学校教育改革”的国际研讨会上，苏霍姆林斯基的女儿、乌克兰教育科学院院士苏霍姆林斯卡娅教授与中央教科所所长朱小蔓教授围绕着苏霍姆林斯基教育思想的实质进行了深入的探讨。以下是其中的一组对话：

朱小蔓：这些工作对世界了解苏霍姆林斯基的教育思想有非常大的帮助。但我依然想问：在您坚持带头推动苏霍姆林斯基教育思想的研究时，您是如何来认定苏霍姆林斯基教育思想整个体系的核心的呢？我们可不可以说全面和谐地发展个性就是苏霍姆林斯基教育思想的精髓？

朱小蔓教授在苏霍姆林斯基教育思想研讨会上做报告

苏霍姆林斯卡娅：可以这样认定。苏霍姆林斯基把孩子作为一个中心去研究，着重探寻如何使孩子全面和谐地发展个性。“全面”与“和谐”这两个词应当是同等意义的。“全面”是指人的个性发展所需要的各个方面，而“和谐”是指各个方面的一种融合。当然，这里所讲的“全面”并不是说体育的、德育的、智育的每一个方面的单项总和，因为各个方面原本就是互相交叉、互相渗透着的。

中文版苏霍姆林斯基著作《关于全面发展教育的问题》

“使孩子全面、和谐地发展个性”是苏霍姆林斯基教育思想的核心内容。苏霍姆林斯基认为，全面、和谐的发展就意味着劳动与人在各种活动中的丰富的精神的统一，意味着人在与他人的相互关系上的道德纯洁，意味着体魄的完美、审美需求和趣味的丰富以及社会和个人兴趣的多样。

他用“和谐”来修饰“全面”，用“全面”来揭示“和谐”，提出“学校教育的理想是培养全面和谐发展的人、社会进步的积极参与者”。而要实现这样的理想，就必须进行全面的、和谐的教育。这种教育就是把学生认识世界的活动、学习与改造世界的自我表现（实践）和谐地结合起来，把德、智、体、美、劳等和谐地结合起来。

让人类创造的一切道德财富进入学生的意识和心灵——论德育

德育的主导地位

基于对生命的敬仰和对人的研究，苏霍姆林斯基认为，德育在全面、和谐的教育中占据主导地位。因为他坚信，“人各个方面特征的和谐，都是由某种主导的、首要的东西所决定的……在这个和谐里起决定作用的、主导的成分就是道德”[①]，所以从学校培养出来的人不论从事任何工作都首先应该是道德高尚的人。

---

① 苏霍姆林斯基.给教师的建议.杜殿坤，编译.北京：人民教育出版社，1980：158.

及早施教

苏霍姆林斯基认为，道德教育宜从儿童有意识的生活刚刚一开始就进行。因为，他及许多同时代的心理学家、教育学家发现，幼儿阶段是人的心灵最容易接受外界哪怕是非常细微的影响的阶段，如果在这最佳接受期不向他们展示全人类的道德准则，不把初步道德（如爱护花草树木这些令人喜爱的东西，不经任何人吩咐而自觉地给玫瑰花丛松土，在把书还给图书馆之前把破损的书皮修好等）教给他们，那么到少年和青年时期，即使他们懂得这样做的社会必要性，他们也不会这样去做，道德教育便会陷入收效甚微而又不得不进行的恶性循环的怪圈，那就为时已晚了。

所以，他力求在孩子很小的时候就让他们感受那些可以激发道德行为的思想，让这种思想在他们心灵里留下印象，力求使全人类的道德基础贯穿在未来公民的积极性和自觉行动之中。他的“美丽角”“蓝天下的学校”等等活动以及教学楼墙壁的布置正是为了这一点。

道德准则

苏霍姆林斯基把道德教育与公民的成长结合起来。他指出，在德育的实际工作中，教育者应首先着眼于人之所以为人的思想核心，即公民的观点、信念、情感、品德、行为及言行一致。以此为坐标，教师必须想方设法创设情境，让学生明白以下五条道德准则，因为它们是最起码的道德素养和基本的公民精神。

> 你是生活在人群之中。不要忘记，你的每一个行为、每一个愿望都会影响周围的人。你要知道，在你想要做的和可以做的事之间是有界限的。要检查自己的行为，问问自己所做的事是否是在损害别人和不利于别人，做什么事都要有益于你周围的人。
>
> 你在享受别人创造的财富。人们给你幸福的童年，你要以德报德。
>
> 生活中的一切幸福和欢乐都由劳动所创造。不劳动就不能正直地生活。人民教导说：不劳动，不得食。要牢记这一格言。懒汉、寄生虫——犹如吞食勤劳的工蜂所造的蜂蜜的雄蜂。学习是你的首要劳动。去上学，就是去上工（班）。
>
> 要做一个善良的、富有同情心的人。要帮助弱者和无自卫能力者。要帮助患难的同志。不损害人。要尊敬、爱戴父母——是他们给了你生命，又在抚育你。希望

你成为一个诚实的公民，成为心地善良、心灵纯洁的人。

对坏事不能置之不理，要同坏事、欺骗和不正当现象做斗争。决不可向那种企图靠别人去生活、损害别人、危害社会的人妥协。①

将来做个好父亲、好母亲

中文版苏霍姆林斯基著作《爱情的教育》第一种版本

中文版苏霍姆林斯基著作《爱情的教育》第二种版本

在苏霍姆林斯基的德育理论中，有一部分是引人瞩目的，那就是培养男女青年相互关系中的道德美德。他明白这样的事实：并不是每个人将来都会成为工程师、数学家、教育家……但是每个人将来必定会成为父亲或母亲。同时，对青少年阶段所出现的不同于以往的种种问题的长久关注与调查研究，使他深刻认识到教育孩子们成为将来的好父亲、好母亲也应该成为德育的重要内容。

但是，苏霍姆林斯基强调指出，这种品德教育并不是要对青少年们讲解两性的关系。因为他一直认为："必须要做到使孩子们的全部生活（他们的所见所闻、所作所为以及他们的一切感受）都能促使他们形成真善美的信念，确定生活中最宝贵的是人；促

①蔡汀、王义高、祖晶.苏霍姆林斯基选集（第四卷）.北京：教育科学出版社，2001：246—249.

俄文版苏霍姆林斯基的多种著作

使他们认识到最高尚的品德、荣誉和道德精神，是给人造福，是为人创造美，同时也使自己成为美好善良的人。”[①]如果不能做到这一点，就不应该让青少年们知道暂时还不该知道的两性关系的事情。

男女青年相互关系中的道德很容易使人联想到爱情。爱情教育是苏霍姆林斯基德育中的重要一环。

他确信，青年关系中悲剧的真正祸根，恰恰就在于个别年轻人在爱情中只看到自己可以攫取的享受，而看不到给人以幸福和快乐的义务。而他认为，真正的爱情，特别是男子对女性、青年小伙对姑娘的爱，是精神力量的巨大耗费，是为建立幸福而进行的创造。要在青年人尚未产生追求异性的要求之前，尽早教会他们多付出与少摄取，教会他们以满腔热情去待人。

所以，他和同事们经常用事例来教育年轻人树立正确的爱情观、婚姻观。他们对每一届一年级的学生，都要讲述一个人对另一个人忠诚相爱的感人肺腑的故事：

①苏霍姆林斯基.爱情的教育.世敏、寒微，译.北京：教育科学出版社，2001：190.

有两个年轻人结婚了，可是三个月后，妻子得了重病：两腿瘫痪。二十三年如一日，丈夫一直照料瘫痪的妻子，拉车去给她看病。他相信妻子一定会康复。结果，他的妻子在爱的呼唤中真的能走路了，而且还生了一个儿子。

他相信，在这些故事中长大的孩子，他们的心灵会更加纯洁，他们的道德也会更加高尚。

温暖他人，快乐自己——道德教育实例

有一次，苏霍姆林斯基给一年级的学生讲了七岁的米沙因病卧床两年不能上学的故事。孩子们听后都迫不及待地要去探望他。

第一次看望米沙，就在孩子们心中留下了很深的印象。他们给米沙讲了学校的情况，给他赠送了玩具、画片，第二天又给他送来了识字匣。在孩子们的友情里，米沙学会了识字，学会了阅读。孩子们还在学校工厂里给米沙做了一张小桌子，给他写字用。真诚的情谊总是很容易感染他人，学校里，不只是一年级学生，那些得知米沙情况的大同学也都来帮助他。而有很好的绘画才能的米沙，也总想做些什么来感谢大家，于是他画了许多画送给那些无私帮助他、给他温暖和爱的同学们。

纪念苏霍姆林斯基诞辰95周年作品展一角

夏天到来，孩子们帮米沙把病床搬到了户外的树荫下，帮助他进行日光浴治疗，使他可以常常呼吸到新鲜空气。米沙的家成了孩子们的另一个游乐场和课堂，他们在米沙病床前的草地上做各种游戏，讲动人的童话，表演民间故事。而米沙作为朗诵家的特质在这一活动中被发掘出来，他常常给大家朗诵诗歌和童话，他的生活变得丰富美妙起来。

渐渐地，随着夏来冬往，对这些孩子来说，看望这个有病的小朋友不再是一种义务，而变成了一种精神的需要、发自内心的责任。

在这份关怀下，米沙不仅升入了三年级，身体也强壮了起来。有几个月时间，孩子们一直用小车接送米沙上学，而当他那瘫痪的双腿渐渐"苏醒"，当他能够站起来走出最初的几步路时，他的朋友就像自己得到了幸福一样，激动不已。春天里，米沙走步有了显著的进步，终于在新学年的第一天，他自己步行来到了学校……

米沙的身体一年好过一年。他不仅顺利地从中学毕业，成为机械制造厂的钳工，而且还变成了一名运动员。

对米沙的关怀照顾，在孩子们的精神生活中起了很大的作用。他们每个人都感受到，自己给一个重新回到生活里来的人献出了自己的力量。凡是和米沙结为好友并帮助过他的同学，都在这一过程中为自己培植起了心地善良温存的美好品质。[①]

这样的故事还有很多，它们的发生都不是偶然的，而是教师用心引导的必然。当帮助米沙的这班学生进入四年级的时候，苏霍姆林斯基记录下了发生在他们身上的又一个感人而美丽的故事：

这是我（苏霍姆林斯基）的学生在四年级学习生活期间发生的事。有一次，在他们从森林回家的途中，看见了一位老人。天气很热，正好老人也要回家，他们就帮助老人拿衣服。孩子们敏感的心灵，使他们感觉到这位老人似乎有心事。

回来后，孩子们非常留心，他们从父母那里听说，这位新相识的老人是位医生，今年七十岁了，他和妻子在一起生活了将近五十个年头，然而就在几个月前，他的妻子

雷玲主编《教师要学苏霍姆林斯基》

①蔡汀、王义高、祖晶.苏霍姆林斯基选集（第四卷）.北京：教育科学出版社，2001：303—304.

俄文版鲍里斯·塔尔塔科夫斯基著《苏霍姆林斯基的一生》

去世了，他用退休金安葬妻子后，为了避开容易勾起他念亲伤情的一切，他离开了原来住的地方，从邻村迁到这里来。现在，每星期天他都拿着自己培植的鲜花到墓地祭奠亡妻。

女生们说：“他遭遇了很大的不幸。”

孩子们感到，这位老人需要关怀，需要友情。

有一个星期六，他们给老医生送去一束玫瑰花，老人非常感动。孩子们还请老人允许他们陪他一起去邻村扫墓，但是老人没有同意。他们只好陪他走到树林边，并在那里等老人回村。从那天开始，每逢星期天，孩子们都会去陪老人，风雨无阻，从未间断。

后来，孩子们又帮助老人照管花草，他们对花的喜爱，使老人非常高兴。他欢喜地告诉孩子们许多养花秘诀，还教他们怎样欣赏花，怎样领略各种花的极其细微的色彩。

孩子们还想给老人做一些能使他高兴的事。当他们打听到老人妻子的生日之后，他们就在生日的前一天，送去一束鲜花，放在他妻子的墓前。

老人得知后非常感动。他总是想方设法对孩子们表达他的感激之情。

到了春天，老人帮助学校苗圃培植唐菖蒲和丁香花。而照看这些花木，又给孩子们带来了新的欢乐。他们每个人都在自家的宅旁地里栽种了各种鲜花，有个别同学还盖了温室。从此，花卉就进入了各家的精神生活。薇拉的家庭关系很不和睦，父母常常吵嘴。薇拉就在窗前培植的花坛上用鲜花组成了父亲和母亲名字的两个字头，这使他的父母感受很深。从此，薇拉家里便很少发生口角，全家人都能和睦相处了。

两年后，老医生去世了，孩子们都十分难过。我和孩子们把他安葬在他妻子的墓旁。此后，这对老夫妻的墓前常常有人送去一束束鲜花。青年人没有忘记这位老人，是他向他们再一次展示了人性的美和善。①

敏感性和同情心的培养在苏霍姆林斯基看来对一个人高尚道德的形成非常重要，而这种人道主义的入门教育就是要孩子们在精神上给别人以温暖的时候，自己也能从中感受快乐。为此，他和同事们经常给孩子们讲那些需要同情、关注和帮助的人们的遭遇，教育孩子们帮助他人，培养孩子们的敏感性和同情心。而一旦幼小的孩子知道了这些，他们很快就会在生活中尝试这么做，教师告诉他们的东西就会在一次次这样的行动中最终内化为真善美的人格。

这样的课与教室中那些以传授知识为主的课同等重要，甚至影响更深远。苏霍姆林斯基把这种人道主义课看作是道德教育极其重要的因素。因为他认为，感情的培养不是局部的狭隘的任务，而是一个人道德面貌形成过程的本质。

不要让能力和知识的关系失调——论智育

智育的重要性及意义

智育的重要性对任何一位教育者来说都不言而喻。苏霍姆林斯基认为，无知的人对社会是一种危害，学校应当不让任何一个没有在智力方面受过训练的人进入生活。

在他的智育理论中，“智育是在掌握知识的过程中进行的，但是智育并不单单归结为知识的积累”。智育应当是包括获得知识、形成科学世界观、发展认识能力和创造能力、养成脑力劳动文明、培养人在整个人生中对丰富自己智力的需要、培养把知识运用于实践的需要等多方面的任务和需求的过程。

所以，在苏霍姆林斯基那里，智育本身就包含着兼施德育的职能。他更加明确地说：“在我们这个时代，没有良好的教养，没有牢固的知识，没有丰富的智力素养和多方面的智力兴趣，要把一个人提高到道德尊严感的高度是不可思议的。”②

①蔡汀、王义高、祖晶.苏霍姆林斯基选集（第四卷）.北京：教育科学出版社，2001：306—308.

②苏霍姆林斯基.给教师的建议.杜殿坤，译.北京：教育科学出版社，1980：159.

中文版苏霍姆林斯基著作《论智育》

他非常清楚，人是由许多因素共力形成的，这些因素可以分开来认识，但绝对不能分开而单独成就一个人。所以他说，知识之所以需要，一方面是为了将来参加劳动，而另一方面是为了充实人的精神生活，所以在智育中必然隐含着德育的要求。

所以，他虽然认为智育的主要目的是发展智力，发展智力主要通过教学这一极为重要的手段实现，但教学过程中的智育成效则取决于学校全部精神生活的丰富，取决于教师丰富的精神世界、宽广的眼界、渊博的学识和文化素养，取决于教学大纲的内容，取决于教学方法的性质，也取决于学生在学校和家庭中智力劳动的安排等。

智育的目的与方法

许多教育者对智育的误解，很大程度上是由于没有分清“拥有知识”和“智慧”的异同，没有分清“培养智力”和“智育”的异同。

从上一节可以看出，在实施智育的过程中教师的素质相当重要。苏霍姆林斯基认为，每个教师都应该成为学生智力成长的得法的、有头脑的培育者。

只有当教师不把知识的积累和知识量的扩大视为教学过程的最终目的，而只是将其当作发展认知、创造能力以及培养钻研精神的手段的情况下，才能在教学过程中实现智育。

在这样的教师手下，学生所获得的知识是一种工具，学生借助这个工具可以在认识周围世界的过程中自觉迈出新的步子。在这种情况下，把已经掌握的认识方法转用于新的认知对象，便成了学生的思维活动规律，以后他们就可以独立研究新的现象、过程、事件的因果关系了。

因此，除课堂教学之外，学习自然科目时的生产劳动、考察工作和实验活动，以及学习人文科目时的独立研究生活现象、钻研图书资料、进行文艺创作尝试，便成为最重要的智育因素。

学科与教学

在对智育这样的理解下，苏霍姆林斯基学校智育课程的设置和相应的教学方法就显得与众不同。

中年时期的苏霍姆林斯基

首先，苏霍姆林斯基在学校课程体系中设置了两套教学大纲，他的学校就是要做到把人类最有价值的智力财富变成学生的财富。苏霍姆林斯基认为，只有在这种情况下，才能实现真正的智育。所以，学校的实际任务就是要做到，使关于自然和劳动、关于人的机体和思维、关于社会和人的精神生活以及关于艺术等科学的基础知识在学生智力发展上占据应有的地位。

尽管当时地质学、矿物学、生物化学、天体演变学、心理学、修辞学、人种志学等学科未列入国家教学计划，但是不介绍这些学科的基础知识就不可能实行真正的智育。为此，苏霍姆林斯基创造性地设计了两套教学大纲：第一套大纲是学生必须熟记和保持在记忆里的材料；第二套是课外阅读和其他的资料来源，它为智力和道德发展创造更为广阔的背景。而必修大纲的每一个问题都会创造一种特殊的由非必修材料构成的智力背景。例如，在学习电流定则之前以及学习过程中和学习后，学校里举办有趣的电工技术科技晚会，旨在向学生尽可能广泛地展示与运用物质的电性能相关的科学成就等。

其次，苏霍姆林斯基对各学科的作用和教学均有独到的见解。以下进行简要介绍：

数学学科是苏联普通学校里唯一从一年级一直学到毕业的课程。苏霍姆林斯基认为，它在科学基础知识中占有最重要的地位。数学在培养首创精神、勤勉劳动的品质、认真精确的作风和批判态度方面具有重大意义。

“数学活动”是苏霍姆林斯基教学思想的特色：从三、四年级起学校就开始举办数学创作晚会、数学竞赛及数学游戏会等活动。在低、中年级的数学小组开展活动时会有高年级学生做报告，学校还编辑有数学杂志。学校会对有数学天资的学生

苏霍姆林斯基和妻子安娜·伊万诺夫娜

进行个别工作——谈话、作业。这种活动类教学和因材施教的教学原则也贯穿在其他学科的教学之中。

为了更好地了解孩子们的学习，苏霍姆林斯基也同时学完了中学的各科。所以他认为，物理、化学、天文学这三门学科知识的教育作用，取决于学习物质、实体、能、运动的特性和规律时对物质世界与智慧的创造力、改造力相结合的思想理解的深度如何。如果学生在学习物理、天文、化学的过程中能竭力把智慧用于认识物质的奥秘的话，他们毕业离校时就会是一个爱钻研、爱学习的人，而且任何时候都不会停止自学，还会竭力使劳动具有更高的智力水平，同时使自己的精神生活变得丰富多彩。

苏霍姆林斯基认为，植物学、动物学、解剖学和生理学这四门学科在智育中的作用，取决于关于生命这个物质运动的最高形式的本质、关于生命过程的物质性等，尤为重要的是关于人能够积极影响生命的过程以及这些科学信念在学生的意识中扎根的深度。这些信念是青少年对待科学真理、知识及创造性劳动的个人态度的动因所在，是求知欲、钻研精神和笃信智慧力量的源泉所在。劳动态度，特别是农业生产中所持的劳动态度，在很大程度上要看孩子们在学生时代对生命过程的物质基础所形成的态度如何而定。而生物实验和教学实验园地是有效的教学手段，学校的许多青年"患上了"一种与深入了解植物、动物和土壤的生命奥秘相关联的"幻想病"，这使教学工作取得很大的成效。

在历史学方面，他认为历史知识的内容应当为教师直接触及学生的个人精神世界提供尽可能多的机会，而历史的第二套大纲要比其他任何科目广阔得多。

他很重视乌克兰语言课的学习。他指出：本民族语言的掌握决定着一个人智力兴趣和审美情趣的丰富和广泛程度。各科教师都应该为丰富学生的词汇，使学生正确地思考和运用内部语言，正确地用口语和书面语表达自己的思想而积极工作。①

苏霍姆林斯基非常重视写作和阅读对学习和应用语言的重要作用。他鼓励学生用不同题材进行创作，重视培养学生确切表达思想和生动地陈述周围事物的能力。为此，学校给学生们推荐大量优秀的文学作品，包括俄罗斯文学、苏联各民族文学和外国文学二百余部等。

教师把这些作品的书目装饰得如同鲜艳的艺术宣传画一样，一共两大张，四周饰有荷马、莎士比亚、普希金等人的肖像。书目前面写有致青少年的话：

男女青少年们！开列在你们面前的是一些收入世界文学宝库的不朽的书目。人类将永远研读它们。你们不仅应当读完这些书，而且应当反复阅读，从中寻找智慧和美，获取愉快和美的享受。书籍集中了人类思想的瑰宝并把它们传给后代。我们将化为一捧骨灰，然而书籍却犹如铁铸石雕的纪念碑一样将永世长存。

刘文华等译《智育的奥秘——苏霍姆林斯基论智育》

虽然推荐作品众多，但他们的学生绝大多数在青少年时期能读完这些作品。

这些阅读训练不仅对语言的掌握非常重要，对学生的智力发展、精神生活的丰富，也尤为重要。

①蔡汀、王义高、祖晶.苏霍姆林斯基选集（第四卷）.北京：教育科学出版社，2001：355—358.

苏霍姆林斯基的学生从进入学校之日起，就被教导思考所见，述说所想，进行作文训练。孩子们通过观察自然现象，产生丰富的联想，写成一篇篇作文。学校为一年级至十年级的学生分别设置了不同的作文题目，这在《帕夫雷什中学》一书中有详细介绍。其中的优秀作品会刊登在学校的手抄报上。

下面是其中一篇，从中我们既可以领略孩子眼中的世界，也能细微体会苏霍姆林斯基深刻的教育思想。

当太阳没入乌云的时候

一年级，麦娅·波斯托洛娃

太阳下是一片金色的田野。穗儿在游戏，花儿朝着蓝天微笑。太阳啊，你多么高兴，多么愉快！你在每一朵花上，每一根草上闪耀。可是飘来一朵乌云，遮盖了太阳。穗儿愁闷，花儿惊慌，草儿低下了头。天也变成了灰色，天空阴沉沉的，好像有人给金色的田野上蒙上了灰色的毯子。啊，多么希望太阳快快从乌云里钻出来啊！我这样希望，穗儿、花儿、草儿也都希望。①

关于外语学科，苏霍姆林斯基认为，外语在智育中占有相当重要的地位，外语的教育作用在于能使别国人民的语言活在儿童的思想中，能使读到或听到的外语不总是要通过翻译才能领会它的意思。学生应通过生活交往和谈话来掌握词汇和词组。②

除了上述关于科目和教学的论述之外，苏霍姆林斯基在长期的教学研究中，针对智育教学的特点，把教学法分成“保证学生最初感应知识和技能的方法”和“理解、发展、加深知识的方法”两类，并指出“科目和教材内容的不同特点决定着每种方法也都有各自的不同特点”。③

他和同事们在教学法的研究和实践中形成一种颇具特色的教学模式，即“上课的演讲—实验”体系。该体系的突出特点是：将阐述理论知识的方法与旨在加深、发展和弄

①蔡汀、王义高、祖晶.苏霍姆林斯基选集（第四卷）.北京：教育科学出版社，2001：406.

②蔡汀、王义高、祖晶.苏霍姆林斯基选集（第四卷）.北京：教育科学出版社，2001：367.

③蔡汀、王义高、祖晶.苏霍姆林斯基选集（第四卷）.北京：教育科学出版社，2001：414.

清知识的种种实践作业方法进行多种形式的结合。

苏霍姆林斯基认为，知识的掌握与智力的发展是一个统一的过程。教学的目的在于使掌握知识的过程保证最佳水平的一般发展，而在教学过程中达到的一般发展又反过来促进顺利地掌握知识。而且，学习过程不但要促进学生的一般发展，也应该同时成为智育、德育、思想教育和美育的过程，这样就使人的全面和谐的发展落到了实处。

只有当运动成为每个人都喜爱的活动时，它才能成为教育手段——论体育

在苏霍姆林斯基看来，体育不仅对身体的锻炼是重要的，它对培养道德与美感以及进行智育也都起着重要作用。他说：“良好的健康状况、精神饱满和体力充沛，是朝气蓬勃地感知世界、乐观主义精神和随时准备克服困难的思想的最重要的条件。”“儿童的智力发展、思维、技艺、注意、想象、情感、意志这些精神生活，都在很大程度上取

肖甦教授（左一）、李申申教授（右二）、王凤英副教授（左二）与苏霍姆林斯卡娅教授等人合影

决于儿童体力的‘活跃程度’。”[①]

所以，帕夫雷什中学在儿童入学前，就开始对他们的身体状况进行调查，并与学生父母一起制定儿童饮食起居制度和学习制度。全校教师在苏霍姆林斯基的引导下都坚定地认为，良好的身体、充沛的体力、饱满的精神是幼小儿童愉快地认识世界，勇敢、乐观、准备克服任何学习困难的重要源泉，而身体虚弱则常常是他们学习落后以及种种不幸的根源。这种身体虚弱与学习落后的关系在苏霍姆林斯基的《帕夫雷什中学》一书中有详细的说明。

对少年时期和青年时期学生的健康，苏霍姆林斯基告诉教师们需要特别加以关注。因为，这两个时期正是身体迅猛发育的阶段，教育者一定要使学生的体力劳动和脑力劳动相结合，使他们的身心得到和谐发展。他和同事们“力求使学生深信，经常的体育锻炼，不仅能发展身体、增加动作的和谐，而且能形成人的性格、锻炼意志力”。

可以看出，所有这些都是希望学生的身心健康成长。苏霍姆林斯基的体育思想反映出他对学生的关爱，同时也体现了他严谨的科学态度。可以说，苏霍姆林斯基的每一种教育理论都不是心血来潮的感性流露，而是在爱学生的情感底色上一系列科学研究的结晶。

充沛的体力是学生精神生活的基础

苏霍姆林斯基认为，孩子生病、体弱和带有疾患的体质是众多不幸的根源。

对学习差和跟不上班的学生的身体和智力发展所做的科学考察使他得出这样的结论：这些学生中之所以有百分之八十五的人学业落后，知识掌握差，课堂和家庭作业不合格乃至留级，主要原因就是健康状况不佳，身体患有某种疾病，而且往往是医生所无法察觉的，这种疾患只有在父母、医生和教师的共同努力下才能弄清楚。比如，他和同事们发现了一些心血管系统、呼吸道和肠胃系统的疾病和症候，而这些病症在孩子活跃好动的情形下常常不易察觉。

苏霍姆林斯基在数十年的研究中越来越清楚、越来越坚定地看到，充沛的体力对于孩子的精神生活——智力的发展、思维、技艺及专心程度能起到决定作用。

为了学生的健康，为了使学生更好地学习，苏霍姆林斯基和他的同事们对刚入学的

① 苏霍姆林斯基.给教师的建议.杜殿坤，译.北京：教育科学出版社，1980：162.

李镇西在2012年苏霍姆林斯基教育思想学术研讨会上发言

学生就进行健康检查。对那些心血管系统、呼吸道系统以及新陈代谢不正常的孩子，进行经常性的教育观察。对健康的深刻认识，使他非常反对让12—15岁的少年每天除在学校上五六小时的课之外，再花四五个小时去做家庭作业。他觉得那就是在摧残少年，那样会使他们的健康终生遭受不良影响，会使他们脊椎弯曲、胸廓狭窄、眼睛近视，而损坏少年的美。所以，这些现象在帕夫雷什中学是绝对不会存在的。令人印象深刻的是，学校还有一个传统，那就是不让女生承受过重的体力负担，不让她们参加剧烈的体力劳动，甚至连女教师也都包括在内。

充满关怀的作息制度

苏霍姆林斯基认为，体力劳动和脑力劳动的合理安排，是身体健壮和精神振奋的一个很重要的条件。而作息制度的核心问题是，劳动和休息、活动和睡眠的恰当交替。自觉遵守制度，同时也是自我意志培养的重要因素。他在这方面进行了长期研究，以下就是他的部分见解和研究成果。

学校中在课桌上的学习时间和家里在书桌上的作业时间：一年级不超过两小时，二年级不超过两个半小时，三年级不超过三小时，四年级不超过三个半小时，

五、六年级不超过四个半小时，七至十年级不超过五个小时。当然，这需要教师、家长和学生的共同努力才能更好地实现。

睡眠的恢复作用，并非单单取决于睡眠时间的长短，也要看人是在夜里的哪一段时间睡觉，以及一天之中是在什么时间和怎样劳动的。要想自我感觉良好，就要早睡，睡眠时间充足，睡醒时间早而且要在醒后的头五到十个小时之内（视年龄而定）从事紧张的脑力劳动，随后的活动时间中则应降低劳动的紧张程度。切忌在睡觉前五至七小时内进行紧张的脑力劳动，尤其是背诵。

在六点起床的情况下，若学龄初期儿童在12—13小时之后、学龄中期和晚期在14—16小时之后从事紧张的脑力劳动，对健康和智力发展都有不良影响：记忆和感知的鲜明程度减退，思维功能减缓，睡眠变差，食欲下降等。

中文版苏霍姆林斯基著作《育人三部曲》

学龄初期儿童（7、8岁到11、12岁）保证睡眠10小时；学龄中期和晚期儿童保证睡眠8—8.5小时。午夜十二点前要分配40%—45%的睡眠时间。

孩子早晨的脑力劳动从复习那些应该背诵和永远保持在记忆中的东西开始。

按脑力劳动的难度和性质恰当编排各种课程，在对制度的要求中是很重要的一条。如图画、音乐、体育、手工课及在学校工厂里的劳动，一般都安排在末节课；劳动教育、活动课都排在周末；阅读讲解课和文学课按其性质和主旨来讲，显然不同于其他科目，都在工作中段时间进行；数学、物理、化学、生物等自然科目及语法课，排在开头的几节课。①

鉴于对健康的重视和环境对学生身心的影响，帕夫雷什中学的教师和学生们年年都会在校园栽种树木。学校变成了“氧气厂”，那里平均每人有十多棵树木，而且种植面

①蔡汀、王义高、祖晶.苏霍姆林斯基选集（第四卷）.北京：教育科学出版社，2001：224.

积年年扩大。学校四周都是葡萄藤，草地则是学生们的“绿色教室”。每年春秋两季，一、二年级的一部分课就会在“绿色教室”里进行，长日班的活动也会在那里举行。在那充满新鲜空气的开放的教室里，孩子们的心情会非常舒畅，身体也会变得健康。

学校所有的工作间也是在绿色植物的覆盖下，这类课都在自然光照下进行，并且为了孩子们的视力健康，专门设置了医务监督员，防止近视或弱视的发生。学校还定期检查课桌椅是否适合学生的身高，并为驼背孩子的课桌椅在结构上做相应调整等。诸如此类制度，足见学校对学生健康的关注。没有深刻的认识，便不会有这样无微不至、充满人道关怀的制度。

苏霍姆林斯基的健康疗法

在有关健康的一系列研究中，苏霍姆林斯基探索出一套很好的健康疗法，来帮助那些身体虚弱、容易生病的学生。

饮食和睡眠等综合疗法。苏霍姆林斯基对于那些患有肺病症候和一般身体虚弱的孩子有比较成熟的健康疗法：这些孩子一般是学龄初期的儿童，对于这些孩子首先要保证健康的饮食，特别强调饮食要有适量的、完全合乎要求的、丰富的动物性维生素；再者，对睡眠有特殊的要求。夏季要完全在户外睡眠，冬季在室内睡眠要坚持开着通风窗；还有，从六月到九月，孩子们应有三个月住在野外，并得到很好的营养，特别是高热量的营养，还要进行日光浴和水浴。这样，不用任何药物，孩子们都会变得身体健康、生机勃勃。苏霍姆林斯基的学生在即将进入青年期的阶段就已经没有生病的了。

中文版苏霍姆林斯基著作《青少年心灵美的培养》

神经功能失调的户外劳动疗法。苏霍姆林斯基经过长时间的观察分析，发现一些孩子由于娇生惯养等家庭养育不当原因，刚入校时就出现易激动、不安宁、过度兴奋等为表征的神经功能失调的现象。有资料显示，苏霍姆林斯基当时的学校有27名孩子刚进校时就患有明显的神经官能症症状，他们绝大多数不能正常学习。苏霍姆林斯基采用的主要方法就是让孩子们在安静的户外环境中劳动，要求他们专注于工作之中，注意力集中和细心操作。而嫁接果树之类的劳动对治疗神经功能失调的功效更好，在这种劳动中，孩子们可以忘记周围的一切，从而使他们的神经系统不发生病态激动。[①]

体育课的分组教学

苏霍姆林斯基认为，只有当整个教育教学工作都贯穿着对孩子健康的关怀时，体育课才能在学生的全面发展中起到良好的作用。

体育课到底该怎么上呢？他提出了分组教学。为了检验这一推论是否有效，他首先在帕夫雷什中学进行了实践。

他和同事们通过对学生的体格检查，根据体质强弱，把学生分为基本组、预备组和特殊组三个教学组，每组都依单独的教学大纲进行教学。在教学中对身体虚弱的孩子，也就是特殊组的孩子尤为关注。有时，也需要按不同年龄分别为男女生编排成套的矫形体操，使更多的孩子进入少年期后能从特殊组转入预备组，进而升入基本组。实践证明，那些因个别器官的毛病或因患病导致体质虚弱的孩子都能经过训练由特殊组升到基本组，身心都能进入正常发展、健康发展的轨道。

体育课的分组教学体现了因材施教的教学原理，体现了体育课关注学生健康的宗旨，克服了只注重苗子生等不良体育教学倾向。

苏霍姆林斯基一直希望，要把体育锻炼变为一种享受，变为机体的需求。人从事体育运动不应当只是为了在竞赛中取得成绩，还是为了培养自己完美的体魄。他深信：只有当运动成为每个人都喜爱的活动时，它才能成为教育手段。

①蔡汀、王义高、祖晶.苏霍姆林斯基选集（第四卷）.北京：教育科学出版社，2001：235—236.

美，首先是艺术珍品，能培养细致入微的性格——论美育

苏霍姆林斯基对美育的重视，是以他对情感在个性形成中的作用的认识为基础的。他把培养儿童的道德感、公民责任心、同志情谊、集体主义精神，以及对知识和劳动的爱好等放在特殊而重要的地位。而要完成这些任务，他认为必须借助于美育。

苏霍姆林斯基认为，美是一种心灵的体操，学校教师应当通过美育对学生心灵进行潜移默化的影响，来引导他们关心人间疾苦，学会识别美和丑。在他看来，审美教育应贯穿于孩子们的整个学习生活。所以，在孩子们上学伊始，他就提倡让孩子们在“蔚蓝天空下的学校”中学习，引导他们观察世界，体验自然环境的美，关心生物及一切美好的事物，参加力所能及的美化环境的活动，培养他们的观察力和对自然、对祖国山河的热爱。

感受春夏秋冬之美——动态的美育

苏霍姆林斯基说，美是道德纯洁、精神丰富和体魄健全的源泉。美育最重要的任务其实就是情感教育的任务，就是要教会孩子能从周围世界的美中看到精神的高尚、善良和真挚，并以此为基础确立自身的美。

他认为，对所见所闻的观察、倾听和体验是通向美好世界的第一个窗口，所以他学校的教师都非常注意创造情境来引导学生观察、倾听和体验周围的世界。下面是苏霍姆林斯基讲述的帕夫雷什学校引导孩子们感受大自然四季之美的特色课程。

> 在我们的学校（苏霍姆林斯基所在的帕夫雷什中学），孩子们在校生活的第一个秋季，都要在森林、田野和草场上度过从清晨到夜晚的一个整日。我们会选一个晴朗而又暖和的日

中文版苏霍姆林斯基著作《把整个心灵献给孩子》

子，在黎明之前就到村外郊野去。伫立凝望那绚烂的朝霞，孩子过去似乎从未发现天色竟如此美丽，竟有如此美丽的色彩变幻。星移斗转，新的一天降临，太阳照样冉冉升起。我们倾听百鸟的苏醒，牧场羊群的咩咩，远方田野里拖拉机的轰鸣。我们到森林去，采集落叶，每个人都在尽力找寻色彩最绚丽的叶子。我们在林间空地上打歇：升起篝火，男生去拾柴提水，女生架锅煮饭，多么愉快的场景。

日落时分，我们观察晚霞，观察星辰的闪现，观察田野、丘陵、牧场以及远方地平线上山峦的色彩变化。在寂静的深夜里，我们倾听夜鸟的啼啭和草虫的鸣叫。这样的一天，孩子们将会终生难忘，而每一次回忆，都会因为这次对大自然美的全新感受而给对自然的爱打上更为浓郁的情感色彩。

孩子们学校生活的第一秋就使我们深信：美乃是善良和热忱之母。孩子们在观赏挂满嫣红果实的一丛丛野蔷薇、残留着几片枯叶的一株株匀称端正的苹果树和初受夜寒侵袭的棵棵西红柿的时候，情感便投射其中，而这些景物会唤起他们对一切有生命之物的爱抚关切之情。植物在他们看来是活的东西，当冷风和严寒袭来时它会冻得难受。孩子们便想保护植物不受冻，爱心和善良之心也就从此萌生。

冬季里，则别有一番美景。孩子们欣赏那枝头挂满花絮般积雪的树木，赞叹普希金所描绘的雪原上泛起的绯红色光华、耶稣受洗节前后飞雪弥漫的黄昏和二月的暴风雪，倾听冬季禽鸟的鸣叫。我们不止一次地走出村外，迎接冬日的朝阳，观赏积雪色彩的幻变，倾听融雪滴水的清脆声响，欣赏屋檐下阳光照射着的晶莹闪光的冰柱。

到春天，孩子们可以看到万物苏醒：首批开放的花朵、初绽的枝丫、新出土的嫩草、第一只蝴蝶、第一声蛙鸣、第一群家燕、第一声春雷——这一切焕发着永恒的生命之美的景象都进入孩子的精神生活。当树液开始流动时，我们带孩子们一连几天都到学校外面，从土岗上远眺原野上的柳丛，看那些灰色柳枝如何转眼间便显现出一片青绿色，色彩几乎每日都在改变。我们还欣赏那地平线上隐现的淡蓝的烟雾和原野上呈现的蓝色的冈峦。

果木花满枝头的时候，对孩子们来讲那才是真正的节日。我们清早起来，来到校园又去果园，欣赏身披雪白、粉红、橙黄的盛装的果树，静听蜜蜂嗡嗡飞舞。我们还告诫孩子们："这些日子可不能睡懒觉，要不然就会错过赏景时机。"于是，孩子们总会在日出之前就起床，为的是不错过第一道霞光照射挂满露珠的花朵那美妙的时刻。孩子们屏住气息在凝神观赏。而这样的美景，若不加以指点和述说，孩子们是不容易留意到的。

夏日里，孩子们赞赏那滚滚麦浪之美。我们让孩子们观察小麦怎样灌浆成熟，向日葵怎样开花，西红柿怎样逐渐变红，甜瓜怎样变黄。[①]

由此，我们可以感受到大自然的美是如何影响孩子的心灵的，可以看到苏霍姆林斯基和他的同事们是怎样使美育成为一种最自然的、无声的教育的。

正是因为坚信审美素养的培育和情操的培养都是从感受和认识美开始的，所以苏霍姆林斯基和教师们带领孩子们投入大自然的怀抱，引导孩子们在对自然的触摸中感受美。同时，他们还为孩子们推荐艺术作品（如果戈理的《狄康卡近乡夜话》、屠格涅夫的《猎人日记》、契科夫的《草原》等），并且选择在与艺术家所描写的景致相近的环境中来读这些作品。

这一细腻的做法意义深远，因为艺术作品的美妙语言可以帮助孩子们更加深切地感受自然的微细色彩，而大自然的美又加深了语言在儿童和青少年意识中的情感色彩，使他们更好地领略其中的韵味和芳香。

有美存在的地方就应当有孩子们的身影，所以学校还会经常组织学生参加唱歌及音乐欣赏等活动。

随着孩子们更多更深入地理解和感受美的意境，他们的精神生活也会越来越丰富。这正是苏霍姆林斯基和帕夫雷什学校的教师们的一切教育活动所希望达到的目的。

陈列台里的人性美——静态的美育

苏霍姆林斯基认为，审美教育也同德育一样涉及正在成长的人的精神生活的一切领域，它同人的精神面貌的形成、儿童和青少年审美和道德标准的形成密不可分。所以他叮嘱教师，从孩子进校最初的日子起，就应当给他们树立起关于完美的社会人，关于人的思想、情操和感受中的崇高庄严之美的概念，培养起孩子们的人性之美。而人性美最重要的要素首先就是心灵美，所以要培养孩子忠于信仰、具有人道主义和不容邪恶的情感和精神。

①蔡汀、王义高、祖晶.苏霍姆林斯基选集（第四卷）.北京：教育科学出版社，2001：541—543.

中文版苏霍姆林斯基著作《胸怀祖国》

为了这一目的，苏霍姆林斯基在学校教学楼里设置了心灵美陈列台或陈列窗，里面既有讲述人的生活、事迹和遭遇的短篇小说和特写，也有模范人物的照片等。

“人性美”的一个橱窗里布置了乌兹别克一位锻工沙阿哈买德·沙马赫穆道夫的全家照，旁边记述了他在伟大的卫国战争年代怎样收养了来自十二个民族的十四名孤儿的故事。

橱窗位置的安排就是为了使孩子们在课间休息的时候一眼便能看到，文字的记述很容易使学生对这种非凡人性和热爱人的事迹产生心灵的碰撞。这种人性美一旦在孩子们的精神生活中树立起来，就会促使他们考虑自己的行为。如此，便会使思想、情感和集体里的相互关系都受到道德美的陶冶。美育激荡人心的作用就在这里。

学校环境建设——创造美与收获美

美育并非必然需要教师的参与，校园环境对苏霍姆林斯基来说是另一种美育。因为，学生的童年、少年和青年都同校园联系在一起，这是在培养人上应当留心开垦的天地。校园里的一切都可以发展孩子们对大自然和劳动的审美感受，所以苏霍姆林斯基非常重视校园环境的建设。下面，请读者跟随苏霍姆林斯基，来看一看在他的思想引导下，帕夫雷什中学所营造的具有美育功能的校园环境。

校园里平展的草地那边便是养蜂场，它使人想到蜜蜂从不停歇的、孜孜不倦的精心劳动。学生不论待在校园的何处，面前总会有果木——苹果、梨、樱桃、李子、杏等。它们不论在百花盛开的春天、枝叶繁茂的夏季，还是在满挂色彩绚丽的累累硕果的仲秋，都是美的；而在隆冬季节，当枝头结满了冰霜或树冠着上洁白盛装时，则又别有一番美景了。果园——这是天然美和人工美最美妙的结合。

校园中央紧挨着操场的是葡萄园，其外观之所以吸引人，这既是由于攀缘在篱架铅丝上的繁茂枝蔓和串串果穗的自然美，又特别是由于劳动之美。孩子们创造了这种美，并经常关注它。他们进校后的第一个秋季就栽下了秧蔓，随后一直进行照管。兔舍、绿色实验室和厕所等建筑物都被攀缘在上面的葡萄藤蔓遮盖着。养蜂场附近长满了蜜源植物。从早春直到深秋，这里都可以听到蜂的音乐——孩子们是这样描述蜂群的嗡嗡之声的。清晨和傍晚的寂静时刻，他们和老师一起到这里来欣赏大自然的音乐，他们在这里学习如何听懂这美妙的旋律。

中文版苏霍姆林斯基著作《论劳动教育》

校园里有几座由野葡萄盘绕而成的绿色凉亭，茂密的枝蔓盘成了形同伞盖的栖身之所。在春、夏、秋三季期间，大自然要为这丛丛密叶更换色彩。色彩的这种变换让学生赞叹不已，因而也成了观赏的对象。学生在覆盖着实验室墙壁的绿色的枝蔓上也能观赏到色彩变幻这种奇景。

教学实验园地、暖房和生物室的环境都具有审美的性质。低年级和中年级在园地里都分有各自的地段，用来种植粮食和经济作物。在配置作物时都考虑到使每个年级的地段直到深秋都能保持长青。秋季的花卉一直开放到冷天降临，乃至有时在初雪覆盖下还有鲜花展露。温室里则整个冬季都有菊花、铃兰花开放。教学实验园地里辟有几小片苗圃，培育果树苗。这里生出的美，犹如条条溪流在分流全乡。

我们很注意在教室、在工作室、在车间创设美的环境。每个班集体都设法使自己的教室具备某种特色。审美环境的布置由在黑板旁边的花木来体现：这个教室里是一株柠檬树，那个教室里是一盆玫瑰，另一个教室里则是一棵小松树。这些花木显示着整个房间环境美的格调。每一个窗户台摆一株可以使人联想校园美景的小型花草。这里重要的是，不要堆积花卉（窗户毕竟是为采光而设），而是要以天空为背景衬托出一花一草的茎叶特色来。

每个教室里都布置有美术作品的复制品，这些作品随着情况（季节、教育谈话的内容等）的变换而更换。个别年级还有自己的画廊——成组的画幅，文学教师用它们进行有关艺术的谈话。教师的讲桌上摆放一只陶制小花瓶，值日生每天都在里面插一枝鲜花或一根观赏植物枝条（冬季从温室摘取，其他季节从教学实验园地里摘取）。折枝花木不仅与季节相符合，而且表达着班集体的情绪和它当时的精神情趣的特点。温室里、绿色实验室里和生物室里不仅为各个教室培育花卉，而且还要从审美角度使它们搭配得色彩绚丽，更富于表现力。总之，我们在审美素养的培育中赋予花卉很重要的地位。①

由此，我们可以感受到校园环境在培养人的过程中的巨大作用。我们会发现，在帕夫雷什中学，这一巨大作用在很大程度上是在孩子们自己手中实现的，他们是校园环境的建设者，那里的一草一木都是由他们亲手培植的。在这一过程中，他们不仅认识了劳动，培养了劳动精神，更拉近了对学校的情感，最终收获的不仅是草木丰茂的美丽校园，更是心灵真善美的成长。

劳动能使人的自然天赋更全面更明显地发挥出来——论劳动教育

马克思从现代生产与现代科学的内在联系，以及人类社会未来发展的分析中，论证了人的全面发展以及教育与生产劳动相结合的必然性和必要性。苏联的统一劳动学校制度无疑是“教育与生产劳动相结合”的典型实践，它对苏联和我国解放初的教育产生过重要影响。

1918年10月，苏联正式公布了《统一劳动学校规程》和《统一劳动学校基本原则》。之后，“教育与生产劳动相结合”成为苏联中小学教育的基本方针。苏联虽历经不同阶段的改革，甚至是对劳动教育的批判性改革，但是对劳动教育的重视始终是其小学教育的重要特征。

苏霍姆林斯基对劳动教育原则、劳动教育对其他各种教育以及对人的个性成长的促进作用、劳动教育的方法等方面进行了长期的教育实践探索和研究，创造性地将马克思主义劳动教育原理、苏联社会主义劳动教育政策与学校劳动教育的实践科学地融为一

①蔡汀、王义高、祖晶.苏霍姆林斯基选集（第四卷）.北京：教育科学出版社，2001：561—563.

体。可以说，苏霍姆林斯基真正发挥了劳动的教育作用，构建了一套完整的劳动教育理论。

帕夫雷什学校的学生们在学校养蜂场

劳动教育应遵循的原则

苏霍姆林斯基认为，劳动教育是对年轻一代参加社会生产的实际训练，同时也是德育、智育和美育的重要因素。在劳动教育实践和研究中，他得出如下劳动教育原则。

劳动教育与全面发展（德育、智育、美育、体育）相结合原则。一个人的和谐全面发展、富有教养、精神丰富、道德纯洁——所有这一切，只有当他不仅在智育、德育、美育和体育素养上，而且在劳动素养、劳动创造素养上达到较高阶段时，才能做到。同样，只有当劳动能使个人和集体的智力生活得到丰富，智力兴趣、创造情趣得到多种内容的充实，达到更加完美以及美感提高的时候，它才能成为教育力量。

劳动中个性的发挥、显露和发展原则。一个人只有认识到在劳动中有一种比获得满足物质需要的资料更重要的东西，即精神创造及自身才能和天资的发挥，只有在那时候，劳动才能成为快乐的源泉。

劳动的崇高道德性及其明确的公益目的性原则。我们力求做到，让那种要为社会带来利益的愿望激励孩子去劳动；我们不急于过早地让孩子去参加有报酬的劳动，因为这可能养成自私、贪婪的恶习。

尽早参加生产劳动原则。孩子在懂得劳动的社会意义之前应该感受到，没有劳动就不可能生活，劳动能带来快乐，能充实精神生活。

劳动的多样性原则。孩子具有一种特殊的天性，就是总希望把两三种操作方式和工作技巧不同而且各具不同特点的劳动活动相互交换、交替和结合着进行。他们（同学们）在少年时期和青年早期劳动的花样越多，青年男女选择专业的自觉程度

苏霍姆林斯基与学生在帕夫雷什学校的工作间

就越高，他们的个人倾向性也就越能充分地发挥出来。

劳动的经常性和连续性原则。我们认为，切不可把劳动任务集中在一年的某个季节、月份或星期里去进行，只有经常不断地劳动，才能丰富精神生活。只有当孩子从事那种须经常进行思考和操心的长时期的劳动的时候，劳动活动的创造性质才会在他面前展现出来。

儿童劳动要带有成年人生产劳动的特征原则。孩子们的劳动必须与成年人生产劳动有尽可能多的共同因素，不论在社会意义方面还是在劳动过程中的技术和工艺方面，都应如此。孩子们的劳动越接近成人的劳动，其教育作用也就越大。经验证明，为孩子们制造专用的机器和用具，尽可能地用以体现真正的技术，并使它用于真正的劳动，这是十分重要的教育任务之一。

使劳动具有创造性，而且手脑并用原则。驱使孩子进行体力劳动的最强大的动力之一，就是这种劳动的重大意义和手脑的结合。对劳动的重大意义越是有深刻的认知，做这种最平凡的工作的兴趣就越强烈，越能激发创造性。

劳动活动内容、技能和技巧的衔接原则。我们力求使孩子们在学龄初期和中期所做的一切，到他们更成熟的年岁时，能在更广泛的基础上加以发展、深化和运用。

生产劳动的普遍性原则。不论学生在哪一种智力活动和艺术活动方面表现有天赋和爱好，他也必须在少年时期和青年早期参加生产劳动。

劳动活动的量力性原则。在任何劳动中产生正常的疲劳我们是允许的，但决不允许导致体力和精神系统的过度疲劳。儿童劳动的适度，不光决定于负担量要符合孩子的体力，而且还决定于脑力劳动和体力劳动的恰当交替，以及劳动活动种类的多样化。

劳动同多方面精神生活的结合原则。人的生活中不能只有劳动。只有当他同时能享受到其他的快乐，能接触文化珍品和精神财富时，即享受文学、音乐、绘画、劳动、故土的旅游之乐时，劳动的快乐才能在他面前展现出来。由于这些精神财富提高了人，充实了他的高尚灵魂，所以他能更深刻地理解和感受创造之乐、建设之乐。①

没有长久的实践和研究是不会如此细致地领略到劳动与培养人的关系的，可见苏霍姆林斯基用功之深。

劳动教育的物质基础和分阶段学习模式

苏霍姆林斯基认为，建立物质基础以保证孩子们早日投入劳动、劳动活动的多种多样，以及劳动与工农业生产相联系，是非常重要的教育学问题。所以，学校需要工作间、车间、专用室、实验室、温室等，需要根据学生年龄特点准备相应的操作工具。这是实现劳动教育的物质基础。

帕夫雷什中学十年级学生在试验割草机的发动机

在操作技能教学程序方面，苏霍姆林斯基还创造了符合学生特征和劳动技能学习规律的分阶段学习模式。他把劳动技能的学习，特别是操作技能的学习，设计为循序渐进的三个阶段：手工工具操作阶段、儿童机械（准机械或实验机械）操作阶段、机械（工厂制造的机械）操作阶段。（有时也分为准

①蔡汀、王义高、祖晶.苏霍姆林斯基选集（第四卷）.北京：教育科学出版社，2001：451—461.

韩和鸣著《苏霍姆林斯基的教学方法和艺术》

机械操作和机械操作两个阶段）下面这段文字，是对苏霍姆林斯基劳动技能分阶段学习模式的具体阐释。

学生只有在学会使用手锯，熟练地掌握它，并用它完成了考查作业从而取得使用第一部儿童机械的权利之后，才允许使用电锯。男女孩子们都力求尽可能掌握手工劳动的技能和技巧，这是他们向操纵机械过渡所必须经历的一个阶段。而“儿童机械操作”是转向“真正机械操作”的必要准备。再如学龄中期和学龄晚期的学生，只有在他能为小型儿童机床做出一些比较复杂的零部件之后，才能获得在工厂制造的车床、钻床、铣床上完成复杂操作的权利。[①]

这样的教学过程既符合操作技能的学习规律，也容易引起学生的学习兴趣。苏霍姆林斯基介绍道：

……孩子们总是耐心地学技能，学会了，他就有权利学习驾驶微马力汽车。学会了驾驶微马力汽车之后，学生还想去驾驶摩托车，随后又盼望着驾驶真汽车。劳动的合理，创造和利用物质基础的合理，使我们七、八年级结业的所有学生，都会操作固定式内燃发动机，驾驶微马力汽车和摩托车。八年级结业生大约75%会驾驶汽车和拖拉机。九至十年级的所有学生，不仅都会驾驶拖拉机，而且会用它进行耕作……[②]

①蔡汀、王义高、祖晶.苏霍姆林斯基选集（第四卷）.北京：教育科学出版社，2001：462—463.

②蔡汀、王义高、祖晶.苏霍姆林斯基选集（第四卷）.北京：教育科学出版社，2001：464.

由于拥有较为齐全的符合儿童劳动技能学习的物质基础，加之运用合理的分阶段教学模式，帕夫雷什中学的劳动技能课在调动学生学习积极性和提高教学效果方面均取得巨大成功。

劳动教育的教育学要求

在进行劳动教育的时候，教师应该注意哪些问题，又如何充分发挥其更为广泛的教育作用？为此，苏霍姆林斯基提出了劳动教育的教育学要求。其主要观点摘录如下：

> 劳动教育的社会意义。我们力求使学生在生活中进行具有各种社会意义的劳动，力求使那些能最清楚显示参加了社会物质基础的创造和巩固的种种劳动，从幼年就逐渐进入孩子的生活中来。这对于培养劳动者的荣誉感和自豪感具有很重大的意义。
>
> 教学目的和教育目的的相互关系（这里“教育目的”一词的概念是狭义的，就道德教育而言）。某些劳动的首要目的是掌握知识、技能、技巧，而另一些劳动所追求的则是纯粹的教育目的——形成道德概念、信念和习惯，丰富道德经验。尽管在掌握科学知识和劳动技能中也包含世界观方面的信念的形成，因而学生在学习中也在受教育，但是这种劳动过程的本身，却是以学习、掌握、会做为主要目的。
>
> 综合技术教育在智育、德育、体育、美育中的作用和地位。有些劳动活动和长时间的劳动过程，在其内容上就起着重要作用：有的在智育方面，有的在美育方面，有的在体育方面，有的则在综合技术教育方面。个性的全面发展，全靠共产主义教育

雄伟的乌克兰苏霍姆林斯基教育科学图书馆

各个重要组成部分在劳动中的反映深度如何而定。

脑力劳动和体力劳动相互联系。劳动教育最重要的准则之一，就是脑力劳动和体力劳动的结合。我们决不让一部分学生去制订和实现一些创造性计划（如设计装配活动模型），而让另一部分学生只去做单调的体力劳动。任何一项计划中都会有体力劳动——单调的且往往还是较艰苦的，这些劳动都应由执行创造性计划的人自己去干。我们竭力把用手和用脑的工作结合得使体力劳动能作为一个精神上提高和日臻完美的领域来吸引青年男女。

劳动工具的性质。作为劳动基础的技术手段和工艺过程越复杂，对于揭示个人的天赋和才能，对于培养高度的劳动素养的可能性就越大。为了训练青年去操作复杂的技术工具，我们让学生在学龄初期特别是在学龄中期就进行比较复杂的生产劳动，向他们传授那些适应科学技术高速进步的种种劳动技艺。劳动技术工具越复杂，那些直接与手工劳动有关的技能和技巧就应当越精细、越熟练，手工劳动的素养也就变得越高。使用复杂的劳动工具的技艺，在很大程度上要靠手工技能和技巧的熟练程度。

劳动活动的成果。在一种情况下，物质成果在劳动过程中创造出来，是学生当时可以看见的（如少年技术家小组的制品）。在另一种情况下，劳动是为在不远的将来获得物质成果做准备（如收割成熟的麦子、准备播种）。在第三种情况下，劳动只是在较遥远的未来获得物质成果的一种条件（如以提高土壤肥力为目的的农林土壤改良工程）。第四种情况则全无有形的物质成果，劳动只以精神价值丰富生活（如帮助老人和病人）。

无报酬劳动和有报酬劳动。在年轻一代的劳动活动中有两种劳动——无报酬劳动和有报酬劳动。年轻一代享受到的不用自己的个人劳动所得偿付其价值的福利越多，无报酬劳动对他们来说就越有必要。但是，个人报酬和个人工资也有很大的作用。我们利用学校所能采取的种种手段（谈话、讲课等），力求做到使毕业后的年轻人在踏上独立的劳动生活道路之后，能将自己工资的一部分交给父母亲。

劳动教学的两条途径。一个人在少年时期和青年早期，就应学会一些技能和技巧，以便将来有助于自觉地选择职业，在劳动中发挥自己的天赋、才能和爱好。学生通过两条途径取得自觉选择职业的技能和技巧：一是通过教学大纲规定的必修课程；二是随学生的意愿选择适于自己天赋、兴趣、倾向的劳动。[①]

竞赛、榜样和复习之于劳动教育的意义

苏霍姆林斯基提出，要以促进科学技术进步为劳动方针，也就是要使学生的劳动具有创造性，要使学生的思想不光是在头脑里，还应该是在指尖上，培养学生在劳动中发明创造的本领。由此，苏霍姆林斯基非常重视竞赛、榜样、复习在劳动教育中的意义。

苏霍姆林斯基非常重视“竞赛”这一劳动教育方法。此种方法的可贵之处在于，它给每个学生都开辟了取得相当大成就，并在最符合他个人素质、能力和才干的那种创造性劳动领域里成为优胜者的前景。

苏霍姆林斯基还把“榜样”和“复习”等其他学科使用的教学方法灵活地运用到了劳动教育之中。所有的教育方法都是依据儿童的心理特点来设置的，因为孩子们对于他们所喜爱的一切都乐于模仿，所以树立榜样的意义不言而喻。问题在于，如何实现榜样的作用。在帕夫雷什中学里，孩子们的眼前经常树立有种种有趣的、颇有吸引力的劳动榜样。当然，最有影响力的榜样往往是教师本身。而对于“复习”在劳动教育中的意义，苏霍姆林斯基有如下见解：

> 第一，复习的教育意义在于培养去完成同一种劳动或作业或过程的习惯，以达到劳动的社会目的、创造目的、审美目的。
>
> 第二，我们对学生掌握的一些实际技能和技巧，不仅是从学校和教学方面着眼，而且也是从广阔的现实生活方面着眼的。如果说在学校里优等评分便是达到完美的顶峰的话，那么在现实生活里完美则是无止境的。
>
> 第三，劳动越是成为习惯，在重复十分熟知的过程和操作方式的过程中去掌握新的技能和技巧的可能性就越大。
>
> 第四，重复去做同一种工作，也可能具有美学目的。培养花卉幼苗和管理它们的劳动虽说单调，但很愉快，它能带来审美的满足。重要的是，要让学生在做那些具备可以完善技能和技巧的范围广泛的各种工作中（例如机器设计和模型制造），

① 蔡汀、王义高、祖晶.苏霍姆林斯基选集（第四卷）.北京：教育科学出版社，2001：466—494.

去追求完善的美。[①]

苏霍姆林斯基还非常重视自我服务的日常劳动。他认为，自我服务是培养人遵守纪律、培养人对别人的义务感的重要手段。从小就自己动手来满足自己的需要，能使一个人养成尊敬父母、友爱兄弟姐妹和同学的习惯。也只有当一个人从童年起就养成厌恶肮脏邋遢的习惯的时候，只有当这种习惯变为在看待周围环境时带有积极的审美情感的时候，才可能产生对自我服务的自觉态度。

苏霍姆林斯基希望努力做到使每个学生都能培养和发展起自己的才能、爱好和志向，使学校里没有一个毫无个性的、对什么都不感兴趣的学生。因为他感到，“没有确定自己志向的人是不幸之人”，而劳动教育无疑是实现这一点的很好手段。

所谓“五育”，其实就是“人育”，是头和四肢与整个人的关系。就如同，可以单独锻炼右臂使之肌肉强健发达，但是这样就会使右臂与其他各个肢体比例不协调，整个人看上去就会非常不和谐。而苏霍姆林斯基的和谐教育思想就在于使人看上去像人，使人成为人。

苏霍姆林斯基的德育、智育、体育、美育和劳动教育互相渗透。单独的德育不可能实现德育的全部目的，同样，其他“四育”中单独的任何一育也不可能实现其全部目的。只有在进行德育的同时将其他“四育”放在心中，才是真正的德育。其他各育也都如此。

“育人”是“五育”的主题与坐标，无论进行哪一育，都必须时刻不忘培养的是完整的人，这是苏霍姆林斯基和谐教育思想的核心精神。

---

①蔡汀、王义高、祖晶.苏霍姆林斯基选集（第四卷）.北京：教育科学出版社，2001：532—533.

教育的根基是对儿童的爱——苏霍姆林斯基爱的教育思想

2009年10月28日至11月1日，苏霍姆林斯卡娅院士率领乌克兰教育代表团到山东潍坊出席了苏霍姆林斯基教育思想与实践研讨会。会议期间，高峰校长①与苏霍姆林斯卡娅院士进行了多次对话。

苏霍姆林斯基的女儿苏霍姆林斯卡娅

高峰：

有的读者认为，苏霍姆林斯基的教育思想有点过时，因为苏霍姆林斯基的著作中有许多政治性的术语，如共产主义教育等。在乌克兰的今天，在中国的今天，这些政治性的术语被提及得越来越少了。有人说，苏霍姆林斯基不得不用这些政治术语来掩饰自己追求的人道主义思想。您怎么看?

苏霍姆林斯卡娅：

在20世纪60年代，当时的苏联蒸蒸日上，对共产主义的向往、对美好生活的追求，深深地吸引着人们。人们毫不怀疑共产主义的美好未来。苏霍姆林斯基作为

①高峰：曾任山东省东营市胜利第四小学校长、书记，兼任潍坊市北海双语学校校长和潍坊幸福教育联盟学校总校长，现任北京玉泉小学校长。

当时的人，他也同样对共产主义深信不疑，认为共产主义是人们美好的未来，共产主义是人人向往的美好社会。他是怀着虔诚的心态来教育自己的孩子为此而学习的。

在今天的乌克兰，虽然体制发生了变化，但苏霍姆林斯基的教育思想依然在许多学校被实践着。根本原因，就是他对美好事物的追求和坚守。

高峰：

请您概括一下苏霍姆林斯基的教育思想。

苏霍姆林斯卡娅：

简单地说，苏霍姆林斯基的教育思想主要有两点：一是承认并尊重每个孩子的不同和差异；二是爱孩子，特别爱那些有问题的孩子。苏霍姆林斯基是一个人道主义者，所以他的教育思想处处体现着人道主义教育和人性的光芒。

…………

这些重要的教育真谛，对今天的教育仍然具有重要现实意义——这些并不依赖于风云的变幻，对小孩子，对大孩子，都是一种恒久的意义。

高峰：

谢谢您！

在《把整个心灵献给孩子》一书的前言中，苏霍姆林斯基写道："我生活中什么是最重要的呢？我可以不假思索地回答说：爱孩子。"

下面将通过三部分的讲述，来展现苏霍姆林斯基对孩子的爱是如何体现在教育中的，他又是如何来培养学生爱的能力的。

"童话室"

"童话室"是苏霍姆林斯基在其"快乐学校"期间开始设置的一个持续的以童话为中心的活动课程、综合课程、校本课程。它集童话世界的环境设置、童话故事的生

冯克诚总主编《苏霍姆林斯基教育思想与论著选读》（三卷本）

动讲述、童话作品的个性创作、童话剧的表演等为一体，使孩子们在童话世界的畅游中享受快乐，发展智力，陶冶情操。可以说，苏霍姆林斯基所创设的“童话室”是活动课程的经典之作，对于家庭教育、幼儿园教育、小学教育等均有不同的启发和借鉴意义。

童话的作用

苏霍姆林斯基之所以会想到创建这样一个角落，是基于他对童话的作用和儿童心理的深刻认识。一方面，童话符合儿童学习的兴趣和心理特征。苏霍姆林斯基发现，孩子们能够五次、十次重述同一个童话，而每一次都能发现一些新东西。他认为，儿童在童话中之所以会如此深感满意，是因为他们感觉到自己的思想能在这个世界里自由地翱翔；另一方面，童话和童话形象是儿童认识世界、发展思维和语言的最佳工具。因受童话形象的影响而在儿童心灵中产生的美感、道德感和理智会使思维活跃，从而促进大脑积极工作，并使活动的思维区之间产生活跃的联系。童话形象会使语言连同其最细微的含义进入儿童的意识，并成为孩子精神生活的一个领域和表达思想的情感手段。在童话形象所激起的感情的影响下，孩子便会开始学习着用语言来思索。童话能够生动、鲜明地触动儿童的意识和情感，而没有了它，也就不可能想象会有儿童的思维和语言。

俄文版苏霍姆林斯基童话故事《火鬃小马》

苏霍姆林斯基确信，童话和美是分不开的，并且有助于美感的培育。而没有美感，就不能想象会有高尚的心灵和对他人的不幸、悲伤与痛苦的真诚的同情心。

童话同时还是爱国主义教育的丰富而不可替代的源泉，许多童话中深深蕴藏着爱国主义思想。人民塑造的千百年流传着的童话形象把劳动人民强有力的创造精神以及他们对生活、理想的向往传至孩子的头脑和心灵。童话是人民文化的精神财富，孩子了解童话，也就了解了自己国家的人民。所以，“童话室”的建立就成为简单而又意义深远的行为。

鲜活的童话世界

如今帕夫雷什学校的图书馆

苏霍姆林斯基和高年级学生一起为孩子们布置"童话室"。他们用胶合板镂刻成新的人物形象、树木、灌木丛，搭建起小房子、童话式的宫殿、渔夫的茅舍和窝棚。低年级的孩子也会参与进来，学着用纸浆板制作童话中的人物来丰富这一方天地。"童话室"于是变成了一个鲜活的童话世界。

瞧，这就是凶恶的妖婆住的地方——支在鸡腿上的神奇的小屋，周围是高大的树木和一些树桩，小屋旁是一些童话人物——狡猾的狐狸、大灰狼和聪明的猫头鹰。

在另一个角落里是老公公和老太婆住的小屋；空中天鹅在飞翔，翅膀上带着一个小男孩，他就是乌克兰民间故事中的主人公伊瓦西克·捷列西克。

在第三个角落里是一片蔚蓝色的海洋，岸上是善良的老爷爷和贪心的老太婆那破败的小屋，门口放着一个旧木盆，老头儿和老太婆一起坐在土堆上，而大海中小金鱼在遨游。

在第四个角落里是隆冬的森林、雪堆，一个小女孩在雪堆里蹒跚而行，她的脚深深地陷进积雪——她就是那个被后母逼着在寒冷的冬季去采摘野果的小姑娘……从一所小房子的窗口，小山羊探出头来。这里是那只大手套，里面住着老鼠，几个不速之客正冲着它走来。一个胶合板制成的大树桩上坐着几个玩偶——小不点儿姑娘、小灰兔、狐狸妹妹、狗熊、狼、山羊、草扎的小公牛，还有"小红帽"姑娘。①

苏霍姆林斯基对孩子的爱，还表现在他对"童话室"灯光效应的细腻思考上。为了更好地创造童话环境，他连"童话室"的灯光设置也考虑在内。所以，这个教学楼

①蔡汀、王义高、祖晶.苏霍姆林斯基选集（第三卷）.北京：教育科学出版社，2001：242.

的这一角落便出现了美妙的景象：讲青蛙公主的故事时，丛林里便亮起一个个小灯泡，暗淡的绿光笼罩着全室，很好地烘托出故事发生的环境。

为了更新童话内容，保持儿童的兴趣，激发儿童的创造力，每两三个月他们就会更换一次“童话室”各个角落的布置。为了避免审美疲劳，苏霍姆林斯基一般一周一次，有时两周一次带孩子们去“童话室”。他总是力图避免出现虚情假意、乏味、“消磨”时光……所以他会选择在秋季和冬季的傍晚去“童话室”，这样在昏暗之中更容易使学生产生童话的遐想，也可以更好地利用灯光效应。

俄文版苏霍姆林斯基童话故事《小麦穗》

通过这样的共同劳动、精心布置、经常更新以及时间和次数的全面斟酌等，“童话室”真正成了孩子向往和期待的童话世界、幸福乐园。孩子们经常迫不及待地问：“我们什么时候去‘童话室’？”在期待中，他们就会再次在一个黄昏时刻聚集在“童话室”，苏霍姆林斯基讲童话故事，然后再由孩子们自己来讲……

孩子们的玩偶伙伴

每个孩子都会有自己心爱的玩偶或玩具，并与它们进行着在大人看来可笑但对孩子们来说是创造性的活动和情感的交流。下面我们就来看看孩子的世界是什么样的。

一个孩子抓起了一个玩具——草扎的小公牛（著名乌克兰神话的一个主人公），另一个拿起了老婆婆这个玩偶，第三个拿起了老公公这个玩偶……于是孩子们就已经生活在童话世界里了。

一个女孩把娃娃放在沙发椅上，用动人的嗓音向她说着温柔和关切的话语。另一个女孩的娃娃病了，她正在给她治病……

一个叫柯斯佳的男孩，他有件毫不起眼的玩偶——一个拿着钓鱼竿的老渔翁。这个玩偶有好几次断了腿，最后，柯斯佳给它安上了一小块木头，他还为它削了一根带桠的拐杖，这样老渔翁拄着它就可以到河边去了。柯斯佳还告诉老渔翁哪儿有鲫鱼和鳊鱼……

拉丽萨心爱的玩偶是奶奶和小孙孙。这个女生给奶奶做了一副眼镜，脚下垫了一块保暖的小地毯，肩上披了披肩。

瓦利娅也有两个玩偶，一只小猫和一只小老鼠。小姑娘每周都在小猫的脖子上系一个新的蝴蝶结，却不知为什么给小老鼠带来了一条绿色的小毯子……[①]

只要留心，我们在生活中总会看见这样美妙的时刻。在这种环境里，孩子们总是会与自己的玩偶进行语言流畅而滔滔不绝的交流，沉浸在自己所构建的故事里……他们的活动本身就成了童话。

创作自己的童话

苏霍姆林斯基从孩子们与玩偶的交流中意识到，孩子们有自己创作童话的愿望和能力，而创作童话故事对孩子们来说是一种最有趣的和富有诗意的创造性活动，是发展智力的重要手段。他认为，应该引导儿童发展这种能力。

所以，他不但自己讲故事，而且让孩子们讲，同时把易于使孩子们产生联想的东西展现在孩子们面前，激发他们去创作自己的童话。“童话室”里的故事由此变得越来越丰富，它成了检验孩子们智力发展的一面镜子。

瓦利娅很长时间没能独立编写出一个故事，这让苏霍姆林斯基很着急，他开始了长期的引导。终于，到了第三学年，瓦利娅创作出了下面的童话故事。

青蛙、小船和小鱼的故事

青蛙看到一只小船泊在河边。打鱼的老爷爷把船留在那里，自己进村子取吃的去了。小青蛙想划一划船。它爬出小水洼，跳进了小船，操起桨。就在这时候，小鱼游过来说道：“你这是想干什么？你只会在水洼里游，可船喜欢深水。”青蛙没有听小鱼的劝告，把船划向了水洼。当划近水洼的时候，船也说话了：“小青蛙，小青蛙，你把我往哪里拉呀？”青蛙回答说：“我拉你到我居住的水洼里

①蔡汀、王义高、祖晶.苏霍姆林斯基选集（第三卷）.北京：教育科学出版社，2001：244—245.

去，让我们所有的青蛙瞧瞧，我是怎么划船的。”小船微笑了一下想道：“等老爷爷来了，看他怎么教你划船。”青蛙吃力地把船划进了水洼。船陷进了污泥，再也不能朝前移动了。青蛙呼哧呼哧地直喘气，可船还是纹丝不动。青蛙们都已从水洼里爬了出来，把什么都看得一清二楚，因为小青蛙早对水洼喊过：“看哪，我划船划得多好啊！”小青蛙害起臊来，一下子跳进水里，烂泥四处飞溅。青蛙们大笑起来。打鱼的老爷爷来了，把小船从泥污里拖了出来。青蛙们被惊动了，都躲进厚厚的绿藻里。晚上，它们大胆地爬出来，咯咯地笑了起来。从此以后，每天晚上都咯咯地笑——从晚上到天明，水洼里响彻青蛙的叫声。这是它们在笑爱说大话的小青蛙。①

瓦利娅为夜晚的蛙鸣想出了一个美妙而又富有教育意义的原因。这则故事的出炉，说明瓦利娅的能力已经在多方面得到了发展。

季娜在“童话室”里有自己心爱的玩偶。那是一个冶金工人形象的娃娃，它长着一张被铁水照亮的脸膛。小女孩曾经去过冶炼车间，见过冶金工人。根据这些，她展开了丰富的联想，编写出了一个关于火红铁水的童话。

俄文版苏霍姆林斯基童话故事《太阳之花》

在一个大火炉旁边站着一个巨人，他在化铁。铁水沸腾，翻滚作响。巨人走近炉子，打开炉门，于是火红的铁水奔流而下。铁水一边流，一边说：“人们哪，别错过机会，快取走通红的铁水，把它做成一切需要的东西。”聪明的工匠

①蔡汀、王义高、祖晶.苏霍姆林斯基选集（第三卷）.北京：教育科学出版社，2001：246—247.

来到火红的铁水旁，把铁水取出来，翻砂浇铸，用铁水做成了人们需要的种种物件……①

可见，生活中的一切都会成为孩子们思考的素材，都在悄无声息地影响着他们的认识和思维活动。孩子们是如此敏感，教育者怎么能够对此置若罔闻呢？

苏霍姆林斯基把孩子们在黄昏时刻创作的这些故事记录下来，编成了童话集，给它取了一个温馨且富有诗意的名字——“黄昏的童话”。在这里，教育活动何尝不是一个有心的童话呢？

童话剧表演与朗读

苏霍姆林斯基在“童话室”里给孩子们朗读了很多经典小说，如《鲁滨孙漂流记》《格列佛游记》《萨尔坦王的故事》《乐师杨科》等；还给孩子们读完了安徒生、托尔斯泰、乌申斯基、格林兄弟、楚科夫斯基、马尔夏克等作家写的所有童话作品。他希望通过朗读让孩子们享受到更丰富、更优秀的经典小说和童话故事，而这些揭示高尚思想的故事总是会一点一滴地将人性倾注到儿童的心里，熏发善良的种子。

他认为，童话是积极的美的创作，它包括了智力、感情、想象和意志等孩子精神生活的所有领域。这种创作始于讲述，最高阶段是表演。为了让孩子们受到更高层次的童话熏陶，苏霍姆林斯基和孩子们在“童话室”里成立了一个木偶剧团和一个话剧小组。

在这里，孩子们第一次表演了《大手套》这一乌兰克民间童话。有了第一次尝试的欣喜和经验，孩子们又兴致勃勃地排演了《青蛙公主》和日本童话《驼背的麻雀》。长期的熏陶使孩子们的创作和表演愈发成熟，到了第四学期，他们集体编写了《蜻蜓音乐家》的故事，并成功地表演了出来。

“童话室”是苏霍姆林斯基爱的教育思想的生动展现，没有这份爱，便不会有这样细心的观察、深入的思考和一次又一次出人意料的教育活动。

---

①蔡汀、王义高、祖晶.苏霍姆林斯基选集（第三卷）.北京：教育科学出版社，2001：248.

连苍蝇也不欺侮

“连苍蝇也不欺侮”是乌克兰民间谚语中对善良之人的描述，苏霍姆林斯基把这一宝贵的民间教育理念运用到培育学生爱心的教育之中。他认为，善良是一些极其纤细而又富有生命力的幼根，它们滋养着儿童的欢乐树。善良能使一个人对父母、教师和同志的话产生敏感。善良能使儿童成为一个可以教育、能接受集体教育影响的人；麻木不仁、冷酷无情、残忍粗暴会把儿童培养成为一个如民间谚语所说的“愚昧顽蠢”的人。

从欺侮苍蝇走向犯罪的少年

苏霍姆林斯基曾对诸多犯罪少年的履历进行过分析研究，得出的结论是：几乎所有的案件都说明，在儿童时代残杀生物是少年犯罪的主要根源。这从另一个角度揭示了从小培养善良之心的重要性。他曾经记录下这样一件事情：

我（苏霍姆林斯基）有一张卡片记载着13岁男孩Л的履历和心理鉴定。母亲上班时，吩咐他做一件乍看并无害处的“工作”：打房间里的苍蝇。母亲给他一个苍蝇拍，并教他如何打。这个6岁的儿童每天都打苍蝇。他有时兴高采烈地告诉母亲：“今天家里一只苍蝇也没有。”有时则会一脸怨恨地说：“苍蝇变狡猾起来，怎么也打不到它们。”

李镇西著《追随苏霍姆林斯基》

有一次，母亲刚进家门，就发现儿子坐在窗台旁，聚精会神、高兴得两眼发红地看着两只被扯掉翅膀的苍蝇在爬行。原来他在惩罚它们，因为它们好长时间躲开了他的苍蝇拍。母亲满意地对儿子说：“好样的！”还买了糖果奖励他。

孩子的内心从此发生了微妙的变化。打苍蝇不再仅仅是消灭苍蝇，这一活动的性质发生了变化：他捉住苍蝇，扯掉翅膀，并观察它能够爬行多久。后来，他学会了用小刀斩断翅膀，苍蝇“像小胡蜂一样嗡嗡直叫”。他很喜欢这样做，每当春天来临，他就开始捕捉苍蝇。

到12岁时，他在屋檐下捉到一只麻雀，起初是斩断麻雀的一只翅膀，后来又斩断它的另一只翅膀。母亲并不知道这件事，但当邻居告诉她时，她却不以为然……

在学校集体中，这个孩子正是一个“愚昧顽蠢”的学生。几个一年级学生看到Л在捕捉蝴蝶，把捕住的蝴蝶躯体刺穿，插进一根麦草，然后望着蝴蝶拖着“降落伞”在空中飞舞来取乐。孩子们把这件事告诉了老师，但老师对这种残酷行为也无动于衷。

13岁的Л在读完六年级的一个炎热的夏天，带着亲戚6岁的儿子去游泳。就在这时，他把小孩推到水里淹死了……①

这一事件的发生并不是偶然。当他捕苍蝇的性质发生变化的时候，危险就已经开始发芽了，而母亲和教师的善良之心尚不及邻居和那群一年级的孩子，他们的无视更助长了Л由欺侮苍蝇而激发的人性丑恶的一面，使冷酷凶残的种子生根发芽、成长壮大。这样的孩子长大后离犯罪还会远吗？

正在洗脸的苍蝇

由上述的悲剧可见，从小培养孩子的善心是多么重要。而善良之心的培养需要教师本人首先具有柔软的心，富有同情感，同时还要非常注意分寸。下面是苏霍姆林斯基记录的另一个与苍蝇和善良有关的故事。

有一次，学前班的儿童在教室里上课。小柯利亚注视着窗台，那儿停着一只苍蝇。

“看，看，苍蝇在做什么？”柯利亚低声地说，并把教师叫到窗前。

“它这是干什么？”教师问道。

①蔡汀、王义高、祖晶.苏霍姆林斯基选集（第一卷）.北京：教育科学出版社，2001：684—686.

“它抬起了爪子，好像是在用爪子擦洗翅膀……”

“它是在洗脸。”教师说。

“是真的吗？”所有的孩子都走到窗前，他们屏住呼吸，不让苍蝇受到惊吓。

突然有人敲门，进来一个穿灰色工作服的男人说道：“我来看看有没有苍蝇，如果有，我要把它毒死……好像没有……”

孩子们睁大眼睛，一会儿看看教师，一会儿看看穿灰色工作服的人。而苍蝇却自由自在地坐在窗台上洗脸……

“难道这只洗脸的苍蝇也要被毒死吗？”柯利亚低声问道。

“不，孩子们。”教师有把握地说，“要毒死的绝不是那些在洗脸的苍蝇。还有一些凶狠的，非常凶狠，而又非常脏的苍蝇，它们从来就不洗脸。叔叔来看这里有没有那样的苍蝇，可是我们这里没有。”

教师打开窗户，苍蝇大概已洗完脸，向丁香花丛飞去了。

穿灰色工作服的男人笑了笑。孩子们在沉思。柯利亚是个最好发问的男孩，他问道：

“苍蝇飞到花园里去了吗？”

“是的，飞到那些经常洗脸的苍蝇那儿去了。”①

由此我们可以看到，苏霍姆林斯基是怎样利用孩子们的心理特点和思维习惯保护着他们的善良之心。他认为，不仅要保护孩子们的善良，还要教会他们疾恶如仇。所以，在这个故事里我们也看到了他同时是怎样巧妙地引导孩子认识恶，引导他们学会善恶的判断。

孩子们敏感的爱心

苏霍姆林斯基认为，儿童如果怀着一颗善良的心对待周围的事物，他的心就会变得敏感，他就会成为一个关心他人的人。这是培养学生爱心的重要途径。下面这个故事就表现了孩子们这种天生的敏感的爱心。

---

①蔡汀、王义高、祖晶.苏霍姆林斯基选集（第一卷）.北京：教育科学出版社，2001：686—687.

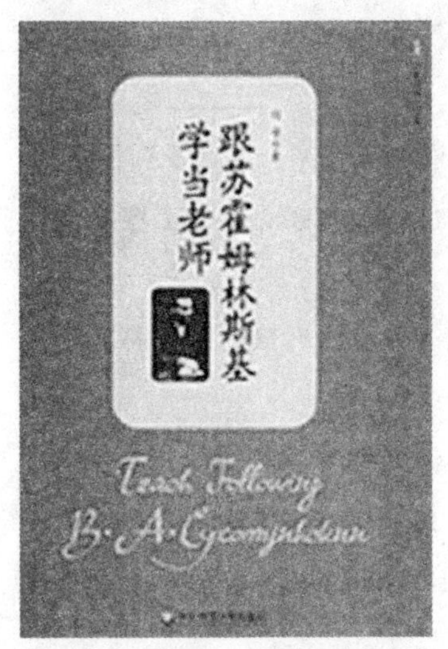

闫学著《跟苏霍姆林斯基学当老师》

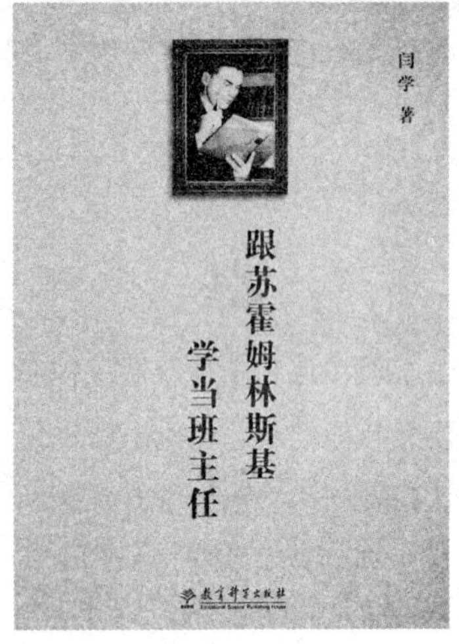

闫学著《跟苏霍姆林斯基学当班主任》

"下一堂课，我们要朗读关于小女孩娅琳卡的故事。"教师说。

孩子们早就把课本上的所有故事都读过了。他们已经知道娅琳卡这个故事讲的是一个小女孩的爸爸得了重病而死去的事。

就在朗读课前的课间休息时，在走廊里，阿廖娜和加利亚走到教师跟前，低声恳求说："我们不要朗读娅琳卡的故事吧。"

"为什么？"

"奥克桑娜的父亲住院了。现在他的病很重，呵，重极了！……奥克桑娜昨天哭了。我们怎么能朗读这样的故事……"

"好，孩子们，好吧。"教师松了一口气。

因为他昨天夜里想过：当孩子们朗读这篇描述不幸遭遇的故事时，会不会感到他们在引起奥克桑娜的痛苦呢？他之所以说要在下堂课朗读这篇故事，就是为了使孩子们有领会、感受和体验的时间。所以，当阿廖娜和加利亚向他提出请求时，他高兴得心都激烈地跳动起来……[①]

每一个孩子都有这样的爱人之心，重要的是教师要明白这一点，同时要想方设法地呵护它。

要天天关心人

苏霍姆林斯基爱的教育的核心就是"要关心人的心灵"。教师在教育教学中应关心

①蔡汀、王义高、祖晶.苏霍姆林斯基选集（第一卷）.北京：教育科学出版社，2001：690.

学生的心灵，同时要发展、培养学生这种关心人心灵的品质和能力。

两个不同的教师

上一个故事中的教师怜惜学生伤痛的心，不愿触动学生的创伤，以免给他增添新的痛苦。因为他清楚，痛苦而极度不安的学生当然不能像以前一样学习，而痛苦会在他的思想里留下伤痕。

苏霍姆林斯基认为，对教师来说，最主要的是要看到孩子的痛苦、悲哀和遭遇的不幸，看到并且要体会这种心情，不能叫正处在痛苦中的学生回答问题，不能要求他专心学习和刻苦努力。

下面故事中的教师在课堂上的举动，无疑令人感到忽视学生心里伤痛、缺少爱的教育是多么冰冷、可怕。苏霍姆林斯基所记录的这件事发生在小学二年级的课堂上。

> 女教师发现沙夏心神不定，字写不好，生气地说："沙夏，想想看，你写的是什么？你不是在街上玩，而是在教室里……"
>
> 沙夏面对着作业本，把头垂得更低了。过了一会儿，女教师发现沙夏的作业中有一些大的错误。
>
> 她更加严厉地说："喂，你动脑筋了没有？"
>
> "他奶奶死啦！"与沙夏同座的女孩子说，"昨天才安葬的。"
>
> "奶奶？"女教师以疑问的声调又重复了一遍，就再也没有说什么了。
>
> 她很快就把这事忘掉了，但是沙夏却永远不会忘记。
>
> 孩子一句话也没有说，泪水从他的眼里滑落下来。奶奶是他最亲爱的人，她的死给他带来了巨大的痛苦。可是女教师对此却无动于衷，她再也没去理睬这个男孩儿。
>
> 沙夏怎么也不能聚精会神，他既不能思考算术习题，也不能思考语法练习。当女教师走近沙夏时，他的手脚都在发抖。[①]

这位教师当天的心情是否也有不悦之处，苏霍姆林斯基在听课记录中没有提到，但

---

①蔡汀、王义高、祖晶.苏霍姆林斯基选集（第四卷）.北京：教育科学出版社，2001：715.

无论她是否意识到自己会给沙夏的心灵带来伤害，从她的行为中我们都可以肯定一点，那就是她把知识的学习看得比对孩子情感的伤害更重。对于这位教师和这件事，苏霍姆林斯基是这样说的：

儿童的痛苦需要同情和安慰。对待儿童的痛苦采取漠不关心的态度，会使学生感到受到侮辱。女教师忘掉了沙夏的痛苦，只是一味地要求他写得好些，不许出错。①

俄文版苏霍姆林斯基著作《和青年校长的谈话》

他后来说，教师必须设身处地站在儿童的立场上，为他分担痛苦，给他以帮助。对儿童来说，最适当、最宝贵的帮助，往往就是同情和真诚的关怀，而漠不关心、态度冷淡则会使儿童震动，使他的神经系统进入一种兴奋状态，由此而引发严重的心理疾病。

在苏霍姆林斯基眼里，真正的教育能手都是具有深厚的情感、具有人道主义精神的教师，是对学生充满真诚关爱的教师。《和青年校长的谈话》一书介绍了苏霍姆林斯基认识的一位教师，他和沙夏故事里的教师形成了鲜明的对比。

这位教师在学校已经工作了36年，他的学生已经有100多人当了教师，并且都具有较高的教育水平。这位教师虽然常常也会发火、激动和愤慨，但是从来不大声叫喊。这并不是因为他在尽力控制自己，而是因为对情感的影响具有深刻的见解。

儿童从他的声音里分辨出几十种细微的感情色彩：苦恼、烦躁、抱怨等。的确，在儿童做事不能令人满意时，真正的教师也会情绪激动，真切地难过。

当这位教师为某种事情烦恼时，他说话的声音会很低，全班都屏息静气地倾听他的每一句话。这不是某种特别的表演，也不是人为地控制自己的嗓门。不，这一

①蔡汀、王义高、祖晶.苏霍姆林斯基选集（第四卷）.北京：教育科学出版社，2001：715.

切都是发自内心的，都是教师具有宽广的胸襟和高度的情感修养的结果。儿童每天都在亲身感受教师对他们的行为举止在他的心灵深处做出的最细腻的情感反应。这种反应就是用人道精神进行教育的强大的基础，离开它，就无所谓学校。正是在这种反应中，在教师的宽宏情怀中，学生才感受到他的真诚。①

现实中有不少沙夏故事里那样的教师，没有人会怀疑，这样的人如果还有心做教育，就必须及时反思，审视自己的教育观，不然对学生来说就是一种长久的伤害。学生需要的是充满人道的爱的教师。

两个关于爸爸的故事

苏霍姆林斯基认为，培养学生的爱，就使他们能够天天关心他人，在这样的行动中坚定这样的心。他和他的同事力图教育学生关心自己同学家里所发生的一切事情，无论欢乐还是痛苦。苏霍姆林斯基希望教师和学生明白，对待儿童和朋友的伤心事要特别注意分寸。他讲述了下面两个故事，目的在于使教师理解应该怎样对待学生家中发生的不同事情。

季米特里克的爸爸关在牢里

这件事发生在一年级，孩子们在做书面作业，独立解答习题。班上一片寂静……

“季米特里克的爸爸关在牢里。”教室里突然传来这样一句话。

老师站了起来。原来是季米特里克的同桌佩特里克讲的。

“他爸爸在牢里已经蹲了三个月了。”佩特里克继续说着。这一意外使老师还来不及思考到底是怎么回事。

孩子们有的被这意外的新闻惊得目瞪口呆，有的在交头接耳议论起季米特里克来。

他看到季米特里克的脸色发白，手中的钢笔也掉了下来，并以央求的目光望着老师。此时，所有的孩子也都望向老师。

①蔡汀、王义高、祖晶.苏霍姆林斯基选集（第四卷）.北京：教育科学出版社，2001：708—709.

李申申教授（左一）与苏霍姆林斯卡娅教授（右一）合影

"没有什么好奇怪的。"教师机智地说。教室里更加寂静。"季米特里克的爸爸是个玻璃工，他还为我们学校安过玻璃窗，记得吗？监狱里有许多玻璃破了，因为每逢暴风雪，玻璃就损坏了……季米特里克的爸爸是被派到监狱里安玻璃窗的。这个工作不是很快就能做好的……"

季米特里克的眼里闪着感激的火花。

过了许多年，季米特里克成了家，当他送第一个儿子来上学时，他对那位教师说："我，永远忘不了那一天……当时我就像掉进了河里，快要淹死了一样，是您把我托了起来，救了我，把我背上了岸，让我坐在柔软的草地上……"①

谎言并不可恶，真正让人气恼的是谎言背后的目的与动机。相信没有人会责难这位教师说了谎话，因为他一切的动机和目的都是为了保护正在成长的心灵。他的这一做法不止保护了季米特里克，也会使明白真相后的孩子们学会爱人。

我爸爸的病好了

卡佳是一个小个子、蓝眼睛、梳着一个浅黄色粗辫子的三年级女生。我（苏霍姆林斯基）亲眼看到了这么一件事。

她的父亲病了一年多，住在医院里，动过三次手术。妈妈和卡佳都很痛苦。有时候卡佳夜里醒来，不止一次地听到妈妈在轻轻地啜泣。

可是她今天特别高兴，因为今天爸爸开始上班了。他恢复了健康，精神很好。卡佳的眼里流露出衷心的喜悦。她来到学校，在校园里遇到两个同班同学——彼佳和格里沙。她跟他们打了招呼，并把自己的好消息告诉他们："我爸爸

①蔡汀、王义高、祖晶.苏霍姆林斯基选集（第一卷）.北京：教育科学出版社，2001：701—702.

的病好了！”

彼佳和格里沙看了卡佳一眼，莫名其妙地耸了耸肩膀，什么也没说，跑去踢球了。

卡佳朝一群正在玩“跳房子”的女同学走过去。

“我爸爸的病好了！”她说，眼睛里闪着喜悦的光芒。

一个女同学妮娜惊奇地反问道：“那又怎么样呢？”

卡佳感到喉咙里好像是塞进了一团什么东西，她朝校园边上的一棵孤独的白杨树走去，哭了起来。

“你为什么哭啊，卡佳？”她听到了科斯佳的声音，那个男孩子平时沉默寡言，坐在教室的最后一排。

“我爸爸的病好了……”

“那太好了！”科斯佳高兴地说，“我家旁边的松林里，铃兰花开了。放学后我们去采一些最好看的花，送给你爸爸。”

卡佳的眼里闪耀出喜悦的光芒。[①]

苏霍姆林斯基说：“往往有这样的情况：只要说一句得体的话，就能使久病卧床的人感到犹如大病痊愈。而儿童在集体生活中的相互关系，乃是学校生活中最重要的领域之一。为了使一个儿童不致伤害另一个儿童的心灵，就应当对儿童进行情感教育。”[②]所以，必须让爱的种子在孩子心里生根发芽。

希望这两个有关爸爸的故事能增进读者对苏霍姆林斯基爱的教育思想的理解，同时知道如何爱人以及如何培养、保护孩子的敏感心。

体察感情，帮助他人

关心人的教育始于体察感情。苏霍姆林斯基认为：“孩子们的善良、为别人做好事的愿望，来自于对那些内心痛苦和不幸的人的同情。人类最大的快乐是从关心别人的精神世界，从善于体察他人的不幸中产生的，没有这种感受，就不可能有道德美。”[③]因

①蔡汀、王义高、祖晶.苏霍姆林斯基选集（第四卷）.北京：教育科学出版社，2001：701—702.

②蔡汀、王义高、祖晶.苏霍姆林斯基选集（第四卷）.北京：教育科学出版社，2001：702.

③蔡汀、王义高、祖晶.苏霍姆林斯基选集（第三卷）.北京：教育科学出版社，2001：317.

此，教育学生关心人，首先应该让学生体验感情，学会感受。他认为，教孩子们体察感情，就需要教师把自己的道德情感传给他们。作为教师，应该具有高尚的道德情感和道德修养，读懂孩子的内心世界。

下面是苏霍姆林斯基自己讲述的与学生之间发生的故事，它是对学生进行道德情感教育的一个很好的例子。

> 当萨沙的祖母病倒的时候，他变得悲伤、沉默，而且总怀着戒心：有人对他一说点什么，他就哆嗦，好像触到了他的痛处。有一次，我（苏霍姆林斯基）看到他那双黑黑的大眼睛里充满了泪水。孩子们对我说："萨沙哭了。"
>
> 你如果以为孩子对自己的同伴或成年人会满怀同情，只是因为他是个孩子，那是十分幼稚的想法。同情人的能力是要教育的，要像教他初学迈步时那样，十分用心地、精心而又谨慎地去教。同情心，这是认识的最细腻的领域之一，是用思考和心灵进行的认识。有经验的教师应该拥有培养同情心的强有力的手段——语言。
>
> 我乘萨沙不在班里的机会，对孩子们说："遇到有人伤心的时候，不能表示惊讶。萨沙十分忧伤，他只有唯一的一个亲人，就是祖母。他不记得自己的母亲。祖母现在突然病了。也许，她将被送进医院，那萨沙留下来跟谁呢？你们设身处地地想一想，你们就会体验到，什么叫伤心……你们不是发现萨沙已经好几天都沉默不语、心事重重了吗？他人在教室里，但整个心思全在祖母床前。他如果待在家里几天不来，不要急着去问他为什么没有到学校。在这种情况下，一个人要讲出来自己的原因是很不容易的。平常，如果你们看到有人处于痛苦和不幸之中，你们不要表现出好奇，而要去帮助，不要去刺疼人家心中的创伤。如果你们已经知道咱们集体中有人遭到了不幸，你们要做到：不要因为自己的任何一句话、任何一个行动给他加重痛苦。你们再想

人道主义者、思想家、教育家苏霍姆林斯基

一想，可以怎样帮助萨沙和他的祖母。”

萨沙回到了班里，我再也没有提到他，孩子们也领会到为什么我马上转换了话题。

课间休息时，他们商量怎样帮助萨沙和他的祖母。孩子们给他送来了苹果和鱼，这一切都是出自最纯洁的心愿。萨沙的祖母被送进医院以后，他住在姨母家，孩子们常去看望他。当孩子们知道萨沙遭了雨淋，生了病，和祖母一起在医院里的时候，我们都十分难过。休息那天，我们到医院里去了。孩子们带了苹果和饼干。舒拉还拿了一大块巧克力，这是他父亲从外地给他带来的。我们用了半天时间，让所有的小朋友都能进病房去探望一下萨沙。①

对于萨沙这样正经受不幸的孩子，教师要给予最细心和善意的帮助，分担他的忧愁，同时又不触及他内心的隐痛。苏霍姆林斯基认为，换位思考是形成道德情感的重要方法。这不仅是教师在教育学生时自身应具备的能力和培养方法，也是他应帮助孩子培养起来的能力。

让帮助别人成为正常现象

苏霍姆林斯基认为，好心要像思维一样，成为人们的正常现象。可是，学校常常会因为不当的引导，把善良的感情和所做的好事变成了一种宣扬的“手段”。不当的夸奖往往会造成误导，会使孩子在思想上把人道的行为看成是自己的功劳，几乎认为是一种了不起的事。爱心的培养变成了虚荣心的滋长，这是非常错误的。苏霍姆林斯基讲述了这样的故事。

记得在一所邻近的学校里发生了一件有趣的事情。一个女孩拾到五个戈比，交到了班里，女老师大肆地夸奖了她一番……第二天课间休息时，三个女孩和一个男孩跑来找女老师，原来他们都拾到了同学们丢的钱，有的捡到一个戈比，有的两个。孩子们都盼望着得到夸奖。女老师感到有问题，发起脾气来……孩子们就是这样学会了端

①蔡汀、王义高、祖晶.苏霍姆林斯基选集（第三卷）.北京：教育科学出版社，2001：321—323.

在乌克兰苏霍姆林斯基中学内

出“桩桩好事”，如果不为此表扬他们，他们就不满意。①

这在低年级是一种常见的现象。这种好事背后不是真正的爱心。苏霍姆林斯基认为，好心应该成为一种习惯，帮助人应是自愿的行为。

他的学生没有忘记自己的老朋友安德烈爷爷。冬季，老人住在离养蜂场的蜂房不远的一间小屋里。孩子们常常上他那儿去，给他带去苹果、图画。老爷爷为孩子们亲切的话语感到十分高兴。因为孩子们曾经体会过孤独是痛苦的，所以他们尽力帮助老人。

孩子们常去看望奥尔加·费道罗夫娜。她是一位不幸的母亲，她的两个儿子、丈夫和兄弟都在卫国战争中牺牲了，女儿死于法西斯德国的煤矿上非人的劳动……他们在她的院子里栽下好几种果树，纪念她的亲人……

奥尔加奶奶成了孩子们的朋友。每一个节日孩子们都是与她一起过的……②

这才是真正的爱心与关怀。培养人从来都不是一件容易的事，容易就意味着不把人当人看。苏霍姆林斯基和同事们经常召开研讨会，探讨学生的精神生活及其相互关系中最困难、最复杂的问题，并把这一研讨会发展成为心理学方面的研讨会。低年级、中年级和高年级教师均参与其中。

研讨会关注的对象是儿童、少年和青年。会议内容很多，如关于具体孩子的精神世界的报告和报道，关于个人的智力、道德、情感、体育和美育发展的源泉的报告和报道等。在研讨会上，大家共同研究，所形成的新的研究成果又进一步指导教师们实践爱的教育。

①蔡汀、王义高、祖晶.苏霍姆林斯基选集（第三卷）.北京：教育科学出版社，2001：327.

②蔡汀、王义高、祖晶.苏霍姆林斯基选集（第三卷）.北京：教育科学出版社，2001：327—328.

在苏霍姆林斯基和他的教师团队的长期精心、细心、充满爱心的教育感染下，学生们逐渐学会了关心人，真正使帮助他人成为一种习惯，成为精神的需要。

可以说，爱的教育思想是苏霍姆林斯基教育思想的基础，他一切的教育实践和思想都来源于对孩子的爱。而他所有教育活动的目的之一也正是要培养学生爱他人的能力。

下面是中国和乌克兰两位著名教授对苏霍姆林斯基教育思想的评价，以此作为本部分的结束。

乌克兰苏霍姆林斯基中学校徽

苏霍姆林斯基教育思想的核心是人道主义，信任每一个孩子是他的教育信条。没有爱就没有教育，没有兴趣就没有学习。教师要全身心关爱学生，不断激发学生心中蕴藏着的学习兴趣，充分尊重学生的个性化发展。这就是苏霍姆林斯基教育思想的精华。

——顾明远教授（中国）

人道主义教育学原则，即把整个心灵献给孩子，是苏霍姆林斯基教育思想中的核心理念，也就是要让每一个孩子在个性化发展的过程中快乐成长。

——阿拉·米哈伊洛夫娜·勃古什教授（乌克兰）

沁人心脾的教育之花——苏霍姆林斯基教育思想的影响

苏霍姆林斯基在其34年的教育生涯中，鞠躬尽瘁，辛勤劳作，他是教师和校长的楷模，他本人被誉为“教育思想的泰斗”。他以及他所领导的帕夫雷什中学的成功，为世界各国教育尤其是农村教育的发展提供了实践借鉴和理论来源。早在20世纪60年代，他及这所学校就在国际上享有盛誉，吸引了当时许多国家的教育学者和专家纷纷前往参观

来自世界各地的人们到苏霍姆林斯基的墓前追念他

学习。1978年，波兰人奥孔在出版的《1900—1975年世界上的实验学校》一书中，把帕夫雷什中学列为20世纪世界上著名的实验学校之一。

同时，苏霍姆林斯基又是位多产的教育家，一生笔耕不辍，共撰写41部专著、600多篇论文，为学生编写了1200多篇童话故事和短篇小说，还编写了多本校本教材。[①]他的著作被称为“活的教育学”“学校生活的百科全书”，其著作的总印数超过400万册。20世纪70—80年代，苏霍姆林斯基的135部著作除在苏联和中国，还在保加利亚、匈牙利、德意志社会主义民主共和国、蒙古、罗马尼亚、波兰、越南、南斯拉夫等国家出版发行。其著作不仅在社会主义国家，更在西方国家产生了不小的影响，作品被译成英、德、日等多种文字出版。《把整个心灵献给孩子》一书就有29种语言，被54家出版社出版。巴西、澳大利亚、西班牙、葡萄牙和日本以及阿拉伯国家都有苏霍姆林斯基的读者。

现在，包括乌克兰在内的世界教育科学界兴起了对苏霍姆林斯基创造性教育思想的研究热潮。在这方面，苏霍姆林斯基的妻子和儿女为他的教育思想的传播做出了巨大的努力。

当初对于丈夫早逝，安娜完全没有思想准备。开始时她陷入如大海一般深广的悲痛中，不知道该做些什么。面对丈夫留下的一万五千份手稿和文件，还有丈夫留下的“你要……”的嘱托，她感到自己最主要的任务就是保存和整理它们。

当时，苏霍姆林斯基一家所在地区的党委领导人说，这些文件纯属个人财富，可由他们自己做主处理。但是，苏联教育科学院的领导人却说，这些文件属于人民。因此，他们只好把有些资料送到共和国档案馆去，它们至今仍保存在那里。

在帕夫雷什中学新任校长和同志们的帮助下，安娜带领儿子和女儿整理丈夫留下的文件，搜集各种资料，分门别类，抄写打印，奔走奋斗，可以说他们成了苏霍姆林斯基的化身。

根据苏霍姆林斯基妻子安娜和女儿所编写的三本有关苏霍姆林斯基著作出版情况的图书索引，可以看出苏霍姆林斯基教育思想对世界的重大影响。

1978年出版的第一本索引，共列举了各国出版的图书818部，其主要内容是介绍、翻译和评论苏霍姆林斯基教育理论。传播地区除苏联以外还有保加利亚、波兰、德意志

①孙孔懿.苏霍姆林斯基人生之路的实地考察.江苏教育研究，2011（5）.

社会主义民主共和国、罗马尼亚、匈牙利、捷克斯洛伐克、南斯拉夫、日本等国家。

1987年出版的第二本索引，搜集了图书2211部和第一批以苏霍姆林斯基教育思想为选题的研究性论文。其内容除苏霍姆林斯基的理论著作外，还涵盖了他所撰写的艺术、教育读物和文学作品。第二本索引中显示，中文译本数量剧增，表明了苏霍姆林斯基教育思想在中国的迅速传播。

2001年，第三本索引出版，共编条目1090条。这本索引证明了苏霍姆林斯基教育思想历经时间的考验，在各种教育体系中，在拥有不同文化背景和教育传统的国家中得到广泛应用和发展。

1990年，德国马尔堡市成立了国际苏霍姆林斯基协会，为世界各国学习、研究、交流、传播苏霍姆林斯基教育思想搭建了更好的平台。

了解苏霍姆林斯基教育思想对各国的影响，是增进对其认识的另一条特殊途径。下面将简要介绍其教育思想对若干国家的影响。

苏霍姆林斯基教育思想对苏联及以后俄罗斯与乌克兰的影响

苏霍姆林斯基教育思想对苏联的影响

生前，硕果累累。苏霍姆林斯基以其卓越的才华和辛勤的劳动，为苏联教育的发展做出了杰出的贡献，同时也荣获匹配的称号和应有的褒奖。

逝后，名垂史册。苏霍姆林斯基逝世后，苏联教育界对他的卓越贡献给予高度评价。他成为与马卡连柯齐名的苏联杰出教育家，其贡献彪炳史册。

一是苏联报刊纷纷发表介绍苏霍姆林斯基生平和事迹的文章，评价他的教育思想，赞扬他的杰出贡献。杨春发撰文指出，苏联人认为，苏霍姆林斯基一生的教育活动是一项长达三十多年的“教育实验”，他领导的帕夫雷什中学是一所“教育学研究室”，他的著作是近几十年罕见的“先进教育经验的完整的总结”，他的教育思想“不仅目前在解决今天的学校任务，而且旨在发展明天的教育学”。人们称他是“真正的创造者”。①

① 杨春发.一位有世界影响的苏联教育家——苏霍姆林斯基的教育思想及其在苏联和一些国家的传播.山西教育科研通讯，1984（6）.

二是苏联把苏霍姆林斯基的教育思想和教育活动编入教材。1974年，苏霍姆林斯基的教育活动开始写进《教育史》，该书是由苏联教育史学家康斯坦丁诺夫、麦丁斯基、沙巴耶娃合著的苏联师范院校教科书。书中指出，苏霍姆林斯基是苏联著名的教育家，他所领导的基洛沃格勒州帕夫雷什学校在教育教学工作中成就斐然，他的著作总结了他和他的同事们创造性的工作经验，其著作已在国内外广为传播。1982年，该书第五版发行，书中大大增加了评述苏霍姆林斯基教育思想的篇幅，在评价其主要成就的同时，还进一步介绍了他的几部重要著作。1981年，在沙巴耶娃主编的《教育史》一书中，苏霍姆林斯基主要成就的论述成为专门一节。作者指出："在战后的苏联教育家中，瓦·亚·苏霍姆林斯基占有显著的地位。他作为有才干的实践家和理论家在一所农村学校工作了一生。他总结了苏维埃教育学的理论遗产和自己的实践经验，写出了许多著作，为社会主义教育方式和方法的宝库做出了重要的贡献。"书中又说："瓦·亚·苏霍姆林斯基作为马卡连柯思想的积极拥护者和继承者，在对学生集体和个人进行工作的方法方面创造了许多新的东西。"

1996年7月23日，根据乌克兰省部会议的决议，将苏霍姆林斯基的名字授予尼古拉国立大学

三是苏联教育部对其作品进行整理，编卷发行，对其教育思想广泛推广。苏霍姆林斯基逝世后，苏联教育部为保留和推广这位杰出教育家的历史遗产，把他的著作编成三卷出版发行，成为苏联和其他国家系统学习和推广苏霍姆林斯基教育思想的重要依据。

总之，苏霍姆林斯基已经成为苏联杰出的教育家代表，他的教育思想被整理、继承和推广，他在教育中的卓越贡献彪炳史册。

苏霍姆林斯基教育思想对20世纪90年代以来俄罗斯的影响

苏联解体后，俄罗斯联邦的国家意识形态虽然经历了翻天覆地的变化，可是苏霍姆林斯基教育思想经历了历史检验，依然是俄罗斯教育发展的重要理论来源。俄罗斯非常重视对苏霍姆林斯基教育思想的学习和研究。

1998年，俄罗斯奥伦堡成立了乌拉尔苏霍姆林斯基协会。该协会的宗旨是研究、扩大、实现苏霍姆林斯基创造性教育思想以及他的经验，促进提高教育的社会责任和家长的技能水平。协会的活动形式多种多样，包括研讨班、讲习班、教育沙龙、教育年会及在青年学生和教师中举行竞赛等。2003年，奥伦堡国立师范大学举办了题为“苏霍姆林斯基和乌拉尔、西伯利亚的现代学校”的学术—实践特色研讨班，来自俄罗斯50多个城市的专家、教师参加了此次会议，该研讨会推动了苏霍姆林斯基思想在俄罗斯的进一步传播。

目前，苏霍姆林斯基教育思想在俄罗斯得到了纵深发展，涌现出各种苏霍姆林斯基教育学流派，诸如以比布连尔和库尔干诺夫为代表的在现代俄罗斯教育学中作为摆脱专制态度并详细论述人道主义模式的“文学对话学派”、秋帕和特洛伊茨基的“交际教学论学派”、阿列克谢耶夫等人的“教学个性—博学模式”、邦达列夫斯卡娅的“社会—文化思潮”、埃利科宁和达维多夫的“发展模式”、杜金娜的“伦理教育学”等。这些创新教育教学法的代表人物在其研究中都以苏霍姆林斯基的教育思想作为方法论的依据，并使其得到进一步应用和发展。

奥伦堡国立师范大学

苏霍姆林斯基教育思想在乌克兰的传承与发展

苏霍姆林斯基是苏联杰出的教育家，更是乌克兰永远的杰出的教育家。在乌克兰，苏霍姆林斯基享有崇高的地位。在人们的心目中，他与英雄奥斯特洛夫斯基（《钢铁是怎样炼成的》一书中保尔·柯察金的生活原型，并为该书作者）一样是乌克兰的民族英雄，是乌克兰人民的骄傲。苏霍姆林斯基教育思想成为乌克兰民族的重要精神财富和乌克兰国家对外交往的重要名片。乌克兰全面传承和发展着苏霍姆林斯基的教育思想。

奥斯特洛夫斯基

在苏霍姆林斯基逝世后，乌克兰教育部将他的著作编成五卷，成为乌克兰和世界各国学习和传播苏霍姆林斯基教育思想的依据。

1972年，在公众的建议下，苏霍姆林斯基教育纪念馆在帕夫雷什中学创立，1975年改名为苏霍姆林斯基国家教育纪念馆。苏霍姆林斯基的家属为纪念馆做出了巨大的贡献。他们无偿地把苏霍姆林斯基的故居，包括里面全部的陈设和三万五千册藏书献给了纪念馆。目前，纪念馆有陈列品一万一千件以上，参观者已达20余万人。从纪念馆的留言簿上，人们可以看到广大教育工作者对这位人民教育家衷心的热爱和敬仰。

在其他国家建立的“乌克兰国家展览馆”中，苏霍姆林斯基的教育思想也是其重要的组成部分。例如，2012年在中国浙江师范大学建立的乌克兰国家展览馆中，就设有苏霍姆林斯基教育思想专栏。苏霍姆林斯基的女儿苏霍姆林斯卡娅亲手种下象征中乌两国友谊的橡树种子。苏霍姆林斯基教育思想成为中乌人民的情感纽带。

1990年，乌克兰在其首都基辅成立了苏霍姆林斯基协会，学会成员来自乌兰克全国20多个州的高校和中学，协会倡导从1993年起每年举办全乌“苏霍姆林斯基和现代的对话”教育年会。每次教育年会都为传播和发展苏霍姆林斯基教育思想、促进乌克兰教育发展做出重要贡献。特别是在与苏霍姆林斯基教育思想国际研讨会同时召开时，年会的规模更大，影响也更加深远。如，2008年9月25日至29日，第三届国际暨第十五届乌克兰苏霍姆林斯基教育思想研讨会在乌克兰基洛沃格勒国立师范大学、帕夫雷什中学、基

苏霍姆林斯基尼古拉耶夫大学

辅等地召开，会议的主题是“B.A.苏霍姆林斯基与现代的对话：思想、探索、前景”。这次盛会为世界人民学习和发展苏霍姆林斯基教育思想提供了很好的平台。

现在的乌克兰学校，其类型呈现出多元化的发展趋势，各种教育理论指导下的学校异彩纷呈。但是，在乌克兰最普及的仍是苏霍姆林斯基的教学工作体系，在基辅已开设了以苏霍姆林斯基的名字命名的学校。苏霍姆林斯基教育思想也是当今乌克兰进行教育改革的重要理论来源。

苏霍姆林斯基教育思想对中国的影响

自20世纪七八十年代以来，苏霍姆林斯基教育思想在中国中小学、教育研究机构和高等院校逐步传播开来，中国已经成为名副其实的学习、研究和践行苏霍姆林斯基教育思想的重要国家。

成立研究会，召开苏霍姆林斯基教育思想国际研讨会

1998年，中国苏霍姆林斯基教育思想研究会在北京成立，著名学者王义高教授担任会长（现任会长为北京师范大学肖甦教授）。学会通过举办研讨会和经常邀请萨夫琴科、苏霍姆林斯卡娅、哈伊罗琳娜、德尔卡奇等乌克兰学者做专题讲座，进一步加强了中乌学术交流，促进了苏霍姆林斯基教育思想在中国的发展。

苏霍姆林斯基教育思想国际研讨会

中国现在已经多次举办苏霍姆林斯基教育思想研讨会，其中规模和影响较大的有以下几次。

1996年10月17日至19日，苏霍姆林斯基教育思想国际研讨会在北京师范大学召开。研讨的中心问题是：苏霍姆林斯基的个性全面、和谐发展理论与中国学校中的素质教育。研讨会上，苏霍姆林斯基的女儿，乌克兰教育科学院院士、博士、教授O.B.苏霍姆林斯卡娅做了专题讲座。在研讨会开幕式上，北师大副校长王英杰说，苏霍姆林斯基终生从事教育工作，把毕生精力献给教育事业，我们要学习他重视道德教育，重视全面素质教育，德、智、体、美全面发展的教育思想。北师大研究生院院长顾明远教授讲话指出，苏霍姆林斯基教育思想是以培养全面和谐发展的人为目的，他热爱学生，相信学生，充分发挥学生的智慧和体力。苏霍姆林斯基的教育思想是教育界宝贵的遗产。

苏霍姆林斯卡娅院士做报告（台上右一），肖甦教授（台上左一）做翻译

1998年11月26日至28日，北京师范大学召开了

2004年11月，“苏霍姆林斯基教育思想的传承与学校教育改革”国际研讨会

纪念苏霍姆林斯基八十华诞教育思想国际研讨会。来自乌克兰、俄罗斯、希腊、加拿大、澳大利亚、日本、韩国和中国的一百多位代表参加了此次会议。也就是在这次会议上，我国正式成立了全国苏霍姆林斯基教育思想研究会。

2001年春天，苏霍姆林斯基教育思想研讨会在江苏张家港高级中学召开。这次研讨会掀起了中国广大教育工作者在新世纪学习和践行苏霍姆林斯基教育思想的热潮。

2004年11月，江苏江阴华士实验学校举办了“苏霍姆林斯基教育思想的传承与学校教育改革”国际研讨会。近千名代表参加了这次研讨会，可以说是盛况空前，内容生动，气氛热烈，效果良好。

2006年12月18日至19日，北京师范大学第三次主办了苏霍姆林斯基教育思想国际研讨会。此次会议在珠海召开，国内外众多知名教育专家齐聚一堂，共同交流研讨成果。中国教育学会会长顾明远教授、乌克兰教育科学院院士阿拉·米哈伊洛夫娜·勃古什教授、中国中央教育科学研究所所长朱小蔓教授、俄罗斯教育科学院通讯院士米哈伊尔·伊万诺维奇·姆辛教授、乌克兰帕夫雷什学校校长瓦连吉娜·菲德洛夫纳·杰尔卡奇女士、北京师范大学的肖甦教授和王义高教授、全国优秀教师李镇西校长等分别做了报告。

2009年10月29日至31日，苏霍姆林斯基教育思想与实践国际研讨会在潍坊市富华大酒店国际会议中心召开，来自乌克兰的教育专家与800多位中国国内的中小学校长及骨干教师共同探讨了苏霍姆林斯基教育思想。研讨会由全国苏霍姆林斯基研究会、北京师范大学比较教育研究中心和坊子区政府联合主办，乌克兰教育科学院院士苏霍姆林斯卡娅、苏霍姆林斯基中学校长哈伊路琳娜、帕夫雷什中学校长杰尔卡奇、乌克兰驻中国大使馆参赞伊萨耶夫、中国教育学会会长顾明远、联合国教科文组织农村教育培训与研究

2012年11月，苏霍姆林斯卡娅教授（右一）在苏霍姆林斯基教育思想学术研讨会上做主题发言，肖甦教授（左一）做翻译

中心主任朱小蔓等专家与会并做演讲。

2009年11月3日至4日，苏霍姆林斯基教育思想国际研讨会在北京师范大学英东楼举行。苏霍姆林斯基的女儿苏霍姆林斯卡娅、乌克兰基辅市苏霍姆林斯基中学校长哈伊路琳娜、乌克兰教育科学院院士彼得罗维奇、乌克兰帕夫雷什中学校长杰尔卡奇、乌克兰驻华大使馆参赞伊萨耶夫先生、中国教育学会会长顾明远教授、全国苏霍姆林斯基研究会名誉会长毕淑芝教授、联合国教科文组织农村教育培训与研究中心主任朱小蔓教授、北京师范大学国际与比较教育研究院王义高教授、首都师范大学王长纯教授、河南濮阳油田一小校长马新功、内蒙古阿荣旗那吉屯一中校长陈玉成等中外代表参加了会议。会上，苏霍姆林斯卡娅代表乌克兰教育科学院主席团向传播苏霍姆林斯基教育思想做出重要贡献的中国教育理论工作者顾明远、毕淑芝、王义高三位教授颁发了传播贡献奖证书。

2012年11月19日至21日，浙江师范大学举办了中乌苏霍姆林斯基教育思想学术研讨会。本书编写组全体成员全程参加了这次会议。

2012年11月19日，中乌苏霍姆林斯基教育思想学术研讨会开幕式现场

出席研讨会开幕式的乌方嘉宾有乌克兰教育部副部长、乌克兰教育科学院院长瓦西里·克列缅，乌克兰驻华大使馆参赞伊戈尔·杰尼修克，乌克兰教育科学院副院长安德烈·古尔日，乌克兰教育科学院学术总干事、苏霍姆林斯基之女奥莉佳·苏霍姆林斯卡娅，乌克兰赫尔松国立师范大学副校长瓦莲京娜·费佳耶娃。

全国政协常委、民进中央专职副主席、中国教育学会副会长朱永新，浙江省教育厅副厅长于永明，浙江省外事办公室副主任顾建新，全国苏霍姆林斯基研究会会长肖甦，浙江师范大学校长吴锋民等中方嘉宾及领导出席开幕式。浙江师范大学副校长王辉主持开幕式。

研讨会围绕苏霍姆林斯基与现代教育的发展、苏霍姆林斯基教育思想与素质教育两个主题展开。朱永新、瓦西里·克列缅、奥莉佳·苏霍姆林斯卡娅、瓦莲京娜·费佳耶娃、王义高、肖甦、李镇西、孙玉华等中乌专家学者分别做了学术报告。

会议期间，苏霍姆林斯基之女奥莉佳·苏霍姆林斯卡娅教授详细地审阅了本书的编写提纲和图片，提出了很多中肯的建议，表达了对本书早日出版的热切愿望。

全国政协常委、民进中央专职副主席、中国教育学会副会长朱永新做题为“苏霍姆林斯基的阅读观和新教育实验”的演讲报告

乌克兰教育部副部长、乌克兰教育科学院院长瓦西里·克列缅讲话

苏霍姆林斯基著作在中国的大量出版

苏霍姆林斯基教育思想在中国的广泛传播得益于我国一批学者和多家出版社对其著作的大量翻译和出版。已经出版的苏霍姆林斯基著作既有单行本，也有五卷本选集。教育科学出版社2001年8月出版的《苏霍姆林斯基选集》（五卷本）涵盖了苏霍姆林斯基的11部著作和68篇精选教育学论文，堪称苏霍姆林斯基教育思想的百科全书。由蔡汀、王义高、祖晶等40人组成的强大编委会，保证了《苏霍姆林斯基选集》的质量。现在，《苏霍姆林斯基选集》已数次再版，发行19000册，成为中国读者学习和研究苏霍姆林斯基教育思想的主要来源。

苏霍姆林斯基的著作在我国已经出版的单行本有30多部。它们是：《关于全面发展的教育问题》(王家驹等译，湖南教育出版社1984年5月出版。该书在五卷本《苏霍姆林斯基选集》中名为《全面发展的人的培养问题》)、《学生的精神世界》（吴春荫、林程译，教育科学出版社1987年7月出版）、《培养集体的方法》（安徽大学苏联问题研究所译，安徽教育出版社1983年4月出版）、《怎样培养真正的人》（罗联辉译，湖南教育出版社1987年9月出版）、《怎样培养真正的人》（蔡汀译，教育科学出版社1992年5月出版）、《给教师的100条建议》（周蕖等译，天津人民出版社1981年11月出版）、《把整个心灵献给孩子》（唐其慈等译，天津人民出版社1981年10月出版）、《把整个心灵献给孩子》（李蔚霞译，新疆人民出版社1987年7月出版。该书在五卷本《苏霍姆林斯基选集》中名为《我把心给了孩子们》）、《让少年一代健康成长》（黄之瑞等译，教育科学出版社1984年4月出版）、《公民的诞生》（黄之瑞等译，教育科学出版社2002年4月出版。《让少年一代健康成长》与《公民的诞生》为同一部著作，该书在五卷本《苏霍姆林斯基选集》中名为《公民的诞生》）、《给儿子的信》（张田衡译，教育科学出版社1981年3月出版）、《帕夫雷什中学》（赵玮等译，教育科学出版社1983年2月出版）、《和青年校长的谈话》（赵玮等译，上海教育出版社1983年6月出版）、《和青年校长的谈话》（赵玮等译，教育科学出版社2009年3月出版）、《苏霍姆林斯基论文集》（刘振伦、何书林、赵秋长译，教育科学出版社2001年8月出版。本书收录苏霍姆林斯基发表过的著名论文68篇，被编入五卷本《苏霍姆林斯基选集》中的第五卷）、《给教师的建议》（上下册，杜殿坤编译，教育科学出版社1981年11月第1版）、《给教师的建议》（修订版全一册，杜殿坤编译，教育科学出版社1984年6月第2版）、《要相信孩子》（汪彭庚译，天津人民出版社1981年8月出版）、《要相信孩子》（汪彭庚译，教育科学出版社2009年4月出版）、《关心孩子的成长》（汪彭庚、甘义青译，北京师范大学出版社1982年1月出版）、《家长教育学》（杜志英、吴福生、张渭城、关益、叶玉华译，中国妇女出版社1982年9月出版）、《青少年心灵美的培养》（肖辉、晨楠译，湖南教育出版社1983年3月出版）、《关于人的思考》（尹曙初译，湖南教育出版社1983年5月出版）、《关于人的思考》（诸惠芳译，河北人民出版社2003年5月出版）、《学生集体主义情操的培养》（杨楠译，湖南教育出版社1984年1月出版）、《培养学生的爱国主义精神》（尹曙初、刘尚勋译，湖南教育出版社1984年8月出版）、《少年的教育与自我教育》（姜励群等译，北京出版社1984年9月出版）、《年轻一代的道德理想教育》（陈炳文等译，湖南教育出版社1984年10月出版）、《胸怀祖国》（刘爱琴、安方明译，湖南教育出版社1985年1月出版）、《爱情的教育》（世敏、寒薇译，教育科学出版社1985年5月第1版，2002年4月第2版）、《论爱情》（李元立、关怀译，工人出版社1986年1月出版）、《关于爱的思考》（张金长译，广西人民出版社1986年2月出版）、《关于爱的思考》（张金长、李天民、李业勋译，广西师范大学出版社2005年4月出版）、《祝您家庭幸福》（尤钦等译，天津人民出版社1986年7月出版）、《家庭教育学》（李蔚霞等译，新疆人民出版社1991年11月出版）、《培养道德完美的一代新人——苏霍姆林斯基道德论文选粹》（刘伦振译，北京理工大学出版社1992年5月出版）、《给女儿的信》（刘文华、杨进发译，北岳文艺出版社1988年11月第1版，2011年2月第2版）、《育人三部曲》（毕淑芝、肖甦、叶玉华等译，人民教育出版社1998年8月出版。该书为苏霍姆林斯基《把整个心灵献给孩子》《公民的诞生》《给儿子的信》三书的合本）、《做人的故事》（诸惠芳、肖甦、高文译，人民教育出版社1998年8月出版。该书收录了苏霍姆林斯基600篇童话及寓言故事）、《睿智的父母之爱》（罗亦超译，河北人民出版社1999年10月第1版，2002年7月第2版）。

另外，还有中苏学者根据苏霍姆林斯基本人生平事迹或其著作、论文等编写的专题书籍，现已在中国出版的有：《教育的艺术》（肖勇译，湖南教育出版社1983年9月出版）、《苏霍姆林斯基论美育》（李范编译，湖南人民出版社1984年12月出版）、《瓦·苏霍姆林斯基论智育》（[苏]M.U.穆欣编，王义高译，北京师范大学出版社1985年7月出版）、《苏霍姆林斯基论劳动教育》（肖勇、杜殿坤译，湖南教育出版社1987年9月出版）、《智育的奥秘——苏霍姆林斯基论智育》（刘文华等译，山西人民出版社1988年2月出版）、《走进苏霍姆林斯基——妙语箴言、教育佳篇、系列教诲》（蔡汀编著，教育科学出版社2007年12月出版）、《苏霍姆林斯基教育名言》（张万祥选编，天津教育出版社2008年1月出版）、《苏霍姆林斯基的一生》（[苏]鲍里斯·塔尔塔科夫斯基著，唐其慈、毕淑芝、赵玮、蔡兴文译，教育科学出版社1986年1月出版）等。

我国学校和教师学习、研究苏霍姆林斯基教育思想与实践

从20世纪七八十年代苏霍姆林斯基的教育思想传入中国以来，苏霍姆林斯基就成为中国广大中小学教师最为熟知的外国教育家，他的教育思想被中国数以千万的中小学教师学习和践行。帕夫雷什中学成了中国学校学习的楷模。

2010年12月24日，温州城南小学举办“跟着苏霍姆林斯基学做教师教育理论学习会”

苏霍姆林斯基教育思想之所以风行中国，有几个主要的原因：一是苏霍姆林斯基是社会主义教育家，其教育思想形成于苏联时期，中苏是拥有共同社会意识形态的国家，适于教

2009年5月12日，银川市第二十一小学举办苏霍姆林斯基专著学习交流会

2011年1月17日，胶州市第二实验小学、濮阳油田第一小学、滨州市阳信第一实验小学、城阳上马中心小学四校联合举办苏霍姆林斯基教育思想研讨会

育行政部门对其教育思想进行全面推广；二是苏霍姆林斯基教育思想形成于实践之中，其思想是真实的教育生活的总结，是真实教育问题的思考与破解，让中小学教师感到亲切；三是其著作颇具特点，在故事与案例中娓娓道来，生动地讲述其教育观点，与严肃晦涩模式的教育理论著作相比，中小学教师更容易接受，更有利于学习。因此，中国广大中小学教师对苏霍姆林斯基教育思想的学习是热情高涨的，他们通过各种形式学习和研究这位伟大教育家的教育思想，比如举办读书会、研讨会、交流会等，有的学校还成立苏霍姆林斯基研究中心，还有的学校把教师读苏霍姆林斯基著作的读后感结集出版。另外，随着网络的发展，现在有很多学校和教师建立了苏霍姆林斯基教育思想研究网站或博客，方便对苏霍姆林斯基教育思想的学习与交流。

中国广大教师在学习和践行苏霍姆林斯基教育思想的进程中，涌现出许多苏霍姆林斯基式的教师，李镇西就是其中的典型代表。李镇西是四川乐山人，1958年8月出生，苏州大学教育哲学博士，语文特级教师，曾荣获四川省成都市优秀专家、2000年“全国十杰中小学中青年教师”提名奖，现任成都市武侯实验中学校长。其代表作品有《青春期悄悄话》《爱心与教育》《从批判走向建设》《追随苏霍姆林斯基》等。1998年12月，在北京举行的纪念苏霍姆林斯基80诞辰

李镇西与苏霍姆林斯卡娅

江苏省南通师范第一附属小学五年级教师学习苏霍姆林斯基著作《给教师的建议》所做的笔记

2008年4月15日，河北衡水中学召开“做苏霍姆林斯基式的教师”读书报告会

江苏省无锡市凤翔实验学校成立苏霍姆林斯基研究学会

河南省濮阳市油田第一小学举行苏霍姆林斯基实验学校揭牌仪式暨专家报告会

国际学术研讨会上，著名教育家苏霍姆林斯基的女儿、乌克兰教育科学院院士苏霍姆林斯卡娅赞誉他是“中国的苏霍姆林斯基式的教师”。2012年11月29日，李镇西在浙江师范大学举办的中乌苏霍姆林斯基教育思想学术研讨会上演讲时指出：“中国的苏霍姆林斯基式的教师有千千万万，我就是其中之一，我为此自豪。”

与此同时，众多苏霍姆林斯基实验学校也脱颖而出。2010年12月21日，河南省濮阳市油田第一小学隆重举行了苏霍姆林斯基实验学校揭牌仪式，来自乌克兰的教育科学院院士、苏霍姆林斯基协会副会长、教学科学博士波古什教授，乌克兰帕夫雷什中学校长捷尔卡奇博士，俄罗斯国际教育科学院院士、俄罗斯苏霍姆林斯基协会副会长、教育科学博士穆欣教授，中国苏霍姆林斯基研究会会长王义高教授，油田教育中心孙培山主任与油田一小马新功校长共同为实验学校揭牌；2011年9月23日，江苏无锡市凤翔实验学

江苏江阴华士实验小学原校长吴辰（左二）与苏霍姆林斯基之子谢尔盖（左三）等人合影

校与乌克兰基洛沃州帕夫雷什中学、苏霍姆林斯基实验学校结为友好学校；还有江苏江阴华士实验小学等。

现在，我国在苏霍姆林斯基教育思想研究方面已硕果累累。苏霍姆林斯基教育思想的传播、研究历经三十多年，现已进入专题研究和纵深研究的阶段。仅在“读秀”中搜索标题中含“苏霍姆林斯基”的硕士学位论文就有37篇，期刊论文以“关键词”检索有6487篇，以“全部字段”检索有16063篇。另外，据不完全统计，现已出版的苏霍姆林斯基研究专著有如下16部：

《苏霍姆林斯基教育思想概述》，《湖南教育》编辑部编，湖南教育出版社1983年9月出版。

《苏霍姆林斯基的全面发展理论》，毕淑芝等著，上海教育出版社1991年7月出版。

《苏霍姆林斯基的德育理论与实践》，张定远著，四川人民出版社1993年11月出版。

《苏霍姆林斯基的教学策略》，韩和鸣著，经济管理出版社1999年4月出版。

《耕耘心田的艺术——苏霍姆林斯基教学思想研究》，黄圣周著，湖北人民出版社2001年7月出版。

《苏霍姆林斯基教育思想体系》，王天一著，人民教育出版社2003年9月出版。

《教育的艺术：苏霍姆林斯基教育案例评析》，刘守旗等著，中山大学出版社2003年10月出版。

《苏霍姆林斯基和谐发展教学思想研究》，续润华著，中国档案出版社2004年8月出版。

《提高教师专业素养经典：点击苏霍姆林斯基》，张运卉编著，天津教育出版社2008年6月出版。

《苏霍姆林斯基的教学方法和艺术》，韩和鸣著，河南大学出版社2008年9月出版。

《跟苏霍姆林斯基学当老师》，闫学著，华东师范大学出版社2009年1月出版。

2011年9月28日，江苏省无锡市凤翔实验学校与帕夫雷什中学、苏霍姆林斯基实验学校建立“友好学校”

2011年1月25日，江苏省泰州市孔桥小学举办“追寻苏霍姆林斯基足迹　感悟教育家成长之路”讲座

《追随苏霍姆林斯基》，李镇西著，华东师范大学出版社2009年6月出版。

《苏霍姆林斯基谈怎么教学》，黄良平著，文心出版社2009年12月出版。

《跟苏霍姆林斯基学当班主任》，闫学著，教育科学出版社2010年6月出版。

《苏霍姆林斯基教育思想与论著选读》，冯克诚主编，人民武警出版社2010年12月出版。

《和优秀教师一起读苏霍姆林斯基》，汪明帅著，中国青年出版社2011年8月出版。

苏霍姆林斯基教育思想对世界上其他国家的影响

苏霍姆林斯基教育思想影响了世界各地的学者、教育家，而一切思想总要由人来传播实现，所以这些人对苏霍姆林斯基教育思想的理解将在很大程度上影响着本国的教育、文化发展。从某种意义上来说，了解苏霍姆林斯基对这些国家的影响，就是了解他对传播他教育思想的这些人的教育观的影响；而了解对苏霍姆林斯基教育思想的评价，则能很好地透露出评价者对他思想的承袭情况和对他教育思想的理解与参悟。

所以，下面将从各国学者对苏霍姆林斯基评价的角度，来透视苏霍姆林斯基教育思想对格鲁吉亚、德国、希腊、澳大利亚、美国的影响。同时，这样的讲述也给读者提供了另一条认识苏霍姆林斯基的路径。

苏霍姆林斯基教育思想在格鲁吉亚享有盛名

世界著名教育家阿莫纳什维利认为，苏霍姆林斯基善于把理论和实践有机地结合起来，并实现了辩证的统一。他特别推崇苏霍姆林斯基的一个观点，即在教育学中有一个享用无限权力的词——“应该”，比如：“教师应该解释”，“教育工作应该是养成……”，“教师应该使用……”，以及数千个其他的“应该”。然而遗憾的是，许多理论工作者却很少谈及教师或教育者应该做的这些事情。阿莫纳什维利在自己的实践工作中传承和发展了实验学校。在他的学校里，按照完善低年级教育教养过程的方针，所有的工作集中在把对孩子的专制态度改造成人道主义的态度。

著名艺术活动家K.魏伊谢尔曼被苏霍姆林斯基的教育理论所感动，撰文写了《他把整个心灵献给孩子》的文章，在格鲁吉亚引起很大反响。格鲁吉亚教育活动家H.巴西拉德杰评论此文章道：在不久的将来，当“难教儿童”一词消失之时，所有孩子将会好好学习并成为善良勤奋的人，才是苏霍姆林斯基善意的建议和指示得以实现的那一天。H.巴西拉德杰认为，当苏霍姆林斯基的教育思想在格鲁吉亚所有学校得以贯彻之时，才能出现这种情形。

1981年，格鲁吉亚出版了苏霍姆林斯基的《把整个心灵献给孩子》和《家长教育学》。格鲁吉亚报纸发表了许多评论，其中刊登了楚茨基利杰《必须把整个心灵献给孩子》的文章。楚茨基利杰认为，苏霍姆林斯基的功绩在于他善于把集体教育方法与个性形成过程中的个性化相结合，并规范了儿童必须具有的道德范畴——善良、敏感性和同情心等。

苏霍姆林斯基教育思想对德国的影响

苏霍姆林斯基教育思想对德国也产生了很大的影响。很多学者对于学习、研究和推广苏霍姆林斯基教育思想乐此不疲。马尔堡大学哲学教授叶里卡 · 加尔特曼独立出版了苏霍姆林斯基的几部书籍，其中1997年出版了《大自然、情感和责任感——论乌克兰不可或缺的教育家苏霍姆林斯基的工作》。她还为本校大学生举办了两年期的纪念苏霍姆林斯基教育思想讲习班。她在其《苏霍姆林斯基教育学研究提纲》中指出，苏霍姆林斯基创造性地培养人的理论是为了培养新人类，而不是为了创造物质财富。

另一位德国著名学者沃尔夫汉格 · 伊费尔特，在1990年通过把苏霍姆林斯基教育思想与裴斯泰洛齐、那托尔普以及欧洲其他教育家的教育思想进行比较分析研究后，确信苏霍姆林斯基的教育理论具有历史—文化的、人类学的、社会学的意义。他认为，苏霍姆林斯基教育理论中对待儿童的态度，克服了教育界存在的一种弊病，即想借助一种意识形态或统治党的社会意识准则来操作原材料。在苏霍姆林斯基教育学中的儿童，是社会存在的具体的人；而教育是扎根于社会、人道主义和个人态度的统一体，对待儿童的态度也反映了教育者的教育思想。

苏霍姆林斯基教育思想对希腊的影响

在希腊，苏霍姆林斯基的教育思想广为传播。希腊教育家李斯托斯·弗兰戈斯在《从苏格拉底到苏霍姆林斯基经过皮亚杰和维果斯基》一文中，比较了苏格拉底和苏霍姆林斯基两位教育家的思想，认为他们都坚持了四种共同的教育立场：一是对待儿童的态度——热爱与真诚；二是追求人的智育和德育的提高；三是献身青年一代；四是献身社会。同时，他认为苏霍姆林斯基的教育思想与皮亚杰和维果斯基的思想是一致的。弗兰戈斯在文章中阐述道：苏格拉底认为，劳动是与智力紧密联系在一起的，应该处于教育的中心。这是对苏霍姆林斯基最好的肯定。但令人遗憾的是，弗兰戈斯关于劳动的观点也没有被当时的希腊所接受。这不禁让人感叹，浮云是那么容易遮蔽人的双眼，即使拨云见日，长期迷蒙的眼眸也已没有能力直视刺眼的光明。

当初，苏霍姆林斯基在回答维果斯基关于"思维源于动机，源于人的愿望、情趣和情感"原理时就鲜明地指出，劳动教育不是一种简单的不连贯的方法和组织形式，而是应该贯穿整个教育过程的。在苏霍姆林斯基那里，劳动世界和学习世界是一致的。他认为，劳动是一条康庄大道，是和美的理解相统一的；它拥有创造力和意志力，是乐观和热情的源泉，是人类个性基础的联结和中心环节。对此，弗兰戈斯深表赞同，并认为这个观点是苏霍姆林斯基对现代社会发展的主要贡献。

希腊的马尔卡·齐阿济同样赞赏苏霍姆林斯基的劳动教育理论。她认为，当苏霍姆林斯基的劳动教育理论走进教师的精神生活的时候，它带来了友谊和快乐，发展了受教育者的智力并激发他们对学习的热爱，还能让受教育者感受到克服困难的愉悦。劳动为受教育者打开了美丽的新世界，使他们体验到创造物质财富的公民成就感，如没有劳动教育理论就不会有这种动人的感受。

苏霍姆林斯基教育思想在澳大利亚和美国

澳大利亚学者约瑟夫 · I.泽尔达在其1980出版的《苏联的教育》一书中指出：“苏霍姆林斯基是苏联60和70年代最有影响的教育家。”该书详细阐述了苏霍姆林斯基的集体主义教育思想。

另一位澳大利亚教育家W.F.康奈尔撰写的长篇巨著《二十世纪世界教育史》（1980年版）用很大篇幅介绍了1945年至1975年苏联教育发展概况。作者认为，苏霍姆林斯基继承和发展了马卡连柯的教育思想，苏霍姆林斯基取得了卓越成就并在苏联教育界产生了重大影响。

澳大利亚昆士兰大学教师阿兰 · 科克里尔是苏霍姆林斯基忠实的追随者。他的论文《苏霍姆林斯基及苏联学校的人道主义》（1994年）系统揭示了苏霍姆林斯基的教育体系的本质。1999年，科克里尔在美国出版了专著《每个人都应有闪光点：苏霍姆林斯基教育教养的思想》，从整体上评价了苏霍姆林斯基教育思想的成就，并对其思想进行了充分的分析与阐述，使苏霍姆林斯基教育思想在澳大利亚得到了更好的发展。

在美国，梅德福大学校长魏斯把苏霍姆林斯基的《把整个心灵献给孩子》一书译成英文，并组织实验学校进行相应的实践活动。学者德米特里 · 马尔古利斯在美国的乌克兰报纸《母语》上发表了一系列有关苏霍姆林斯基的文章。

乌克兰发行的苏霍姆林斯基纪念钱币

《把整个心灵献给孩子》通过对苏霍姆林斯基生命历程的讲述、教育思想的总结和再现及其对世界影响的探讨，旨在让更多的读者了解：在乌克兰奥努夫里耶夫卡的瓦西里耶夫卡村走出过一个爱思考的少年，他敏感细腻的心灵时时关切着生命，由此生发出对学生无尽的爱。他对3700名儿童做了跟踪观察，在他那3700页的笔记本里，记载了他的全部教育生涯，每一页都贡献给他的学生。他将自己的一生献给了培养人的事业，并在这一事业中成就了自己伟大的一生，他就是那个飞向太阳的伊卡尔……

只要您记得他关切生命，

只要您记得他是爱思考、爱观察、灵活的、有创造精神的踏实的人，

2003年，乌克兰举行纪念苏霍姆林斯基诞辰85周年大会

只要您记得他所有的教育思想和实践都来源于对生命的敬畏，对人的深深的爱，

只要您记得对人性的关怀使得他的教育理论足以穿越时空，

那么这本书就没有白写……

1998年，为纪念苏霍姆林斯基诞辰八十周年，联合国教科文组织把1998年定为“苏霍姆林斯基年”，让历史永远记住这位为人类教育发展做出杰出贡献的伟大教育家。在文化多元化和经济全球化的发展进程中，苏霍姆林斯基教育思想——这朵独具魅力、沁人心脾的灿烂之花将会为世界各国教育的发展续吐芬芳。

苏霍姆林斯基大事年表

1918年9月28日，瓦西里·亚历山德罗维奇·苏霍姆林斯基诞生在乌克兰伊丽莎白格勒州（现在的基洛沃格勒州）奥努夫里耶夫卡区瓦西里耶夫卡村一个农民家庭。

1926年，进入本村的7年制农村学校学习。

1933年，在本村学校学习毕业。

1934年，入克列明楚师范学院预备班学习，同年进入该院语言文学系学习。

1935年，因病学习结业，返回母校担任小学教师。

1936年，进入波尔塔瓦师范学院语言文学系函授班学习。

1938年，函授班毕业，取得初级中学和高级中学语文教师资格证书。

1937—1941年，在奥努夫里耶夫卡中学担任乌克兰语言文学教师，后兼任教导主任。

1939年，加入苏联共产党。

1939年，与薇拉结婚。

1941年，苏联卫国战争爆发，应征参加苏联红军，后任作战部队某部连政治指导员。

1942年1月，妻子薇拉因散发反法西斯的宣传单，被法西斯分子抓住绞死，刚刚出生的儿子死在狱中。

1942年2月，在尔热夫的一次战斗中身负重伤。

1942年6月至1944年3月，在亚美尼亚共和国乌德摩尔梯亚的乌法镇中学任校长兼俄罗斯语言文学教师。

1944年，家乡解放后，回到故乡奥努夫里耶夫卡区，任区教育局长。同年，与安娜·伊万诺夫娜结婚。

1945—1946年，生下一个儿子和一个女儿——谢尔盖和奥莉佳。

1945年8月25日，在当地报纸《突击劳动》上发表第一篇教育文章《在新学年之前》。

1948年，应个人申请，开始担任帕夫雷什农村中学校长。在该校工作22年，直至逝世。

1951年，开始举办学前教育班——“快乐学校”，招收6–7岁学龄前儿童入学学习。

1955年，获得T.L.基辅舍甫琴科国立大学副博士学位。

1956年，第一本教育著作《培养学生的集体主义精神》出版。同年，副博士学位论文《中学的教育集体》出版。

1957年，当选为俄罗斯联邦教育科学院通讯院士。

1958年，被授予“乌克兰苏维埃社会主义共和国功勋教师”称号。

1959年，教育著作《共产主义劳动态度的培养》和《如何培养学生的苏维埃爱国主义》先后出版。同年，当选为乌克兰苏维埃社会主义共和国教师代表大会代表。

1959—1960年，写成《年轻一代共产主义信念的形成》；1961年，该书由莫斯科俄罗斯联邦教育科学院出版社出版。

1960年，出席全俄教师代表大会，发表《我们是怎样培养英勇一代的》。

1959—1960年，用俄语写成《学生的精神世界》一书；1961年，该书由俄罗斯联邦教育部教育教学出版社出版。

1962年4月11日，俄罗斯苏维埃联邦社会主义共和国教育科学院主席团召开专门会议，对《年轻一代共产主义信念的形成》一书进行了讨论。讨论总结刊登在《苏维埃教育学》杂志1962年第2期上。同年，《劳动与道德教育》出版。

1963年，《年轻一代的道德理想》出版。

1965年，《苏联学校中的个性培养》出版。

1966年，《儿童和青年的道德信条》发表。

1965—1967年，用俄文写成《给教师的100条建议》。

1967年，《给儿子的信》写成。

1968年，当选苏联教育科学院通讯院士。同年6月，当选全苏教师代表大会代表，被授予“社会主义劳动英雄”称号。

1969年10月至1970年4月，完成教育科学博士论文《全面发展的人的培养问题》。

1969年，《把整个心灵献给孩子》由苏维埃学校出版社出版，后又陆续再版6次。同年，《帕夫雷什中学》由莫斯科教育出版社出版。同年，获“乌克兰社会主义加盟共和国功勋教师”称号，并获两枚列宁勋章、一枚红星勋章、多枚乌申斯基和马卡连柯奖章等。

1967—1970年，用俄文写成《怎样培养真正的人》一书，后由苏联教育出版社出版。

1970年，《公民的诞生》乌克兰文版由苏维埃学校出版社出版。

1970年9月1日，发表生前最后一篇文章《致学生们的一席话》。

1970年9月2日，在基洛沃格勒州奥努夫里耶夫卡区的帕夫雷什逝世，享年52岁，被埋葬在学校边教堂的墓地。

1971年，《公民的诞生》俄文版由莫斯科青年近卫军出版社出版。同年，《培养集体的方法》由基辅苏维埃学校出版社出版。

1973年，《把整个心灵献给孩子》和《公民的诞生》获乌克兰苏维埃社会主义共和国教育协会一等奖。同年，《和青年校长的谈话》由莫斯科教育出版社出版。

1974年，《把整个心灵献给孩子》获乌克兰苏维埃社会主义共和国国家奖。

1977年，《给儿子的信》和《给教师的一百条建议》出版。

1979—1980年，《苏霍姆林斯基选集》（五卷本）由乌克兰基辅苏维埃学校出版社出版，首次发行达10万套。

2003年，妻子安娜去世。

参考文献

专著类

[1] 苏霍姆林斯基.帕夫雷什中学.赵玮，等译.北京：教育科学出版社，1983.

[2] 苏霍姆林斯基.和青年校长的谈话.赵玮，等译.上海：上海教育出版社，1983.

[3] 苏霍姆林斯基.给教师的建议.杜殿坤，编译.北京：教育科学出版社，1980.

[4] 苏霍姆林斯基.要相信孩子.汪彭庚，译.天津：天津人民出版社，1981.

[5] 苏霍姆林斯基.关心孩子的成长.汪彭庚，甘义青，译.北京：北京师范大学出版社，1982.

[6] 苏霍姆林斯基.家长教育学.杜志英，吴福生，张渭城，关益，叶玉华，译.北京：中国妇女出版社，1982.

[7] 苏霍姆林斯基.青少年心灵美的培养.肖辉，晨楠，译.长沙：湖南教育出版社，1983.

[8] 苏霍姆林斯基.关于人的思考.尹曙初，译.长沙：湖南教育出版社，1983.

[9] 苏霍姆林斯基.学生集体主义情操的培养.杨楠，译.长沙：湖南教育出版社，1984.

[10] 苏霍姆林斯基.培养学生的爱国主义精神.尹曙初，刘尚勋，译.长沙：湖南教育出版社，1984.

[11] 苏霍姆林斯基.少年的教育与自我教育.姜励群，等译.北京：北京出版社，1984.

[12] 苏霍姆林斯基.年轻一代的道德理想教育.陈炳文，等译.长沙：湖南教育出版社，1984.
[13] 苏霍姆林斯基.胸怀祖国.刘爱琴，安方明，译.长沙：湖南教育出版社，1985.
[14] 苏霍姆林斯基.爱情的教育.世敏，寒薇，译.北京：教育科学出版社，2001.
[15] 苏霍姆林斯基.关于爱的思考.张金长，译.南宁：广西人民出版社，1986.
[16] 苏霍姆林斯基.祝您家庭幸福.尤钦，等译.天津：天津人民出版社，1986.
[17] 苏霍姆林斯基.家庭教育学.李蔚霞，等译.乌鲁木齐：新疆人民出版社，1991.
[18] 苏霍姆林斯基.培养道德完美的一代新人——苏霍姆林斯基道德论文选粹.刘伦振，译.北京：北京理工大学出版社，1992.
[19] 蔡汀，王义高，祖晶.苏霍姆林斯基选集（五卷本）.北京：教育科学出版社，2001.
[20] 苏霍姆林斯基.教育的艺术.肖勇，译.长沙：湖南教育出版社，1983.
[21] 苏霍姆林斯基.论劳动教育.肖勇，杜殿坤，译.长沙：湖南教育出版社，1987.
[22] 苏霍姆林斯基.智育的奥秘——苏霍姆林斯基论智育.刘文华，等译.太原：山西人民出版社，1988.
[23] 苏霍姆林斯基.苏霍姆林斯基论美育.李范，编译.长沙：湖南人民出版社，1984.
[24] 苏霍姆林斯基.睿智的父母之爱.罗亦超，译.石家庄：河北人民出版社，1999.
[25] 苏霍姆林斯基.育人三部曲.毕淑芝，肖甦，叶玉华，等译.北京：人民教育出版社，1998.
[26] 苏霍姆林斯基.学生的精神世界.吴春荫，林程，译.北京：教育科学出版社，1987.
[27] 苏霍姆林斯基.培养集体的方法.安徽大学苏联问题研究所，译.合肥：安徽教育出版社，1983.
[28] 苏霍姆林斯基.给儿子的信.张田衡，译.北京：教育科学出版社，1981.
[29] 苏霍姆林斯基.让少年一代健康成长.黄之瑞，等译.北京：教育科学出版社，1984.
[30] 苏霍姆林斯基.怎样培养真正的人.罗联辉，译.长沙：湖南教育出版社，1987.
[31] 瓦·亚·苏霍姆林斯基.给女儿的信.刘文华，杨进发，译.太原：北岳文艺出版社，2009.
[32] 索洛韦伊奇克.苏霍姆林斯基论教育.合肥：安徽大学苏联问题研究所，译，1984.
[33] M.U.穆欣.瓦·苏霍姆林斯基论智育.王义高，译.北京：北京师范大学出版社，1985.

[34] 鲍里斯·塔尔塔科夫斯基.苏霍姆林斯基的一生.唐其慈，毕淑芝，赵玮，等译.北京：教育科学出版社，1986.

[35] 伏兹涅辛斯基.卫国战争期内的苏联战时经济.达克，译.莫斯科：外国文书籍出版局，1948.

[36] M.D.斯坦伯格，N.V.梁赞诺夫斯基.俄罗斯史.卿文辉，杨烨，主译.上海：上海人民出版社，2007.

[37] 奥·苏霍姆林斯卡娅.做人的故事.诸惠芳，肖甦，高文，译.北京：人民教育出版社，1998.

[38] 李姬花.乌克兰研究（第一辑）.北京：中国社会科学出版社，2011.

[39] 腾大春.外国教育通史.济南：山东教育出版社，2005.

[40] 蔡汀.走进教育家苏霍姆林斯基——妙语箴言、教育佳篇、系列教诲.北京：教育科学出版社，2007.

[41] 张万祥.苏霍姆林斯基教育名言.天津：天津教育出版社，2008.

[42]《湖南教育》编辑部.苏霍姆林斯基教育思想概述.长沙：湖南教育出版社，1983.

[43] 毕淑芝等.苏霍姆林斯基的全面发展理论.上海：上海教育出版社，1991.

[44] 张定远.苏霍姆林斯基的德育理论与实践.成都：四川人民出版社，1993.

[45] 韩和鸣.苏霍姆林斯基的教学策略.经济管理出版社，1999.

[46] 黄圣周.耕耘心田的艺术——苏霍姆林斯基教学思想研究.武汉：湖北人民出版社，2001.

[47] 王天一.苏霍姆林斯基教育思想体系.北京：人民教育出版社，2003.

[48] 刘守旗等.教育的艺术：苏霍姆林斯基教育案例评析.广州：中山大学出版社，2003.

[49] 续润华.苏霍姆林斯基和谐发展教学思想研究.北京：中国档案出版社，2004.

[50] 张运卉.提高教师专业素养经典：点击苏霍姆林斯基.天津：天津教育出版社，2008.

[51] 韩和鸣.苏霍姆林斯基的教学方法和艺术.开封：河南大学出版社，2008.

[52] 闫学.跟苏霍姆林斯基学当老师.上海：华东师范大学出版社，2009.

[53] 李镇西.追随苏霍姆林斯基.上海：华东师范大学出版社，2009.

[54] 闫学.跟苏霍姆林斯基学当班主任.北京：教育科学出版社，2010.

[55] 冯克诚.苏霍姆林斯基教育思想与论著选读.北京：人民武警出版社，2010.

[56] 汪明帅.和优秀教师一起读苏霍姆林斯基.北京：中国青年出版社，2011.

[57] А.И.Сухомлинская, О.В.Сухомлинская.В.А.Сухомлинский:Биобиблиография. К.: Изд-во Радянська. школа，1987.

[58] О.В.Сухомлинская，А.Я.Савченко，В.С.Курило，И.Д.Бех，В.С.Сухомлинский в размышлениях современных украинских педагогов.，Луганск:Изд-во ГУ"ЛНУимени Тараса Шевченко"，2012.

[59] В. А. Сухомлинский，Избранные произведения в 5 томах.Радянька школа，1979.

[60] И.П. Подласый，Педагогика в 2 кн.. :Гуманит.изд.центр ВЛАДОС，2003.

[61] Н.А. Константинов，История педагогики. Просвещение，1974.

论文类

[1] A.达维多娃.谁是“害死”苏霍姆林斯基的凶手.外国中小学教育，2011 (5).

[2] 吴盘生.苏霍姆林斯基背后的伟大女性——祭扫苏霍姆林斯基夫人之墓的随想.教育家，2012（7）.

[3] 吴盘生.苏霍姆林斯基对马卡连柯教育思想的批评.教育家，2011（7）.

[4] 吴盘生.苏霍姆林斯基夫人安娜·伊万诺夫娜访问札记.外国中小学教育，2001（4）.

[5] 杨春发.一位有世界影响的苏联教育家——苏霍姆林斯基的教育思想及其在苏联和一些国家的传播.山西教育科研通讯，1984（6）.

[6] М.Богуславский，Василий Александрович Сухомлинский: цели и смыслы воспитания. Народное образование – 2008 - № 9.

[7] В.А.Сахаров，В.А. Сухомлинский и современность (К 85-летию со дня рождения педагога-гуманиста). Начальная школа. - 2002 - № 9.

[8] М.И.Мухин，В.А. Сухомлинский о воспитании ума [J]. Педагогика - 1994. - № 1.

[9] Н.П.Флегонтова，Нравственное воспитание ребенка в педагогической системе В.А.Сухомлинского. Москва，2009.

[10] Симон Соловейчик，Учитель Сухомлинский и его новая книга. Комсомольская правда，1969 год，18 сентября.